劳动关系与劳动法实用案例教程

刘瑛 主编

海洋出版社

2018年·北京

内 容 简 介

本书结合提高实践能力的教改要求—选取案例尽量典型，数量上重点章节多选，非重点章节适当少些—案例以真实案例为主，模拟案例为辅—分析案例所用法律，体现时效性特点，注重新颁布或修改的最新法律法规。

本书编写特色是主要由以下几点：校企合作，注重典型性、实践性和应用性，紧密联系实务工作；突出实践特色，案例分析不过多地诠释法理基；模拟劳动法律诊所的参考教程。

图书在版编目(CIP)数据

劳动关系与劳动法实用案例教程/刘瑛主编. —北京：海洋出版社，2015.10
ISBN 978-7-5027-9255-8

Ⅰ.①劳… Ⅱ.①刘… Ⅲ.①劳动关系－中国－高等学校－教材②劳动法－中国－高等学校－教材 Ⅳ.①F246②D922.5

中国版本图书馆 CIP 数据核字（2015）第 235941 号

责任编辑：张鹤凌　张翌嬝	发 行 部：(010) 62174379 (010) 68038093（邮购）		
责任校对：肖新民	总 编 室：(010) 62114335		
责任印制：赵麟苏	承 印：北京朝阳印刷厂有限责任公司		
出版发行：海洋出版社	版 次：2015 年 10 月第 1 版		
地 址：北京市海淀区大慧寺路 8 号（716 房间）	2018 年 1 月第 2 次印刷		
100081	开 本：787mm×1092mm　1/16		
经 销：新华书店	印 张：13.25		
技术支持：(010) 62100057	字 数：300 千字		
网 址：www.oceanpress.com.cn	定 价：42.00 元		

本书如有印、装质量问题可与发行部调换

前　言

基于实践能力提高的劳动关系与劳动法课程教学改革探索

劳动关系与劳动法是一门综合性、应用性非常强的学科。据权威数据揭示：2013年是人口红利消失转折点，中国东南沿海经济发达地区"用工荒"大潮出现，劳动者的就业要求不断提高。劳动关系管理的法制化、劳动者维权意识增强和劳动用工的复杂化（劳务派遣、HR外包、非全日制用工等形式大量出现）逼迫人力资源管理转型。当前社会对人力资源管理人才的要求越来越重视实践能力。劳动关系与劳动法课程改革迫在眉睫，如何加强实践能力的培养，使学生在学习中不仅掌握扎实的理论知识，同时具备较强的实践能力，以适应社会对人力资源从业人员的知识与技能需求，是任课教师必须思考的问题。

笔者通过与学生座谈和问卷调查的方式，了解在教学实施中所遇到的现实情况；以邮寄调查函、电话采访等形式向企业劳动关系从业人员、人力资源毕业生进行调查；对相关人员进行深度访谈，共同探讨研究劳动关系与劳动法课程教学改革中的难点与重点问题。收集第一手资料，了解企业实际需求的能力是什么，进行数据处理和统计分析，为教学改革提供依据，总结出当前课程教学中主要存在以下三个方面的问题。

第一，偏重理论教学环节，实践教学环节方面较为薄弱。实践教学环节是人才培养的关键环节，也是应用型人才培养的保证。据调查，毕业生反映最多的问题是感到自己在大学的学习过程中，实践能力没有得到有效锻炼。导致大多数毕业生缺乏动手能力，难以更好地服务社会。在针对企事业单位的调研中，笔者发现目前毕业生具备的基本素质与实际需求不符。虽然不同类型单位对人力资源管理专业人才能力要求具有较大的差异性，但劳动法律法规的应用能力与沟通和协调能力是所有类型组织均十分看重的核心素质与能力。

第二，实践教学课时过少，实践指导教师匮乏，实践教学手段单一，实践教学过程中缺乏创新性和灵活性，理论教学不能很好地融入社会实践当中，造成理论学习与社会生活实际脱节的现象。

第三，与传统教学法相比，案例教学法在激发学生学习兴趣，增强分析、解决问题的实际能力以及促使学生学会沟通与合作方面具有明显优势。但在实践中，由于受到传统教学方式及教学资源的限制，学生对案例教学的满意度并不高。劳动关系与劳动法课程案例教学面临着同样的问题。

针对以上问题，需要教师认真学习金字塔理论和建构主义学习理论。学习金字塔理论是一种现代学习方式的理论。最早它是由美国学者、著名的学习专家爱德加·戴尔1946年首先发现并提出的。根据美国缅因州的国家训练实验室研究成果，采用不同的学习方式，学习者在两周以后还能记住的内容（平均学习保持率）：①听讲，保留5%；②阅读，保留10%；③声音、图片达到20%；④示范，记住30%；⑤小组讨论，记住50%；⑥做中学或实际演练，达到75%；⑦教别人或马上应用，记住90%。这与富兰克林的名言"告诉我，我会忘记；让我看，我可能记住；让我参与，我会明白"不谋而合。即听讲的学习效果最差，教授给他人的学习效果最好。

建构主义学习理论认为，知识不是通过教师传授得到，而是学习者在一定的情境即社会文化背景下，借助其他人（包括教师和学习伙伴）的帮助，利用必要的学习资料，通过意义建构的方式而获得。这种学习理论强调以学生为中心，不仅要求学生由外部刺激的被动接受者和知识的灌输对象转变为信息加工的主体、知识意义的主动建构者；而且要求教师要由知识的传授者、灌输者转变为学生主动建构意义的帮助者、促进者。这就意味着教师应当在教学过程中采用全新的教学模式。

因此，教师急需改变传统"满堂灌"的教学模式，在教学中坚持以学生为主体的原则，综合利用研讨式、参与式、角色扮演式等多种教学方式，提高学生参与课堂的程度，提升案例教学的实际效果。

以下是笔者在劳动关系与劳动法课程教学改革中进行的探索与建议。

一、让学生自己选择和分析案例，在课堂上展示

当学生对某方面的知识掌握到一定程度时，就想跃跃欲试，展示自我。教师可以根据学生的这一特点，让学生自己选择和分析案例。然后专门抽出一定的上课时间，让学生到台上把自己选择的案例和分析的结果公布于众，让全班学生参与讨论。这样既可以提高学生的学习兴趣，又能使其牢固掌握相关知识，更有利于增进教学相长。把单一的教师的"讲堂"，变成学生主动发展的生动活泼的"学堂"，变成师生共同研讨的"论坛"。为此，学校提供专门的案例圆桌教室非常重要，以便营造良好的讨论环境，确保案例教学的有效实施。

二、组织模拟法庭

这种模式一般在劳动法课程的后半段运用得比较多，因为课程过半，学生具备了一定的劳动法理论知识后，为学生运用所学法律知识分析、解决问题创造了一个"真实"的环境。让学生充当原被告双方的代理律师和法官或仲裁员，能够亲身体验到法律职业不同角色的要求。采用这种教学方法应注意以下几个问题。

（1）案例的选择一定要有典型性和可辩性，能有让各个角色充分发挥自己才

能及施展才华的空间。这需要教师做足上课前的准备工作，否则根本达不到应有的课堂教学效果。具体而言，教师首先要精心选择教学案例。教师要充分考虑如何让学生置身于案例之中，愿意积极主动参与到案例的探讨之中。

（2）选择角色，布置任务，分头准备。这是模拟法庭教学活动的重要阶段之一。在这一阶段，要求教师对学生进行全面的指导，分析案情，制作需要的各种法律文书，熟悉相关的法律条文、诉讼程序等。

（3）模拟法庭结束后，教师组织对模拟法庭庭审活动进行讨论。尽量让每位学生对该案发表意见。在此基础上，最后由教师进行讲评，如案件事实是否清楚，运用法律是否正确等。

三、采取"请进来""走出去"的"开放性"教学模式

"开放性"教学模式是针对传统教学模式的弊端而创设的一种新型教学模式，为此要创造一切条件，让学生走出校门、专家走进课堂。"请进来"是邀请实务界人士讲学，如邀请一些企业人力资源经理、知名律师和资深法官来学校讲授部分劳动关系与劳动法实务课程。"走出去"是旁听真实劳动争议案件仲裁或诉讼庭审。在"劳动法"的教学内容中，"劳动争议处理"是非常重要的内容。劳动争议处理有三个环节：劳动争议的调解、仲裁与诉讼。其中劳动争议仲裁是最重要的环节。劳动争议仲裁、诉讼的程序与证据的搜集是笔者讲授"劳动法"的重点与难点。通过旁听案件审理能很好地解决这一问题。笔者带领学生到北京市朝阳区劳动人事仲裁院和北京大兴区法院旁听了劳动争议案件的庭审。学生们全面、清晰地了解了劳动争议案件的审理过程，对加深理解劳动法知识，增强记忆有很大帮助。在现场的感觉和看书看视频的感觉是不一样的，和看电视剧更是差距很大，现场的氛围让学生感受到法律的严肃和严谨。他们也意识到必须有深厚的劳动法专业知识与素养，才能维护好自身的合法权益和做好劳动关系工作。同时认识到学习劳动法知识的重要性，尤其是对人力资源管理专业的学生更为重要。旁听案件审理必须重视的环节是：让学生事先了解案件的背景与内容，提前查阅一些相关的法律知识，在旁听庭审的过程中学生才能更好地思考，并深对知识的理解。庭审结束后可以马上与法官、仲裁员、教师一起讨论，把案件的重点进行梳理，把疑问及时解决，旁听学习的效果才能更好。与传统的"一间教室，一位教师，一班学生，教师讲，学生记"的"封闭性-灌输式"课程教学模式相比，"开放性"教学模式在教学过程中，师生交流更加活跃、学生学习的主动性更强，教学空间更加广阔，教学效果更加好。

实践教学环节由专业教师担任，但专业教师往往理论知识充足，实践经验不够。因此，需要积极鼓励教师取得双师型任职资格后到企业兼职，或者聘请律师及企业中经验丰富的人力资源主管担任实践教学环节课的指导教师。

四、创新实践教学平台

在实际教学中，如何选择恰当的校外实习基地与学生的课程学习对接，使学生能够及时进入实习基地的人力资源管理部门，全方位地感知劳动关系管理的实务是一个难点，也是一个重点。在这方面，有的学校尝试与企事业单位的人力资源管理部门共同建立人力资源管理专业专家委员会，通过适当的组织形式与有关部门建立长期而稳定的合作关系，实现现场教学活动和专题教学活动的规范化、制度化。这样就可以在约定的时间内到相关的企事业单位进行参观、见习等实习活动，保障实践教学的顺利推进。还可以随时聘请相关单位的劳动关系专业人士进行专题演讲、座谈、答疑、研讨，保持学生与社会专业人士之间交流，随时掌握行业动态。此外，可根据具体的教学内容，辅以电子邮件、网络聊天工具等网络信息通信工具，搭建信息化、网络化的技术平台，使学生与专业实务人员之间形成有效互动。因此需要积极开展校企合作，为学生创设广阔的实习基地。

本书是北京联合大学人才强校 BPHR2014B02 项目、北京联合大学生化学院劳动关系与劳动法核心课程建设项目的研究成果之一。

本书的编写思路是：结合提高实践能力的教改要求，选取案例要尽量典型；在案例数量上重点章节多选，非重点章节适当少些；案例以真实案例为主，模拟案例为辅；分析案例所用法律，体现时效性特点，注重新颁布或修改的最新的法律法规。

本书编写特色是主要以下几点。

（1）校企合作，注重典型性、实践性和应用性，紧密联系实务工作。作者为长期在教学一线承担《劳动关系与劳动法》课程教学任务的高校教师（部分教师同时也是劳动法兼职律师）和资深专职律师等实务界专家合作而成。

（2）突出实践特色。案例分析不过多地诠释法理基础，注重学生实际应用能力的培养；旨在帮助读者提高处理劳动争议的实际操作能力。

（3）模拟劳动法律诊所的参考教程。

本书由北京联合大学教师刘瑛担任主编，邱耀敏担任副主编，各章参编人员及分工如下：刘瑛负责第一、第二、第三章及第八、第十章的部分内容；邱耀敏负责第四、第六章内容；刘慧勇负责第五、第七章及第八章的部分内容；北京国源律师事务所律师张晓华负责第九章及第十章部分内容；全书由刘瑛统稿。本书在编写过程中，参考了法学界同仁的有关著作和论文以及部分法院、网站资料，吸取了一些专家学者、法官、律师的研究成果，谨向原作者表示深深的谢意！

由于编者水平有限，书中难免有不足之处，恳请同行及读者批评、赐教。

刘瑛

2015 年 7 月于北京

目　录

第一章

劳动关系的认定

第一节 案例分析

案例一 劳动关系与劳务关系的区分

[案情]

王某是一名销售人员，几年前通过朋友介绍认识了本市一家私营企业老板，双方在生意上谈得很投缘，于是双方经商定签订了一份合作生产销售协议书，双方在协议中约定，由企业负责产品开发设计、制造，由王某负责以该企业的名义进行销售，企业以出厂价给王某，王某可以在市场上自己定价进行销售，售价越高，王某得到的利益越多。

王某销售产品价格与出厂价的差价扣除增值税即是王某的收入，多出的金额全部归王某所有。双方合作销售产品一年多来很愉快，王某的收益很好。但是，去年12月份双方在合作过程中发生了矛盾，相互之间产生不信任，今年2月企业向王某发出通知停止向其供货。于是，王某向劳动仲裁委员会申请劳动仲裁，要求确认与企业具有劳动关系，并且要求企业为其缴纳合作期间的社会保险费等。劳动仲裁委员会经过审理予以受理。

在劳动仲裁委审理过程中王某认为，自己为企业工作，为企业销售产品，企业每月发给自己工资，双方之间存在劳动关系，企业应该按照国家规定为本人缴纳合作期间的社会保险费。所以，王某要求仲裁委员会确认企业与自己具有劳动关系，并为本人缴纳社会保险费。

企业在答辩时则认为，己方与王某之间签订的是合作生产销售协议，纯粹是经济合作关系，并不存在劳动合同的关系，他既不受企业领导，也不受企业规章制度的约束，他不需要每天按时来上班，完全自由，再说企业每月也不发其工资，产品定价完全由他自己来定，不受企业的制约。王某销售产品的价格与出厂价的差价扣除增值税即是王某的收入，多卖出的金额全部归王某所有。所以我们之间是经济合作关系，不存在劳动关系，企业没有必要为其缴纳社会保险费，希望仲裁委员会不要支持王某的请求。

[仲裁裁决]

劳动仲裁委员会经过开庭审理后认为，王某与企业签订的是经济合作协议，王某既不受企业的领导和管理，也不受企业规章制度的约束；同时，企业每月亦不发其工资，双方当事人之间是经济合作关系，不存在劳动关系。仲裁委员会依法作出裁决，对王某要求确认与企业具有劳动关系并缴纳社会保险费的仲裁请求不予支持。

[思考问题]

1. 王某与企业之间是否存在劳动关系？如何认定劳动关系？
2. 劳动关系与劳务关系的区别表现在哪些方面？

[分析]

本案的争议焦点是当事人双方签订的是合作生产销售协议，王某既不受企业的领导和管理，也不受企业规章制度的约束，企业每月亦不发其工资，双方当事人是否具有劳动关系。

根据双方当事人签订的合作生产销售协议中明确约定，企业负责产品的生产制造，王某负责销售，王某销售产品的价格与出厂价的差价扣除增值税即是王某的收入。销售价格完全由王某自行确定，扣除增值税和出厂价，多余的部分全部归王某所有。事实上王某的销售行为根本不受企业的约束，同时从双方签订的合作生产销售协议内容来看，双方之间不具有劳动关系的管理与被管理的特征，况且企业也不发给他工资，王某每月的收入即销售产品价格与出厂价的差价扣除增值税后的多余部分，销售的价格完全由王某自行确定。卖得高王某的收入就高，完全不受企业的支配，王某与企业之间不存在劳动关系。所以王某要求仲裁委员会确认劳动关系并且要求企业为其缴纳社会保险费的请求缺乏法律依据，最后仲裁委员会对王某的请求不予支持。

劳动关系与劳务关系的区别表现在以下几个方面。

一、规范和调整劳动关系与劳务关系在法律依据方面的主要区别

劳动关系由《中华人民共和国劳动法》(以下简称《劳动法》)规范和调整，而且建立劳动关系必须签订书面劳动合同。劳务关系由《中华人民共和国民法通则》(以下简称《民法通则》)和《中华人民共和国合同法》(以下简称《合同法》)进行规范和调整，建立和存在劳务关系的当事人之间是否签订书面劳务合同，由当事人双方协商确定。

二、劳动关系主体与劳务关系主体的区别

劳动关系中的一方应是符合法定条件的用人单位，另一方只能是自然人，而且必须是符合劳动年龄条件，且具有与履行劳动合同义务相适应的能力的自然人；《劳动法》第二条规定："中华人民共和国境内的企业、个体经济组织、民办非企业单位等组织（以下称用人单位）与劳动者建立劳动关系，订立、履行、变更、解除或者终止劳动合同，适用本法。国家机关、事业单位、社会团体和与其建立劳动关系的劳动者，订立、履行、变更、解除或者终止劳动合同，依照本法执行。"劳务关系的主体类型较多，如可以是两个用人单位，也可以是两个自然人。法律法规对劳务关系主体的要求，不如对劳动关系主体要求得那么严格。

三、当事人之间在隶属关系方面的区别

处于劳动关系中的用人单位与当事人之间存在着隶属关系是劳动关系的主要特征。隶属关系的含义是指劳动者成为用人单位中的一员，即当事人成为该用人单位的职工或员工（以下统称职工）。因为用人单位的职工与用人单位之间存在劳动关系这是不争的事实。而劳务关系中，不存在一方当事人是另一方当事人的职工这种隶属关系。如某一居民使用一名按小时计酬的家政服务员，家政服务员不可能是该户居民家的职工，与该居民也不可能存在劳动关系。双方当事人之间体现出很大的自主性，提供劳务者也不是用人者的职工。

四、当事人之间在承担义务方面的区别

劳动关系中的用人单位必须按照法律法规和地方规章等为职工承担社会保险义务，单位职工在从事工作的过程中受到损害时可以进行工伤认定，且用人单位承担其职工的社会保险义务是法律的确定性规范；而劳务关系中的一方当事人不存在必须承担另一方当事人社会保险的义务。如居民不必为其雇用的家政服务员承担缴纳社会保险的义务。对于在提供劳务的过程中受到损害的则根据不同情况区别对待：提供劳务者因工作对第三人构成侵害的，则由接受劳务一方对外承担责任；对于提供劳务者因提供劳务导致自身受到损害的，则根据双方当事人间的过错来负担相应的责任。

五、用人单位对当事人在管理方面的区别

用人单位具有对劳动者违章违纪进行处理的管理权。如对职工严重违反用人单位劳动纪律和规章制度、严重失职、营私舞弊等行为进行处理，有权依据其依法制定的规章制度解除当事人的劳动合同，或者对当事人给予警告、记过、记过失单、降职等处分；劳务关系中的一方对另一方的处理虽然也有不再使用的权利，或者要求当事人承担一定的经济责任，但不含当事人一方取消当事人另一方本单位职工"身份"这一形式，即不包括对其解除劳动合同或给予其他纪律处分形式。

六、在支付报酬方面的区别

劳动关系中的用人单位对劳动者具有行使工资、奖金等方面的分配权利。分配关系通常包括表现为劳动报酬范畴的工资和奖金，以及由此派生的社会保险关系等。用人单位向劳动者支付的工资应遵循按劳分配、同工同酬的原则，必须遵守当地有关最低工资标准的规定；对于劳动派遣方面也有着明确的规定；而在劳务关系中的一方当事人向另一方支付的报酬完全由双方协商确定，当事人得到的是根据权利义务平等、公平等原则事先约定的报酬，没有最低标准的限制。当事人双方的权利义务都是双方在不违反法律的强制性规定和社会公共利益的前提下自愿协商的结果，体现出很大的自治性。

案例二　停薪留职下岗内退人员，可与新单位形成劳动关系

[案情]

玉林公司是一家小微型企业，为了提高企业利润，公司要求降低人力成本。王经理作为人力资源部负责人，根据自己在老国企的多年工作经验，提出了一个建议：公司可以雇用一些国有企业里内退、下岗待岗的老员工，这些员工不但工作经验丰富，而且由于是内退或者下岗、待岗，他们与原来的用人单位依然存在劳动关系。玉林公司只用同这些员工建立劳务关系，从而能够避免支付因建立劳动关系产生的人力成本。公司管理层对王经理的建议大加赞赏，并参照建议，雇用了不少这样的员工。老李就是其中的一个。老李是富强修理厂的老师傅，2001年起老李就与富强厂办理了待岗手续。此后，富强厂只为老李缴纳社保和按月发放最基本的生活费。2009年初经朋友介绍，老李进入了玉林公司，并先后3次与该公司签订劳务合同书。合同书约定老李应服从玉林公司的工作安排，遵守规章制度，老李就如同公司的其他正式员工一样为玉林公司提供劳动和服务。2013年7月中旬，老李在前往玉林公司上班途中发生交通事故，此后因受伤骨折需要卧床休息，老李此后未再到岗工作。2013年10月底，王经理认为以老李的身体状况难以继续工作，于是向老李送达了解除劳务合同通知书。老李认为其在上班途中发生交通事故，应当认定为工伤。但是，王经理认为，既然公司与老李只建立了"劳务关系"，那么也就无需承担其他义务。众所周知，要认定工伤，首先要确认劳动者与用人单位之间的劳动关系，老李不认可王经理的说法，通过诉讼程序，将玉林公司最终诉至法院。

[判决]

法院经审理认为，根据2010年9月《最高人民法院实施的审理劳动争议案件

若干问题的司法解释（三）》第八条的规定，下岗待岗等四类人员，在与新的用人单位发生用工争议后，应按照劳动关系处理。老李属于企业待岗人员，具备与新单位建立劳动关系的主体资格。经进一步审查，老李与玉林公司之间所签合同虽然名为劳务合同，但合同中约定的权利义务内容完全符合劳动关系的法律特征，故法院最终认定双方之间存在劳动关系。

[思考问题]

根据传统的劳动法理念，每一位劳动者只能与一家用人单位建立劳动关系。随着我国经济体制改革不断深化发展，企业在转型过程中出现停薪留职、未达法定退休年龄的内退、下岗待岗以及因经营性停产放长假的四类人员，那么该四类人员是否与新的用人单位建立劳动关系呢，是否能够获得劳动法律的保护呢？

[分析]

我国已经明确规定上述四类人员能够与新的用人单位建立新的劳动关系，那么用人单位在明知是上述四类人员的前提下，为规避劳动法律关系中的义务，必然要受到法律的制裁。

尽管我们在劳动关系和劳务关系上作出了详尽的区分，但是现实生活中用工关系的多样性和复杂性依旧使我们在认定二者的关系上容易产生混淆，最常见的主要有以下几种情况。

一、在校生和用人单位之间的用工关系

在校生利用业余时间勤工俭学或者是在用人单位进行社会实践和专业实习，由于此时学生依旧是全日制的学生，不属于劳动法规定的劳动者的范畴，不享有劳动者的薪资福利待遇 也不享有工伤保险待遇。同时原劳动部《关于贯彻执行〈劳动法〉若干问题的意见》第 12 条也规定，在校生利用业余时间勤工俭学不视为就业，双方未建立劳动关系。因而在相应的条件下可以把在校生的勤工俭学看作是一种劳务关系。

二、多重劳动关系

这类劳动（劳务）关系多以一些待岗和内退的企事业职工，在与原单位保持劳动关系的前提下，又自行到其他单位工作并形成事实劳动关系的形式存在。对于这类劳动（劳务）关系，争议主要集中在后成立的用工关系是劳动关系或劳务关系上。

支持成立劳务关系者认为劳动关系在同一时间内具有唯一性，其依据主要是基于法院的民事指导案例和《关于实行劳动合同制度若干问题的通知》（劳动部发〔1996〕354 号）第十七条规定，以及《国务院关于企业职工养老保险改革的决定》

（国发〔1991〕33 号）的规定。

支持成立劳动关系者主要从传统劳动法的出台背景，劳动关系的本质属性和相关劳动法律规范方面来进行的分析。他们认为传统的劳动法理论是计划经济体制的产物，难以适应市场经济条件下，劳动力管理的市场化和劳动用工制度的多样化的需求，只要是法律没有明确禁止的就不能够对其进行否定。而且《劳动法》第九十九条规定"用人单位招用尚未解除劳动合同的劳动者，对原用人单位造成经济损失的，该用人单位应当依法承担连带赔偿责任。"和《中华人民共和国劳动合同法》（以下简称《劳动合同法》）第三十九条第 4 款规定"劳动者同时与其他用人单位建立劳动关系，对完成本单位的工作任务造成严重影响，或者经用人单位提出，拒不改正的用人单位可以解除劳动合同。"以及《关于实施〈工伤保险条例〉若干问题的意见》（劳社部函〔2004〕256 号）第 1 条的规定，职工在两个或两个以上用人单位同时就业的，各用人单位应当分别为职工缴纳工伤保险费，职工发生工伤的，由职工受到伤害时工作的单位依法承担工伤保险责任。从以上几条法律规定可以推出法律并没有明确禁止双重劳动关系的存在。当然，我们认为应该支持第二种观点，赞成双重劳动关系的存在，这更符合现代用工形式的发展需求，也更好地保障了劳动者的合法权益。《最高人民法院关于审理劳动争议案件适用法律若干问题的解释（三）》第八条规定：企业停薪留职人员、未达到法定退休年龄的内退人员、下岗待岗人员以及企业经营性停产放长假人员，因与新的用人单位发生用工争议，依法向人民法院提起诉讼的，人民法院应当按劳动关系处理。这是为了保护劳动者利益，从司法上承认双重劳动关系。

案例三　保险代理员与保险公司的法律关系如何定性

[案情]

2002 年 9 月 20 日，张某与某保险股份有限公司签订一份《人身保险个人代理合同》。合同约定，保险公司授权张某代理销售人身保险产品，保险公司向张某支付津贴及据实结算代理手续费，同时为张某提供意外伤害险、意外伤害门诊医疗险等，除此之外，张某不再享受保险公司其他任何福利待遇。合同每年或每两年一签，合同期限连续至 2005 年 12 月 31 日止。

2006 年 1 月 1 日，张某与该保险公司又签订了一份《劳动合同书》，合同期限至 2006 年 12 月 31 日止。保险公司以货币形式按月支付张某劳动报酬，双方按国家规定缴纳各项社会保险费用等，经济补偿金按国家有关法律法规执行。合同签订后，张某担任了该保险公司某部副经理并主持工作。

2006 年底，保险公司以张某违反单位规章制度为由单方解除合同，张某离开保险公司后要求从 2002 年起按 5 年计算经济补偿金，保险公司则主张从 2006 年起按 1 年计算经济补偿金，双方为此发生争议。张某为此申请仲裁，劳动部门裁决保险公司给付 5 年（按 5 个月计算）的经济补偿金。保险公司不服，诉至法院。张某提交了保险公司发的工资折、获奖证书等证据。

[判决]

本案中，自 2002 年至 2005 年 12 月 31 日这段期间，双方签订的是保险代理合同，构成保险代理关系，张某的身份是保险代理人，其报酬按合同提取一定比例佣金，其工作时间、工作量多少完全由自己掌握，至于保险公司发放的工资存折及荣誉证书等均是为了便于开展工作及鼓励代理人工作积极性，并不能说明双方构成事实劳动关系。而自 2006 年签订劳动合同起，双方构成劳动关系，张某是保险公司的职员，必须遵守公司工作时间、规章制度、劳动纪律规定，其工资与其岗位配套，并享受职工医疗保险和社会保险。保险公司解除劳动合同，对张某的经济补偿金只能自 2006 年起因劳动合同未满 1 年按 1 年计算。

[思考问题]

保险代理员与保险公司的法律关系如何定性？

[分析]

因本案保险代理合同的定性涉及诸多保险代理人和保险公司的重大利益，故备受保险业界的关注。本案保险代理人与保险公司之间的法律关系为代理合同关系而非事实劳动关系。

根据我国《劳动法》规定，劳动合同是指劳动者与用人单位确立劳动关系，明确双方权利和义务的协议。事实劳动关系，是指劳动者与用人单位之间，虽然未签订劳动合同，但在实现劳动过程中依据劳动法律规范而形成的事实上的劳动权利和义务关系。保险代理制度是民事代理制度的一种，是指保险代理人根据保险委托合同或授权委托书在授权范围内，以保险人的名义，代理保险义务，并向保险人收取报酬的民事法律行为，代理行为所产生的法律后果直接由保险人承担。保险代理合同是保险代理人和保险人之间为明确双方权利和义务关系而签订的合同。

劳动关系与保险代理关系在法律特征上存在以下区别。

一、从主体上看

劳动法律关系中的劳动者主要是以职工身份从事劳动，除特殊部门和特殊岗位外，一般不作资质限制，劳动者属于单位编制内职工。保险代理人是以代理人的身份从事业务活动，应当具备法律规定的条件，经过考核和政府主管部门的批准，方能取得代理资格，不属于保险公司职工编制之列。《中华人民共和国保险法》（以下简称《保险法》）规定，保险代理人、保险经纪人应当具备金融监管部门规定的资格条件，并取得监管部门颁发的经营代理业务的许可证或资格证书。《保险法》第一百三十五条又规定，保险公司应当设立本公司保险代理人登记簿。可见，保险公司对保险代办员实施登记簿管理，保险代理人依法不属于保险公司的在职编制人员。

二、从依据的法律上看

劳动合同是根据《劳动法》和其他有关劳动法规而签订的，权利义务集中于劳动的付出（获取）和工资、福利待遇的获得（支出）；在合同争议处理上，明确规定需到本企业所在地劳动仲裁机构申请仲裁，不服仲裁可到法院起诉。保险代理合同是依据《保险法》和《中华人民共和国保险代理人管理暂行规定》（简称《保险代理人管理暂行规定》）签订的，发生争议时，双方应协商解决，若协商不成时，可直接到当地法院提起诉讼。

三、从取得报酬的方式上看

在劳动合同中，劳动者只需要按规定参加用人单位的劳动，完成了规定的工作量，而不论单位的经营成果如何，劳动者都应享受规定的劳动报酬和福利待遇。保险代理人的劳动报酬是按所收取保费的一定比例提取手续费（佣金），收入的高低完全取决于自己完成的保费数额。

四、从管理方式上看

在劳动法律关系中，同一单位尽管每个劳动者的职责可能不同，但其工作时间、规章制度、劳动纪律等都是相同的，工作中需要互相配合、协作，其管理是有章可寻的。保险代理人拓展业务实行单兵作战的形式，代理人可自由掌握工作时间，保险公司唯一能够掌握和考核的就是其工作业绩，即收取保费的数额。尽管各家保险公司强调加强对保险代理人的管理，例如实行早会制、夕会制，强化业务培训，实行团队编制等，但目前还没有形成一套完整、规范的管理模式。

延伸案例阅读一：保险代理关系不是劳动关系

2012 年 3 月，王某与济宁市某保险公司签订了为期 1 年的《人身保险代理合同》，王某担任银行保险客户经理，工作内容为代理保险公司银保产品，工作地点为银行，按照销售银保产品的业绩额计算报酬，平时不参与该保险公司考勤。合同到期后，双方未续签代理合同，但王某在该保险公司的工作内容没有变更。2013年 11 月 28 日，王某以个人发展原因为由与保险公司解除代理合同。2013 年 2 月王某提起劳动仲裁申请，以公司未为其缴纳社会保险为由要求：①确认王某与该保险公司存在劳动关系；②支付未签订劳动合同的双倍工资；③解除劳动合同，支付经济补偿金。保险公司辩称双方不存在劳动关系，双方是一种委托代理的合同关系，请求法院依法驳回王某的仲裁请求。

经庭审调查，王某在工作内容和工作方式上确实不同于劳动关系，且中国保险监督管理委员会（以下简称"保监会"）《关于个人保险代理人法律地位的复函》中也指出，"个人保险代理人属于保险代理人的一种，其与保险公司之间属于委托代理关系"。据此，仲裁委作出了驳回其请求的裁决。保险代理关系与劳动关系极易混淆，除审查双方签订的代理合同的法律性质，还应查明个人的具体工作内容和工作方式，从本质上定性是否存在劳动关系。

保险代理关系与劳动关系是不同的法律关系。一方面，劳动关系是基于劳动合同而产生，受劳动法调整；保险代理关系基于保险代理合同产生，除受民事法律调整外，还受保险法律法规的调整；另一方面，劳动关系具有人身属性和经济属性双重属性，用人单位需要对劳动者发放报酬、缴纳社会保险，还可以对劳动者的出勤、工作等进行管理；保险代理关系仅具有经济属性，保险代理人是根据保险人的委托，向保险人收取代理手续费，并在保险人授权的范围内代为办理保险业务的单位或者个人，双方不具有人身依附性。中国保险监督管理委员会《关于个人保险代理人法律地位的复函》中明确指出个人保险代理人与保险公司之间属于委托代理关系。保险代理关系与劳动关系极易混淆，除审查双方签订的代理合同的法律性质，还应查明个人的具体工作内容和工作方式，依据《关于确定劳动关系有关事项的通知》（劳社部〔2005〕12号），从本质上定性是否存在劳动关系。

本案中，王某与保险公司签订的是《人身保险代理合同》，工作内容是王某依据保险公司的委托代理保险公司银保产品，王某没有固定的工资，工作报酬按照其销售的保险产品业绩额计算，且王某不接受保险公司考勤管理，从合同内容和工作内容看，王某与该保险公司均成立委托代理关系，劳动关系不成立。双方签订的《人身保险代理合同》到期后虽未续签代理合同，但王某工作方式和工作内容未发生变更，双方仍履行原代理合同，因此双方之间的劳动关系不成立。

延伸案例阅读二：高某与泰康人寿保险股份有限公司北京分公司确认劳动关系纠纷案

2007年12月13日，泰康公司（甲方）与高某（乙方）签订1年期《保险代理合同书》，合同约定："乙方接受甲方委托在甲方授权范围内代为办理人身保险业务，甲方按本合同约定支付乙方代理手续费；乙方在签署本合同时须经过甲方规定的培训，并取得保险从业资格，即《保险代理从业人员资格证书》；甲乙双方签署本合同及各附件均不直接或间接构成甲方与乙方之间存在形式上或事实上的雇主与雇员关系，甲乙双方依本合同建立的是保险代理关系，而非劳动关系；在本合同有效期内，乙方在甲方授权的行政区域内以甲方名义代理甲方经营的人身保险业务、代收保险费及提供售后服务；甲方依照本合同附件二《泰康人寿保险股份有限公司个人代理人管理办法》规定的标准和本合同附件四险种及佣金提取比例，支付乙方代理手续费；本合同期满前 15 日内双方未以书面形式通知对方解除或终止合同的，本合同有效期自动延续至下一年；除法律法规或本合同及附件另有规定外，本合同自动延续的次数不受限制"等。

2009 年 9 月 14 日，保监会颁发《保险营销服务许可证》，载明阎村营销服务部的批准成立日期为 2009 年 9 月 8 日。2009 年 10 月 19 日，阎村营销服务部经工商管理部门核准成立，营业执照显示高某系阎村营销服务部负责人。2010 年 6 月 10 日，保监会向各保险公司发出《通知》，规定担任营销服务部负责人应当符合"与保险公司签订劳动合同，是保险公司正式员工"的条件。该文件同时明确，"本通知施行以后任命的营销服务部负责人，应当符合上述条件；本通知施行以前已经任命的营销服务部负责人，保险公司应当与其签订劳动合同，没有签订劳动合同的，保险公司应当在 2011 年 10 月 1 日前按照上述条件更换负责人。"

2011 年 11 月 3 日，泰康公司向北京保监局报送《关于聘任裴建军等 17 人为泰康公司营销服务部负责人的报告》（泰康京人发（2011）第 019 号文件），决定聘任张××为阎村营销服务部负责人。

2013 年 9 月 9 日，高某向房山区仲裁委申请仲裁，请求确认其与泰康公司存在劳动关系。2014 年 4 月 8 日，房山区仲裁委作出仲裁裁决，确认双方于 2009 年 10 月 19 日至 2013 年 9 月 9 日存在事实劳动关系。泰康公司不服该裁决，提起本案诉讼。

诉讼中，泰康公司主张自双方签订《保险代理合同书》至今，高某一直担任其公司的保险代理人。高某对此不予认可，称其虽然是以保险代理人身份入职泰康公司，亦签订了《保险代理合同书》，但在 2009 年 10 月 19 日阎村营销服务部核准成立后，其与泰康公司之间即建立了劳动关系。

诉讼中，泰康公司主张在高某担任保险代理人期间，其公司按照高某的销售业务收入支付佣金，并办理营业税、个人所得税等的扣缴事宜。为此，泰康公司提交了 2009 年 11 月至 2013 年 10 月的佣金明细表，以证明其公司向高某发放的报酬为按照实际保单业务计算的佣金，而非工资。佣金明细表下方均附有高某在该月促成的保单号、险种、保费及佣金等，泰康公司以该直接佣金总和为基础向高某发放报酬，每月数额均不相同。高某认为该证据系泰康公司自行打印，非第三方出具，故对该证据不予认可。泰康公司提交了电子缴税付款凭证、2011 年 10 月营销员税金、税费计算表，以证明其公司已代高某代扣代缴了营业税。高某认为上述证据系泰康公司履行纳税义务，与其无关。高某提交银行对账单，主张泰康公司向其发放工资。泰康公司对该证据的真实性认可，但称该证据恰恰证明其公司给付高某的报酬数额是按照业务量浮动变动的，并非工资而是佣金，之所以列为工资项，是因为银行转账业务中只有工资项没有佣金项。

法院认为：本案中，高某主张其与泰康公司之间存在劳动关系，泰康公司则主张双方之间系保险代理关系。民事活动遵循自愿原则，欲判断泰康公司与高某之间形成法律关系的性质，应结合相关证据认定双方的真实意思表示。根据本案查明的事实，泰康公司与高某于 2007 年 12 月 13 日签订了《保险代理合同书》，该《保险代理合同书》系双方自愿签订，内容亦不违反法律及行政法规的强制性规定，应属合法有效，对双方均具有约束力。《保险代理合同书》中约定高某接受泰康公司委托代为办理人身保险业务、双方在任何时候均不构成雇主和雇员关系，并明确指出双方建立的是保险代理关系而非劳动关系。因此，可以认定双方签订《保险代理合同书》时的真实意思表示系为建立保险代理关系。上述合同签订后，双方依约履行了各自义务，泰康公司以高某的销售业绩为基础向其支付了佣金。

对于高某称《保险代理合同书》有效期为 1 年、期满后双方即建立劳动关系的主张，法院认为，根据双方签订的《保险代理合同书》之约定，合同期满前 15 日内双方未以书面形式通知对方解除或终止合同的，合同有效期自动延续至下一年，且自动延续的次数不受限制。高某虽称该条款为格式条款且泰康公司未予特别说明，但该条款并无免除泰康公司责任、加重高某责任、排除高某主要权利之情形，且已明示高某在合同期满时可以选择是否终止合同，故该条款的效力不应受影响。诉讼中，双方均未提交证据证明自签订《保险代理合同书》至今任何一方提出过解除或终止合同，故该合同仍对双方具有约束力，双方之间仍为保险代理关系，而非建立事实劳动关系。

对于高某称其作为负责人的阎村营销服务部于 2009 年 10 月 19 日正式办理注册登记、《保险公司管理规定》曾明确营销服务部负责人必须是企业正式员工故其系泰康公司员工的主张，法院认为，在该规定及《通知》施行前，高某即已前往房山工商分局预先核准阎村营销服务部的名称，且多次申请延长有效期，故高某应属在《通知》施行前已经任命的营销服务部负责人。根据监管部门的要求，泰康公司如决定继续任用，应与高某签订劳动合同；如未签劳动合同，则应及时更换负责人。据此，泰康公司有选择是否与高某签订劳动合同的权利。整改期限届满后，泰康公司未选择与高某签订劳动合同，而是选择更换阎村营销服务部负责人并向监管部门报送了相关材料，故泰康公司并无与高某建立劳动关系的意思表示。特别需要强调的是，订立劳动合同应当遵循合法、公平、平等自愿、协商一致、诚实信用的原则。

通过上述分析，法院认为高某提供的证据尚不足以证实其与泰康公司存在劳动关系，高某应当承担举证不能的不利后果。最终法院判决确认泰康人寿保险股份有限公司北京分公司与高某 2009 年 10 月 19 日至 2013 年 9 月 9 日期间不存在劳动关系。

案例四　证券公司营业部与证券经纪人之间构成委托代理关系而非劳动关系

[案情]

某证券公司营业部与杨某于 2009 年 12 月 30 日签订了 3 年期限的劳动合同，约定杨某的工资不得低于当地最低工资标准，工作地点在北京，职位为客户经理。此后，因证券公司内部用工模式发生变化，严格限定劳动合同制员工，要求达到一定业绩的优秀员工才能转为劳动合同制员工。2010 年 7 月 1 日，该证券公司营业部停止为杨某缴纳社会保险并与杨某协商改签了证券经纪人委托代理合同，但是工作内容、工作时间、工资标准等均未改变。2013 年 3 月，杨某因以某证券公司营业部支付的劳动报酬低于北京最低工资标准而提出辞职申请，并向当地劳动人事争议仲裁委员会提起仲裁，请求某证券公司营业部支付：①2013 年 1-3 月未签劳动合同二倍工资；②低于北京市最低工资标准的工资差额；③解除劳动关系经济补偿金等。

[仲裁裁决]

西城区劳动人事争议仲裁委员会驳回了杨某二倍工资、最低工资差额及经济补偿金的全部申斥请求。

[思考问题]

证券公司营业部与杨某之间存在委托代理关系还是劳动关系？

[分析]

本案的关键点是要证明某证券公司营业部与杨某之间存在委托代理关系而非劳动关系，这样就能驳回杨某二倍工资、最低工资差额及解除劳动关系经济补偿金的所有申诉请求。劳动争议案件纠纷的解决，首先需要对纠纷中是否存在劳动关系进行认定，在各种各样的劳动关系认定纠纷中，劳动关系与委托代理关系的区分与界定，是目前司法实践中出现的新型议题。

一、劳动关系与委托代理关系的概念

1. 劳动关系

所谓劳动关系是指劳动者与用人单位之间形成的，劳动者在用人单位管理下提供劳动，用人单位按照约定支付劳动者劳动报酬的权利义务关系。

2. 委托代理关系

所谓委托代理关系是指在市场交易中，委托人指定、雇佣或者委托他人为其提供服务，完成一定的任务，委托人根据受委托人提供服务的数量和完成任务的质量支付报酬的权利义务关系。

二、劳动关系与委托代理关系的区分与界定

1. 目的不同

委托代理关系虽然也包含了劳务的提供，但劳务的提供并非委托代理的目的，委托代理的目的在于处理委托人的委托事务，给付劳务报酬是为了达到委托目的的手段，而劳动关系是以完成劳动为目的。

2. 权限不同

委托代理人有权独立地处理委托事务，而劳动关系中劳动者没有独立的支配权，劳动者的行为完全由用人单位加以决定。

3. 身份不同

委托代理关系中代理人虽然以委托人的名义处理委托事务，但代理人会出示授权表明自己的代理身份，而在劳动关系中劳动者法人劳动是用人单位业务组成的一部分，对外是以用人单位员工的身份代表用人单位处理事务。

4. 主体资格的要求不同

在用人主体上，委托代理关系中的代理人一般具备某种特定的身份、资格或者技能，受委托人凭借特定的身份、资格或者技能来完成委托人委托的事务，而劳动关系中劳动者是否必须具备特定的身份、资格或者技能，不是劳动关系是否成立的必备要件。

5. 所受法律的调整不同

委托代理关系是普通民事关系，受《合同法》和《民法通则》的调整，而劳动关系受《劳动法》和《劳动合同法》等专门法律法规的调整。

延伸案例阅读一：证券公司与证券经纪人非劳动关系案例

王某某与国泰君安证券股份有限公司上海大渡河路营业部确认劳动关系纠纷案。

2010年11月8日，王某某之子王甲与案外人国泰君安证券股份有限公司（以下简称国泰君安公司）签订《证券经纪人委托合同》一份，约定"甲方（国泰君安公司）拟委托乙方（王甲）代理甲方进行客户招揽、客户服务等活动，并向乙方支付代理报酬"、"甲方委托乙方为其上海大渡河路证券营业部提供服务"、"合同期内，乙方不得接受其他证券公司的委托作为证券经纪人从事客户招揽和客户服务等活动，不得以甲方员工身份对外开展业务，不得代表甲方或以甲方员工名义发表、签署任何文件"、"甲乙双方法律关系为委托代理关系，不构成任何劳动关系，乙方不具有甲方任何类别的员工身份，双方争议不适用《劳动合同法》"、"本合同经双方签署，且乙方取得'证券经纪人执业证书'后生效"。同时，委托合同附件一《经纪人报酬计算标准》中约定"乙方每月报酬分为固定报酬和业务提成，采取'孰高原则'"、"乙方每月固定报酬为1 200元，发放3个月。第一次与公司签订委托代理人合同的证券经纪人才享有此固定补贴"。同日，国泰君安公司为王甲办理了证券经纪人备案手续，而王甲则向公司出具承诺一份，承诺其在成为公司证券经纪人期间，遵守国家有关法律、法规以及公司证券经纪人相关的管理制度，在从事证券营销活动时主动出示证券经纪人执业证书，向客户揭示投资风险，并明示本人与公司的委托代理关系。之后，王甲遂参加了国泰君安公司的经纪人岗前培训。2011年2月28日，王甲因交通事故死亡。2012年2月24日，王某某向上海市普陀区劳动人事争议仲裁委员会提起申诉，要求确认其子王甲与国泰君安大渡河营业部之间的劳动关系。同年4月12日，该会作出普劳人仲（2012）办字第445号裁决书，裁决对王某某的仲裁请求不予支持。王某某不服，遂向一审法院提起诉讼，请求判决确认王某某之子王甲与国泰君安大渡河营业部于2010年11月8日至2011年2月28日期间存在劳动关系。

另查，2010年11月至2011年1月期间，案外人国泰君安证券股份有限公司上海分公司（以下简称国泰君安公司上海分公司）曾通过银行转账方式每月发放了王甲人民币（以下币种均为人民币）1 120元。

一审法院认为，公民、法人的合法权益受法律保护。劳动法上的劳动关系，是指用人单位向劳动者给付报酬，而由劳动者提供职业上的劳动，双方形成的具有人身依附性质的法律关系。即用人单位与劳动者建立劳动关系的，除双方必须依法签订劳动合同以外，劳动者还须向用人单位提供劳动，用人单位亦须向劳动者支付工资报酬，此为劳动关系存在的实质要件。然本案中，根据王某某之子王甲与案外人国泰君安公司签订的《证券经纪人委托合同》所载，案外人国泰君安公司仅是委托王甲代理客户招揽、客户服务等活动，双方之间欲建立的是一种委托代理关系，对此王甲在向国泰君安公司出具承诺书时也已明知，并且这种委托代理关系是以王甲通过证券从业资格考试、取得证券经纪人执业证书为生效要件的。因此，王甲为获得上述从业资质，其于2010年11月8日至2011年2月底在国泰君安大渡河营业部接受了经纪人岗前职业培训，该培训并不能说明双方之间就存在劳动关系。至于案外人国泰君安公司上海分公司于 2010 年 11 月至 2011 年 1 月期间每月向王甲支付 1 120 元，系因其在履行王甲与国泰君安公司所签《证券经纪人委托合同》中关于"乙方（王甲）每月固定报酬为 1 200 元，发放 3 个月，第一次与公司签订委托代理合同的经纪人才享有此固定补贴"的约定所致。因此，国泰君安公司上海分公司向王某某发放 1 120 元的行为亦无法证明王甲与国泰君安大渡河营业部之间建立有劳动关系。综上，王某某主张其子王甲与国泰君安大渡河营业部建立有劳动关系，缺乏事实及法律依据，法院对此难予采纳。对王某某另称，其子王甲 2010 年 11 月 8 日至 2011 年 2 月 28 日期间尚未取得证券经纪人执业证书，故《证券经纪人委托合同》尚未生效，而在此期间其实际确已为国泰君安大渡河营业部拓展了客户，故双方形成有劳动关系，并提供了证人任萌、王克华到庭作证，但王某某上述另称意见，因缺乏法律依据，故一审法院对此亦不予采纳。据此，一审法院依照《劳动合同法》第二条之规定，作出判决：对王某某要求确认国泰君安证券股份有限公司上海大渡河路证券营业部与其子王甲之间于 2010 年 11 月 8 日至 2011 年 2 月 28 日期间存在劳动关系的诉讼请求不予支持。

一审判决后，王某某不服，向二审法院提起上诉。

王某某上诉称，其子王甲与案外人国泰君安公司签订的《证券经纪人委托合同》、经纪人承诺书等文件，因王甲尚不具备证券经纪人资格而无效。王甲的工作场所在国泰君安大渡河营业部，并接受该营业部管理，所以王甲应当与之存在劳动关系；国泰君安公司向王甲发放的每月 1 200 元，不是经纪人补贴，而是固定工资；王甲为国泰君安大渡河营业部介绍了客户，已经提供了劳动；根据《证券经纪人管理暂行条例》规定，证券公司仅可以通过本公司员工或公司以外具备证券经纪人资格的人进行客户招揽或客户服务工作，因王甲不是证券经纪人，故王甲应当是公司员工。以上，王某某请求二审法院撤销一审判决，确认王某某之子王甲与国泰君安大渡河营业部于 2010 年 11 月 8 日至 2011 年 2 月 28 日期间存在劳动关系。

国泰君安大渡河营业部辩称，一审判决认定事实清楚，适用法律正确，请求二审法院驳回上诉，维持原判。

经二审法院审理查明，一审法院认定事实属实，二审法院予以确认。

二审法院认为，本案的争议焦点为：在王甲尚不具备证券经纪人资格的情况下，其与国泰君安公司签订的《证券经纪人委托合同》是否成立。就本案已经查明的事实来看，该委托合同成立，王某某与国泰君安公司成立委托代理关系。

二审法院论述如下：依法成立的合同，自成立时生效。当事人对合同的效力可以约定附生效条件。附生效条件的合同，自条件成立时生效。王某某主张《证券经纪人委托合同》无效，必须对合同存在法定的无效情形进行举证。王某某未能对王甲与国泰君安公司订立《证券经纪人委托合同》时存在违反国家强制性法律法规的情形，以及存在王甲受到欺骗、胁迫的情形进行举证，故该合同系双方真实意思的表示，二审法院据此确认该合同成立。王甲系一名具有相应行为能力和责任能力的成年人，应当理解该委托合同及其附属文件中多处关于双方系委托代理关系而非劳动关系的表述。王甲没有表示反对，并签署了相应的合同与文件，足见其当时对合同的目的是知晓并同意的。而且合同双方均已经在合同中确认"本合同经双方签署，且乙方取得'证券经纪人执业证书'后生效"，虽然国泰君安公司与尚不具备证券经纪从业人员资格的王甲签订《证券经纪人委托合同》在行为上存在不当之处，但并不影响合同的成立，故二审法院确认案外人国泰君安公司与王甲建立委托关系。国泰君安公司作为委托人，当然可以指示受托人王甲为或不为某种行为，故在合同中约定王甲至国泰君安大渡河营业部开展工作，并无不当。此外，本案中双方在签订合同后，虽然未达到合同生效的条件，但是双方当事人为了达成该条件，国泰君安公司对王甲进行相应培训，并按照约定每月支付王甲相应补贴，王甲亦参加了证券从业人员资格考试，说明双方均为了达成合同生效条件而在积极准备，从另一方面佐证了双方订立该委托合同的真实意图，即建立委托代理关系。故王甲系接受国泰君安公司委托至国泰君安大渡河营业部开展工作，二审法院确认王甲与国泰君安大渡河营业部并无劳动关系。一审法院判决认定事实清楚，适用法律正确，二审法院予以维持。据此，驳回上诉，维持原判。

延伸案例阅读二：证券经纪人欲与证券公司确认劳动关系 因双方已委托代理合同被法院驳回

李某是一名证券经纪人，从被告某证券公司处离职后，欲与其确认劳动关系，并索要相关补偿。通州法院经审理认定双方已签订委托代理合同，不存在劳动关系，并据此驳回了原告的诉讼请求。

本案中，原告李某系被告某证券公司营业部的证券经纪人，依法取得了证券经纪人证书。2010年7月，原告入职被告公司，后双方签订了《证券经纪人委托合同》，约定被告委托原告进行客户招揽、客户服务等活动，并向原告支付代理报酬。并且，双方在合同中约定两者之间的法律关系为委托代理关系，不构成任何劳动关系，乙方不具有甲方任何类别的员工身份，双方争议不适用《劳动合同法》。后双方发生争议，原告于2013年3月从被告处离职。后原告向仲裁委提起劳动仲裁，要求确认双方之间存在劳动关系，并向被告索要未签劳动合同二倍工资差额、解除劳动关系经济补偿金等。仲裁委驳回了原告的诉讼请求。原告不服，在法定期限内诉至法院。

庭审中，原告主张其并非单纯的证券经纪人，证券经纪人的工作时间仅需根据证券交易的时间随机安排即可，不需要受单位的管理及约束，但原告在被告处工作时，工作时间固定，每天打卡签到，根据公司要求定期与客户联系，进行客户拜访工作，被告每月将工资打到银行卡中，双方已形成事实劳动关系。被告对此答辩称，原、被告双方已经签订了委托代理合同，形成的是民事委托代理关系，双方的关系适用民法调整，被告向原告支付的不是工资，而是佣金。

法院经审查后认为，证券经纪人是指接受证券公司的委托，代理其从事客户招揽和客户服务等活动的证券公司以外的自然人。根据相关规定，证券公司从事证券经纪业务，可以委托证券公司以外的人员作为证券经纪人，代理其进行客户招揽、客户服务等活动。本案中，原告李某与被告某证券公司已签订《证券经纪人委托合同》，据此可知，原、被告之间建立的是委托代理关系，而非劳动关系。原告亦未提交其与被告建立劳动关系的有效证据，因此，法院认为原告要求确认其与被告之间存在劳动关系的诉讼请求缺乏事实及法律依据，法院不予支持。因原告要求被告支付解除劳动关系经济补偿金、未签订劳动合同双倍工资差额的诉讼请求均以双方之间存在劳动关系为基础，现原告与被告不能被认定为劳动关系，因此，原告的上述诉讼请求于法无据，最终法院驳回了原告的诉讼请求。

案例五　《加工协议》不能掩盖事实劳动关系

[案情]

曹某于2010年9月在黄梅县某公司从事纺织品修剪、质检等工作。当时与公司签订了一份《加工协议》。内容主要有：乙方（曹某）为甲方（该用人单位）加工产品，须按甲方要求按质、按量、按期交货。乙方如因场地需要甲方提供的，甲方视情安排在甲方厂区内加工，乙方须遵守甲方的安全操作规程及公司各项规定。乙方在加工操作过程中，包括乙方在甲方厂区内作业及来往途中出现的安全问题均由乙方承担。2014年3月，曹某在下班途中发生交通事故致其左腿粉碎性骨折，经黄梅县交警大队认定曹某在本次事故中负次要责任。2014年5月18日，曹某向黄梅县劳动人事争议仲裁委员会提起确认劳动关系之诉。

[仲裁裁决]

黄梅县劳动人事争议仲裁委员会作出裁决：确认曹某与该用人单位事实劳动关系自2010年9月成立。

[思考问题]

《加工协议》能否掩盖事实劳动关系？

[分析]

黄梅县劳动人事争议仲裁委员会经审理认为，根据曹某的工作地点和加工费结算方式，公司有对曹某进行管理的意向，曹某向公司提供单纯劳务，受公司安排、管理，双方存在隶属性。这与单纯的加工承揽关系并不一样，因为"加工承揽关系中，承揽人的劳动力具有高度自主独立性。"《加工协议》中关于加工内容并不明确，不同于加工承揽合同中对承揽内容有明确约定，反而类似于劳动关系中劳动者向用人单位提供持续性而非一次性、组成性而非独立性的劳动。报酬支付方面，《加工协议》载明，根据公司给曹某安排的工作内容按月支付报酬，此种方式与典型常见的劳动报酬持续性按月支付方式相同。此外，根据公司提交的曹某外加工结算单所载加工明细可看出，曹某提供的劳动是公司的业务组成部分。该起案件的用人单位企图用与劳动者签订的《加工协议》否认存在事实劳动关系，而认为是加工承揽关系。因此，拒绝支付劳动者工伤医疗费用补偿。黄梅县劳动人事争议仲裁委员最终支持劳动者的诉求，驳回了用人单位的主张：即《加工协议》不能掩盖事实劳动关系。

根据《关于确立劳动关系有关事项的通知》（劳社部发〔2005〕12号），用人单位招用劳动者未订立书面劳动合同，但同时具备下列情形的，劳动关系成立。（一）用人单位和劳动者符合法律、法规规定的主体资格；（二）用人单位依法制定的各项劳动规章制度适用于劳动者，劳动者受用人单位的劳动管理，从事用人单位安排的有报酬的劳动；（三）劳动者提供的劳动是用人单位业务的组成部分。

用人单位未与劳动者签订劳动合同，认定双方存在劳动关系时可参照下列凭证：（一）工资支付凭证或记录（职工工资发放花名册）、缴纳各项社会保险费的记录；（二）用人单位向劳动者发放的"工作证"、"服务证"等能够证明身份的证件；（三）劳动者填写的用人单位招工招聘"登记表"、"报名表"等招用记录；（四）考勤记录；（五）其他劳动者的证言等。其中，（一）、（三）、（四）项的有关凭证由用人单位负举证责任。

案例六　事实劳动关系的认定

[案情]

1998年5月的一天，某市报纸上刊出一则《招聘启事》：某出版社急需招聘若干名质检校对员，待遇为按件计酬，不解决调动、住宿等问题；招聘条件为大专以上学历，擅长文字工作，身体健康，熟悉电脑操作，有本市户口者优先录用。女青年赵某根据启事被出版社聘用为社外校对员，当时社方与赵某口头约定：保证质量，按件计酬；付酬方式按每万字10元计，按月支付。由于赵某的校对质量较好，社方为稳定校对队伍，一年后与赵某口头约定：当月必须完成50万字的校对量后，支付校对费1000元；每月超出50万字的仍按每万字10元支付，出版社为赵某提供办公场所。2002年11月，出版社书面通知赵某："鉴于出版社工作量逐步减少，已不需要你为出版社做校对工作，如以后有需求，再与你联系。"赵某以社方侵犯其合法权益为由，向该市劳动争议仲裁委员会申请仲裁，请求：①要求确认双方有事实劳动关系；②出版社应按劳动法的规定，支付4个月的工资4000元，作为被辞退的经济补偿金。其理由是：赵某于1988年6月应聘为出版社的校对员，以后工资为每月1000元，工作时间按出版社规定执行，双方有事实上的劳动关系。

经调查，赵某虽然在出版社办公并按时上下班，甚至乘坐出版社的通勤车，但出版社不对其进行考勤管理，未要求其遵守规章制度，未对其考核管理等。在此期间，赵某每月都能完成最低50万字的校对量，出版社每月向其支付1000元校对费。

[仲裁裁决]

劳动仲裁委员会认为出版社未与申诉人赵某建立《劳动法》中规定的劳动关系，双方间的关系不能适用《劳动法》，故驳回了赵某的仲裁请求。

[思考问题]

如何认定事实劳动关系?

[分析]

本案中，是否形成事实上的劳动关系是关键问题。所谓劳动，就是劳动者与生产资料相结合产生新产品的过程，其重点在于"生产过程"。劳动者与用人单位建立的劳动关系就是在"生产过程"中所形成的社会关系，这才是《劳动法》所调整的劳动关系。因此，劳动法所调整劳动关系应当具有以下的特征：①主体一方是提供体力与脑力的劳动者，另一方是用人单位；②劳动者在用人单位应有劳动过程，劳动关系与劳动过程紧密联系在一起，劳动就是在于劳动过程的实现，而不仅仅是劳动成果的给付；③劳动关系一旦形成后，劳动者要成为用人单位的成员。用人单位作为劳动力的使用者，要安排劳动者在组织内与生产资料相结合，保证劳动者各种权利的实现；而劳动者要运用自己的劳动能力，完成用人单位交给的各项生产任务，并遵守用人单位的规章制度，服从管理。

鉴于以上特征，赵某未与出版社建立劳动关系，只是建立了校对上的劳务合作关系。理由如下。

第一，出版社未要求赵某来出版社坐班，遵守出版社的规章制度及工作时间。赵某只要完成任务，出版社即支付校对费，双方之间是加工承揽业务关系，也就是说出版社所关注的是劳动成果，而不在于劳动过程的实现。这是一种典型的加工承揽劳务合作关系。

第二，申诉人未成为出版社的成员，出版社不对其进行管理。申诉人虽如出版社员工一样按时上下班，但出版社不对其提出这样的要求，也未对其进行考勤与考核，申诉人按校对量取酬，什么时间、什么地点完成校对任务与出版社无关，出版社只提供办公场所，目的是为其工作方便，并不要求其来出版社"坐班"。

第三，申诉人每月领取的 1000 元不是工资，而是劳务费。虽然每月发给申诉人 1000 元，是因申请人每月都能完成任务，这虽貌似"底薪"、"工资"，但实质上是双方因发生承揽校对关系而发生的经济往来的结算方式，如果申诉人未完成任务，出版社是不可能按 1000 元支付校对费的。

第二节　自测案例

【案例一】

王某 1982 年 7 月参加工作，于 2001 年 8 月在湖南省某市国家税务局办理退休，自 2001 年 9 月起领取退休金，为该局正式退休公务员。2011 年 8 月王某进入康达会计师事务所工作，双方签订了期限 5 年的劳动合同书。

2012 年 3 月 24 日，王某提出辞职。王某主张其工作期间存在双休日加班情形，其因康达会计师事务所拖欠加班工资提出辞职，故提出劳动争议仲裁申请，要求康达会计师事务所支付加班工资及解除劳动关系经济补偿金。

试分析：王某的上述请求能否得到支持？为什么？

【案例二】

张某（具备保险代理人资格）与某保险公司签订《个人代理保险合同》和《客户服务专员人身保险代理合同》，合同对双方的权利义务进行了约定，主要包括考勤管理、培训管理、奖惩管理、考核晋升管理等。后因张某考核不达标，保险公司与之解除保险代理合同。张某向劳动争议仲裁委员会提出仲裁申请，劳动仲裁委经仲裁后认为双方存在劳动关系。保险公司对仲裁裁决不服，诉至法院，要求确认双方之间不存在劳动关系。

试分析：张某的上述请求能否得到支持？为什么？

第二章

企业用工管理

第一节 案例分析

案例一 外国人在我国合法就业必须办理就业证

[案情]

苏州某电机公司是由香港一科技有限公司出资设立的。2006 年 7 月 28 日，香港总公司负责人代表科技公司委派 Jack 为电机公司执行董事。同日，Jack 作为电机公司的执行董事按照公司章程规定聘任自己为该公司的总经理。之后，Jack 开始在公司工作，电机公司亦自 2006 年 10 月 1 日起每月发放工资 1.6 万元给 Jack 至 2008 年 4 月 30 日。2006 年 11 月 8 日，Jack 经申请批准并取得《外国人就业许可证》，有效期至 2007 年 11 月 8 日。该《外国人就业许可证》有效期限届满后，并未依法办理延期手续。

2008 年 5 月 8 日，香港总公司作出免除 Jack 作为电机公司执行董事、法定代表人及总经理资格的决定，并通过信件送达 Jack。Jack 收到上述信件后，自 2008 年 5 月 12 日起不再在该电机公司工作。

因 Jack 认为苏州公司受香港总公司指令将其解雇，剥夺了其劳动权利和劳动条件，且电机公司又未与其签订书面劳动合同，其在工作期间还为公司垫付了相关的开支，故向劳动争议仲裁委员会提出仲裁申请，要求确认电机公司单方解除劳动合同的行为无效，要求继续履行劳动合同，并签订劳动合同，支付未签劳动合同的双倍工资 49.6 万元，补发 2008 年 5 月至 2008 年 11 月正常工资 11.2 万元。2008 年 12 月，仲裁委裁决驳回了 Jack 的仲裁申请。Jack 对该仲裁裁决不服，遂向法院提起诉讼。

[仲裁裁决]

法院经过审理后认为，因 Jack 所持有的《外国人就业许可证》已于 2007 年 11 月 8 日到期，但并未办理延期手续，故该外国人就业许可证已失效，Jack 已不符合法定的就业条件，在我国境内不具有建立劳动关系的主体资格，其在外国人就业许可证已失效的情形下继续在电机公司处就业的行为违反了我国关于外国人就业管理的规定，因此 Jack 的劳动权利不受《劳动法》的保护，故 Jack 要求确认劳动关系、继续履行劳动合同，以及要求补签劳动合同并支付未签劳动合同的二倍工资等诉讼请求，法院不予支持。

Jack 主张补发 2008 年 5 月至 2008 年 12 月正常工资 12.8 万元诉讼请求，因电机公司发放给 Jack 的工资截至 2008 年 4 月 30 日，而 Jack 系自 2008 年 5 月 12 日起离开电机公司，法院认为，民事活动应遵循公平、等价原则，故电机公司应对 Jack 自 2008 年 5 月 1 日至同年 5 月 12 日期间付出的劳动给予报酬。法院遂依法判决电机公司支付 Jack12 天的工资 6400 元，驳回 Jack 的其他诉讼请求。

[思考问题]

不具有中国国籍的外国人在我国境内的用人单位就业的，需要办理什么手续？

[分析]

随着外国人在华就业人数的不断攀升，外国人就业引发的争议亦越来越多。不具有中国国籍的外国人在我国境内的用人单位就业的，应依法取得《外国人就业许可证》等相关证件。本案由于未办就业证而被法院认为双方形成的是雇佣关系而非劳动关系，较具代表性。根据现行的规定，外国人在我国合法就业的一个前提条件——必须办理就业证，否则会被认定为非法用工。

延伸案例阅读：法国大厨身兼二职遭解聘 索赔偿未获支持

2010 年 7 月 1 日，安东尼与餐饮公司签订《劳动合同》一份，双方约定合同期限为 2010 年 7 月 1 日至 2011 年 7 月 31 日，安东尼在担任该餐饮公司营运部门经理期间，不得从事任何直接或间接与公司有竞争关系的业务，或在雇佣期间未经公司同意为任何其他用人单位工作，否则公司有权因此对安东尼的违纪行为进行惩罚，直至解除劳动合同。在该合同附录还记载：安东尼的职位为营运总经理，薪金为人民币 19999 元。双方还对安东尼的奖金、住房补贴、交通补贴等作出约定，由安东尼提交合法、有效和真实的开支凭据供公司审批；安东尼报销限额住房每月 10001 元、交通每月 5000 元、保险每 3 个月 3000 元等。

2011 年 3 月 25 日，公司向安东尼送达了《解除用工关系通知》。该通知记载"……鉴于您严重违反合同义务、规章制度以及相关法律规定，我们现正式通知您，自 2011 年 3 月 25 日起，立即解除与您的用工关系。用工关系自上述之日解除后，我们将无义务向您支付任何形式的报酬、补贴、报销、补偿和赔偿等。"通知还要求安东尼及时与公司办理工作交接等。

2011年5月3日，安东尼为此申请劳动仲裁，被仲裁委认定该争议不属于受理范围。同月19日，安东尼向法院起诉称，自2007年7月进入该公司工作，担任餐饮经理一职。2010年7月又续签了劳动合同，期限至2011年7月31日止，期间担任营运总经理，月薪3.5万元。2011年3月25日，公司以违反合同义务、规章制度等理由，解除了与自己的用工关系。安东尼还称，公司在为自己办理外国人就业许可证的时候，将自己的受聘单位填写为该餐饮公司的大股东某贸易公司，认为未办理就业许可证，不能颠覆双方的劳动关系，认定公司的该行为违约，要求支付工资、奖金、替代工资及经济补偿金等共计34.1万余元；而公司大股东对此承担连带责任。

法庭上，餐饮公司辩称与安东尼之间是劳务关系，自与安东尼解约后已支付了对方工资。认为双方约定合同期限未满，但安东尼存在违约行为，表示不认可安东尼诉求。餐饮公司还声称安东尼在工作期间，与曾在餐饮公司工作过的外籍人士，在香港成立一家便当咨询公司并开设网站，安东尼是该公司的董事和股东。安东尼等人在网站介绍中，炫耀餐饮公司名下两个品牌餐厅是他们设计的，网站中反映他们设计的美食、红酒和FOSSETTE酒吧，与餐饮公司设计理念一致，这与事实不符，该行为构成了合同违约，公司解雇安东尼的行为合法。而安东尼在往来电子邮件中 也表示愿意删除网站上关于餐饮公司两家酒吧的标识。餐饮公司的大股东贸易公司则认为，安东尼追加贸易公司为被告不妥当，公司与安东尼不存在任何书面形式的劳动协议。

法院认为，外国人在中国就业的，必须办理外国人就业许可证，没有办理外国人就业许可证，不能认定劳动关系。本案中，安东尼虽办理了就业许可证，但该许可证登记的用人单位是餐饮公司大股东，而不是餐饮公司。据此安东尼与餐饮公司不存在劳动关系，应为劳动雇佣关系。鉴于安东尼与餐饮公司存在劳务雇佣关系，故餐饮公司大股东贸易公司可不予担责。

本案鉴于签订《劳动合同》的劳务雇佣合同，系双方自愿。而安东尼在履约期间，又与他人成立另一家公司，且在该公司宣传网站上有涉及餐饮公司经营的两家酒吧资料，其内容不实，显然侵犯了餐饮公司的正当权利，亦构成了对合同的违约。作为餐饮公司有权解除与安东尼的劳务合同。法院考虑到双方在合同中约定，相关补贴属据实报销，而安东尼未提供相关票据，且合同属安东尼违约在先，安东尼相关主张法院难以支持，遂判决由餐饮公司支付安东尼工资8070.39元；对安东尼其余之诉不予支持。（本案例改编自：中国法院网作者：李鸿光）

案例二　外国企业在华代表处用人单位主体资格案例

[案情]

高某 2005 年 10 月进入某外国公司江苏某市代表处工作。同年 12 月 21 日，代表处与高某签订固定期限劳动合同。2007 年 12 月 21 日双方签订无固定期限劳动合同。高某受代表处及其规章制度的管理与约束；代表处按合同约定每月支付高某工资。2010 年 8 月 19 日，代表处以高某工作出错为由，将高某从质检岗位调到内勤岗；遭到高某拒绝后，代表处于 2010 年 11 月 29 日书面通知将其辞退。高某向代表处所在地的劳动争议仲裁委员会申请仲裁，主张违法解除劳动合同的赔偿金以及加班工资差额。

[仲裁裁决]

仲裁委在受理、审理本案时没有审查代表处的用工主体资格，代表处也未对此进行抗辩，仲裁查明相关事实后裁决支持了高某的请求。代表处提起诉讼，一审法院主动依据《劳动合同法》第二条规定，审查代表处的用工资格；认为代表处为外国企业常驻中国代表机构，不属于立法所列举的中华人民共和国境内的企业、个体经济组织、民办非企业单位等组织，不具备劳动法上的用工主体资格，进而将双方的法律关系定性为雇佣合同关系，不受劳动法调整，故而驳回高某诉讼请求。高某提起上诉，二审裁定维持一审判决。

[思考问题]

外国企业在华代表处是否属于我国劳动立法上的"用人单位"主体以及外国企业在华代表处能否成为我国劳动立法上的"用人单位"主体？

[分析]

一、外国企业在华代表处是否属于我国劳动立法上的"用人单位"

1. 我国现行劳动立法关于用人单位主体之规定

1995 年的《劳动法》对用人单位主体的规定相对狭隘，没有从其实质内涵上作界定，在外延上也仅仅限于我国境内的企业和个体经济组织。其第二条规定：在中华人民共和国境内的企业、个体经济组织（以下统称用人单位）和与之形成劳动关系的劳动者，适用本法。

2008 年的《劳动合同法》对于用人单位主体的规定作了一定扩展，其第二条规定：中华人民共和国境内的企业、个体经济组织、民办非企业单位等组织（以下称用人单位）与劳动者建立劳动关系，订立、履行、变更、解除或者终止劳动合同，适用本法。

2011 年修订的《工伤保险条例》沿袭了前两部法律外延列举的方式，并在前两部法律的基础上进一步将用人单位范围扩展至"中华人民共和国境内的企业、事业单位、社会团体、民办非企业单位、基金会、律师事务所、会计师事务所等组织和有雇工的个体工商户"。

以上三部法律法规对用人单位主体作了列举，但均未将外国企业在华代表处纳入其中。

2. 专门的外国企业常驻代表机构管理规范性文件关于其用人的规定

1980 年国务院《关于管理外国企业常驻代表机构的暂行规定》（以下简称《暂行规定》）对于此类代表处的用工方式作了简要规定，应当由外事服务单位与员工签订劳动合同，再由外事服务单位将员工输入到外国企业驻华代表处工作。即外事服务单位、外国企业在华代表处、员工三者类似于劳务派遣关系中的用人单位、用工单位及员工的地位。如其第十一条规定："常驻代表机构租用房屋、聘请工作人员，应当委托当地外事服务单位或者中国政府指定的其他单位办理"。

由于该《暂行规定》的出台，各地政府作出了一脉相承的规定。如 1999 年广东省颁布《外国企业常驻代表机构聘用中国雇员管理规定》第十一条："外国企业常驻代表机构聘用中国雇员，必须委托涉外就业服务单位办理，不得私自或者委托其他单位、个人招聘中国雇员。"1997 年北京市《关于外国企业常驻代表机构聘用中国雇员的管理规定》第五条：外国企业常驻代表机构招聘中国雇员，必须委托外事服务单位办理，不得私自或者委托其他单位、个人招聘中国雇员。第六条：中国公民必须通过外事服务单位向外国企业常驻代表机构求职应聘，不得私自或者通过其他单位、个人到外国企业常驻代表机构求职应聘。有类似规定的还有天津市、安徽省、山西省、海南省、福建省、陕西省等。

3. 地方文件关于外国企业常驻代表机构与其直接招聘员工发生争议的定性

上述条文直接影响了司法实践对于此类代表处与员工的纠纷的定性，一些地方审判实务直接将此类纠纷定性为民事雇佣纠纷。如《广东省高级人民法院、广东省劳动争议仲裁委员会关于适用<劳动争议调解仲裁法>、<劳动合同法>若干问题的指导意见（粤高法发〔2008〕13 号）》第 19 条，"外国企业常驻代表机构、港澳台地区企业未通过涉外就业服务单位直接招用中国雇员的，应认定有关用工关系为雇佣关系。"上海市高级人民法院民一庭 2002 年 2 月 6 日《关于审理劳动争议案件若干问题的解答》第二条，国（境）外法人或其他组织擅自招用劳动者在本市就业，发生劳动权利义务争议的，符合民诉法规定的民事案件受理条件的，目前可作为一般民事案件受理，以国（境）外法人或其他组织为当事人。

4. 外国企业在华代表处目前不属于我国劳动立法上的"用人单位"

由此可知，我国劳动立法并未将外国企业在华代表处纳入用人单位主体范围。而国务院的《暂行规定》及相关地方规定明确此类代表处必须委托外事服务机构招聘工作人员，且部分地方审判实务将此类代表处与劳动者的用工纠纷定性为民事雇佣纠纷，适用相关的民法及民事诉讼法规定。因此，以现行规定而言，外国企业在华代表处不属于我国劳动立法上的"用人单位"。

二、外国企业在华代表处能否成为我国劳动立法上的"用人单位"

（一）劳动法上用人单位主体资格界定标准

我国对于用人单位（或雇主）主体资格的研究比较不足，连学界对其也未形成统一意见。浙江省根据《劳动合同办法》对用人单位作了规定：用人单位应当依法成立，能依法支付工资，缴纳社会保险费，提供劳动保护条件，并能承担相应民事责任。这是实务界为数不多对用人单位定义的界定。董保华教授认为，"用人单位是指依法招用和管理劳动者，形成劳动关系，支付劳动报酬的劳动组织。"王全兴教授认为，"用人单位是指具有用人权利能力和用人行为能力，使用一名以上职工并且向职工支付工资的单位。"

其他国家与地区对此问题的界定也存在一定差异。我国台湾地区劳动基准法第2条第2款规定，"称雇主者谓雇用劳工之事业主、事业经营之负责人或代表事业主处理有关劳工事务之人，凡在私法契约中雇佣劳动，并将其纳入其劳动组织中者，即为雇主。"英国则依靠大量判例积累，运用多种标准从社会公正角度出发综合判断是否存在劳动关系以及是否有"雇主"资格，并不否认任何个人、团体或组织成为雇主。

虽然各界对用人单位（雇主）的定义莫衷一是，但从中仍可找到共同点，即强调双方劳动关系的存在并且须具备相应的雇主能力。

1. 劳动关系的存在

判定劳动关系的存在要从劳动关系的特征入手。一般而言，劳动关系有如下几个主要特征。一是主体地位，劳动关系双方的地位既有平等性，又有隶属性。其中隶属性是劳动关系的本质特征，不仅包括经济上劳动者对用人单位的依附性、用人单位对劳动者享有领导组织管理权，也指"劳动者提供的劳动是单位开展业务所必需的或重要的组成部分"。二是权利义务分配，劳动者通过出卖自己的劳动力使用权换取用人单位的对价——工资，所以劳动者的主要义务即在用人单位的领导组织下，按用人单位的要求与用人单位的生产资料结合提供劳动，接受用人单位的监督管理，服从用人单位的安排。用人单位的主要义务即根据劳动者的劳动过程给付对价工资。并符合劳动法律规定的最低限度标准，如最低工资标准、办理社会保险等。三是稳定性，"劳动关系是一种继续性法律关系，一般来说是长期、稳定的，对安定性极为重视。" 劳动关系是社会运行发展的基石，用人单位的健康发展需要稳定的劳动关系，同时劳动者依仗用人单位给付的工资维持日常生活，也需要劳动关系具有稳定性。稳定性表现在工资的发放一般须按期足额发放，一般为一个月发放一次，并实行按劳分配、同工同酬；一般劳动者只能与一个用人单位建立劳动关系。

2. 雇主能力

通说认为，用人单位应当具有用人权利能力和用人行为能力。用人单位的权利能力是指用人单位依法享有民事权利和承担民事义务的资格；其行为能力是指用人单位能以自己的行为取得民事权利、承担民事义务的资格。有学者认为，"雇主资格以民事主体资格为前提，并突破民事主体资格予以扩张。设定以民事主体资格为前提，在于实现用工组织（雇主）的安定性；而突破民事主体资格予以扩张，又是基于劳动主体的安全性考虑。" 有学者人认为，影响用人单位权利能力的重要因素主要包括："① 职工编制和招工指标；② 职工录用基本条件；③ 工资总额和最低工资标准；④ 法定工作时间和劳动安全卫生标准；⑤ 社会责任。"以上要素构成了用人单位主体资格的核心。而用人行为能力不仅要求用人单位承担相对于劳动者的义务，如发放工资、提供劳动保护等，更要求用人单位能够承担相应的法律责任。

（二）我国现行立法关于用人单位主体资格规定问题检视

我国目前对用人单位的界定主要采取外延列举的方式，如《劳动法》、《劳动合同法》及《工伤保险条例》。如此列举的方式优点在于范围明确，一目了然。然而，对于用人单位主体内涵释义的缺失，使得实质劳动关系的存在被忽视，在实践中容易陷入适用上的机械化（例如本案中一审法院的判定），使得符合实质劳动关系的劳动者得不到劳动法的保护。而上文提到的 1980 年《暂行规定》出台时既没有完善的民事立法，也没有劳动立法，更多的是出于国家及政治安全的考虑。如今我国劳动立法不断完善，国家安全有各种有力措施保障，对于此类代表处的生产经营活动及注册登记有严格监管。恪守《暂行规定》的规定显然不合时宜，也与法理不符。

（三）本案中外国企业在华代表处应当成为我国劳动立法上的"用人单位"

首先，该外国企业驻华代表处以公司名义对外招工并签订劳动合同，高某在单位全日制工作，接受其规章制度的约束，每月在单位定时领取工资，已具备了劳动关系的实质性特征。

其次，该代表处具备相应的雇主能力。此类外国企业常驻代表机构虽只是外国企业在中国的分支机构，但有其特殊性。其设立及运行都有严格的法律规范。根据 2011 年《外国企业常驻代表机构登记管理条例》：代表机构设立、变更、终止，应当依照本条例规定办理登记。并且，此类代表处设有会计账簿，真实记载外国企业经费拨付和代表机构费用收支情况；设立时需提交代表处驻在场所的合法使用证明、章程等。这都表明此类代表处进行合法的登记注册，拥有自己的财产和工作场所等，具备作为用人单位的用人权利能力和用人行为能力。

最后，"任何人不得因自己的违法行为获益"。1980年《暂行规定》主要为了规制外国企业在华代表处用工行为。在用人单位处于强势地位，向处于待业中的劳动者提供工作机会时，我们无法苛求劳动者去检索出这部被"冷落"的国务院规定，审查代表处的用人单位主体资格。现实情况是外国公司代表处大量参与社会经济活动，与劳动者直接签订劳动合同，形成了标准劳动关系。本案判决认为代表处没有用人单位主体资格，继而判决双方不存在劳动关系，不受劳动法规制，免除了劳动法赋予用人单位的强制性义务；相当于将对于代表处违法行为的惩戒转嫁到劳动者身上，不仅使双方利益失衡，与《劳动法》对劳动者倾斜性保护的立法价值相违背，也会促使外国企业在华代表处大量违反法律法规，直接与用人单位签订合同以降低用人成本。

三、结语

外国企业在华代表处大量涌入我国且数量不断在增长，有学者统计，截至2008年12月31日，仅苏州工业园区就有106家代表处。这些代表处业务范围多样，甚至直接以用人单位名义聘用中国员工，形成了实质上的劳动关系。仅因我国法律规范并未明确将此类代表处纳入主体范围，就造成在此类代表处工作的职工得不到《劳动法》的保护，相关的社会保险及违法解除劳动关系赔偿金诉求等劳动者权利难以得到支持。近几年此类代表处与员工之间的劳动纠纷不断增加，使得外国企业在华代表处的用人主体资格问题日益凸显。我们期待立法能在此问题上作出弥补。

案例三　该跟谁打官司

[案情]

李小姐会说一口流利的英语。其通过某外事服务公司应聘在美国某公司驻北京代表处办公室工作。外事服务公司为李小姐办理了雇员证，并每月发一份工资，代表处还发给其一份数额更大的工资。开始李小姐心里十分高兴，可时间一长，李小姐发现，她所挣的工资虽然多，可每天的工作量很大，平常每天都得加3~4个小时的班，周日不能休息，却没有加班工资。而美方拒绝支付加班工资。李小姐又找到外事服务公司，要求享受加班工资。外事服务公司给她的答复是：加班工资应该向美方提出，因为是给他们加的班。于是李小姐来到了劳动仲裁委员会，准备就加班工资问题申请仲裁。

[思考问题]

李小姐是应该告代表处，还是应该告外事服务公司？

[分析]

按照我国现行的有关规定，外国企业在中国境内设立的常驻代表机构（以下简称"代表处"）不得以自己的名义直接聘用中国雇员。代表处要想雇佣中国的劳动者，必须委托外事服务单位向其派入中国雇员，不得私自或者委托其他单位个人招聘中国雇员。中国公民也不得私自或通过其他单位、个人到代表处从事工作。

代表处用人的正确途径应该是：代表处与外事服务单位签订劳务输入输出协议；外事服务单位招聘中国雇员，与雇员签订劳动合同。办理雇员证，外事服务单位按照劳务输入输出协议将聘用的中国雇员派往代表处工作。

中国雇员与外事服务公司之间发生的关系是劳动关系，而与代表处没有劳动关系。因此，中国雇员若在工作中与代表处发生纠纷，则应该由外事服务单位出面与代表处按照它们之间的劳务输入输出协议予以解决；而当中国雇员认为自己的劳动权利受到侵犯时，应当找外事服务单位协商解决，或外事服务单位为被申请人提起劳动争议仲裁，列代表处为第三人或共同当事人。因为中国雇员是与外事服单位建立的劳动关系。

延伸案例阅读　香港公司大陆代表处与中国雇员雇佣关系纠纷

原告冼某诉称：原告于2009年7月27日至2010年1月12日在被告处工作，被告未与原告签订劳动合同，原告持有的工资单、个人参保证明等证据均可证明双方存在事实劳动关系。原、被告建立劳动关系后，被告未按规定给原告缴纳社会保险费，原告曾于9月询问过相关事宜，但被告告知试用期满后购买，为免失去工作及不想断保，原告自行支付了1个月保险费，后在原告多次催促下，被告答应补缴之前欠缴的月份及帮原告买社保，但到1月9日原告去银行查询医保账户时得知，被告只是从11月开始为原告购买社保，再向其查询时得知被告无法补办之前欠缴的各项社保费。原告为被告未能主动告知此变更而感到失望，遂决定请假去社保局查明真相并告知被告如属实将会采取法律行动。但到1月12日返回被告处协商时，在没有办理任何手续的情况下，被告口头通知原告，让原告不用再来上班，即时生效，还坚持拒绝出示任何书面通知或解雇信，并没收打卡记录及所有的工资单。其实早在12月时，原告以书面形式拒签被告的空白合同，已引起了被告的不满，更被其代言人口头告知"如果这样就不用签了，你可以走了"，之后再也没有提及合同之事宜直至 2010 年 1 月 12 日被解雇。现起诉要求：①判令被告向原告支付一个月工资的代通知金 3000 元；②支付自 2010 年 1 月 1 日至 1 月 12 日扣押工资 774 元；③支付未签订劳动合同 2009 年 7 月 27 日至 2010 年 1 月 12 日劳动合同二倍工资差额 15000 元；④为原告补缴 2009 年 8 月至 2010 年 1 月期间的社会保险费或补偿社会保险费、医疗费等共计 3019.24 元；⑤支付从 2009 年 7 月 27 日至 2010 年 1 月 12 日的非法解除劳动关系经济赔偿金 3000 元。

被告香港隆通有限公司广州代表处辩称如下。①我方与原告之间属于平等主体之间雇佣关系，并不属于劳动关系，根据《广东省外国企业常驻代表机构聘用中国雇员管理规定》的相关规定，劳动者只能与涉外就业服务单位形成劳动关系，而与境外企业常驻代表机构之间不能形成劳动关系，同时根据广东省高级人民法院和广东省劳动争议仲裁委员会联合颁布的《关于适用劳动争议调解仲裁法、劳动合同法若干问题的指导意见》第 19 条规定："外国企业常驻代表机构、港澳台地区企业未通过涉外就业服务单位直接招用中国雇员的，应认定有关用工关系为雇佣关系"，因此，双方之间属于平等主体之间形成的雇佣关系，而非劳动关系。②由于原被告之间构成的是雇佣关系，原告基于劳动法律法规向原告主张的代通知金、未签订劳动合同的二倍工资、补缴社会保险及经济赔偿金均没有事实和法律依据，应当予以驳回，由于双方之间构成的是雇佣关系，雇佣关系是一种建立在平等主体上的民事合同关系，没有任何法律规定建立雇佣关系的双方之间需要签订书面劳动合同、缴纳社会保险及解除雇佣关系时需要提前通知或支付经济赔偿金，因此，原告的请求没有事实和法律依据，应当予以全部驳回；③原告没有提供任何证据证明被告拖欠其劳动报酬的事实，其主张被告扣押 2010 年 1 月份劳动报酬没有事实依据，由于双方之间属于雇佣关系而非劳动关系，根据民事诉讼法谁主张谁举证的原则，原告应当对自己的主张进行充分的举证，但是在本案中，原告没有提供任何证据证明被告扣押其劳动报酬的事实，因此，原告主张被告扣押其 2010 年 1 月 1 日至 2010 年 1 月 12 日劳动报酬没有事实依据，综上，请求法庭驳回原告的全部诉讼请求。

法院查明：原告主张于 2009 年 7 月 27 日入职被告处，约定每月工资 3000 元，被告予以否认，抗辩原告的入职时间为 2009 年 11 月 1 日，约定工资为 1900 元。原告为支持其主张，出示《付款凭证》复印件，上面写明的内容是 9 月份的工资报酬，金额 3000 元，原告用以说明其在 2009 年 9 月份的薪金报酬是 3000 元，并且入职的时间并不是 2009 年 11 月 1 日。被告不确认该份证据的真实性。法院指定被告提交支付原告劳务费用及办理入职手续的证据，被告未能提交。关于原告在 2010 年 1 月份的工作时间，被告出示原告的考勤记录，主张原告在 2010 年 1 月只工作 3 天，其出示的考勤卡显示原告在 2010 年 1 月 6 日、7 日、8 日在正常时间打卡、9 日下班时间为 13 时 11 分；原告主张于 2010 年 1 月 12 日回被告处上班时，被告不允许其打卡，主张为被告提供劳动至 2010 年 1 月 12 日，并在庭审时陈述，"1 月 1 日是元旦，并请了两天假，还有两天是周六、周日，另外在 1 月 11 日我到社保局，没有去上班，1 月 12 日再回公司时，公司就不让我打卡。"

庭审期间，原、被告双方确认被告未通过涉外就业服务单位便直接招用原告，双方没有签订书面聘用合同。

原告向广州市劳动争议仲裁委员会申请仲裁，该会于 2010 年 1 月 19 日发出《不予受理通知书》。

法院认为：被告确认原告为其公司员工，主张已经支付原告劳动报酬，其否认原告出示的《付款凭证》复印件的记载，但被告未能提交支付原告劳务费用及办理入职手续的证据用以证明原告的入职时间及劳务报酬的数额，依据《最高人民法院关于民事诉讼证据的若干规定》第 2 条的规定，被告依法承担不利后果，法院采纳原告于 2009 年 7 月 27 日入职被告处、每月工资为 3000 元的主张。但被告为外国企业常驻代表机构，国务院《关于管理外国企业常驻代表机构的暂行规定》第 11 条规定，"常驻代表机构租用房屋、聘请工作人员，应当委托当地外事服务单位或者中国政府指定的其他单位办理"，被告未通过涉外就业服务单位直接录用原告为其雇员，违反了我国关于用工的强制性规定，属于非法用工，不属于劳动法律关系的调整范围，故原告在被告处工作期间所产生的纠纷不属于《劳动合同法》的调整范围，原告为此主张被告支付违法解除劳动关系的经济补偿金、代通知金、未签订劳动合同的二倍工资差额及补缴社保费用均缺乏法律依据，依法予以驳回。原告为被告提供了劳动，原、被告双方形成的用工关系为雇佣关系，被告应依原告提供劳动的时间向原告支付劳务费。依原告的陈述及被告提供的考勤卡的记录，原告在 2010 年 1 月份为被告提供劳务时间为 4 天，1 月 1 日为法定假期，被告亦应支付该日报酬给原告，因此，被告应支付给原告 2010 年 1 月份 5 天的劳务报酬为 3000 元÷30 天×5 天=500 元。

综上，法院依照《中华人民共和国民法通则》判决如下：一被告香港隆通有限公司广州代表处于本判决发生法律效力之日起五日内支付原告冼某劳务报酬 500 元；二，驳回原告冼某的其他诉讼请求。

案例四 就业性别歧视第一案和解巨人道歉并给予补偿

[案情]

2012 年 6 月，山西籍应届毕业生曹菊（女）在智联招聘网站上，看到著名培训机构巨人教育发布的"行政助理"职位招聘启事。她认为自身条件符合该职位的描述，遂于6月12日向其招聘邮箱投递了简历。连等数日，未获答复，曹菊再次登录智联招聘查看，发现该行政助理招聘启事中有一条"仅限男性"的条件。为核实该信息的准确性，曹菊致电巨人教育询问，获知该职位的确仅招男性，无论她条件是否符合都不予考虑。

曹菊认为用人单位存在性别歧视，2012年7月11日，她向海淀区法院递交立案材料，以"平等就业权被侵害"为由，将巨人教育起诉至海淀区人民法院。这也成为我国自《中华人民共和国就业促进法》（以下简称《就业促进法》）生效后的第一起就业性别歧视案。但迟迟未被受理。"法院不管，人社局劳动监察大队总应该管吧！"8月15日，抱着这一想法的曹菊，通过EMS（快递）向北京市海淀区人社局劳动监察大队投诉巨人教育在招聘中存在性别歧视的情况。

海淀区劳动监察大队答复称，"2012年7月，巨人教育已及时发现并进行了更正，现已不存在发布招聘信息中存在性别歧视的情况。依据相关规定，我大队对此案作撤销立案处理。"

对于海淀区人社局（即"人力资源的社会保障局"，简称"人社局"）的答复，曹菊不解："虽然巨人教育把仅限男性的招聘启事删除了，但是它是在媒体广泛报道后才删除的，而且它违反法律法规，侵害我合法权益的事实已然存在，那么人社局就应该依法予以处理，而不是撤销立案啊！"曹菊遂向北京市人社局提起行政复议。2013年3月28日，北京市人社局据此做出《行政复议决定书》认为，实施行政处罚的根本目的不在于处罚，而在于使公民、法人或者其他组织自觉守法。本案中新巨人学校在海淀区人社局接到投诉前就已经自行改正了违法行为，符合"对情节轻微，且已改正的，撤销立案"之规定，据此，海淀区人社局对曹菊的投诉予以撤销立案处理，并无不当。

对于海淀区人社局的这一决定，曹菊认为涉嫌不作为。4月12日，曹菊将海淀区人社局诉至法院，要求法院确认海淀区人社局对曹菊的就业歧视投诉予以撤销立案的行为违法，并责令其对投诉予以重新处理。2013年7月，曹菊收到海淀区法院驳回起诉请求判决书，行政诉讼一审败诉。

2013年9月，在经历一番波折后，海淀法院终于对此案进行民事立案。2013年12月，经法院调解，该案双方当庭和解。在法庭上，原告表示《就业促进法》、《中华人民共和国妇女权益保障法》（简称《女权益保障法》）等相关法律对平等就业有明确的规定，而巨人教育公司职位招聘"只限男性"的行为明显属于就业歧视行为，侵犯了原告的平等就业权，让原告失去借以谋生的工作机会，严重打击了原告的就业和生活信心，遭此挫折以来一直情绪沮丧。为此她请求巨人教育赔礼道歉，支付精神损害抚慰金5万元。巨人教育则表示放弃辩护权，并尊重法院裁判。最终，经过法院调解，巨人教育承诺支付曹菊 3 万元"关爱女性平等就业专项资金"，本案以和解告终。

[思考问题]

我国反对就业歧视进展如何？

[分析]

曹菊的遭遇并不是个案，就业市场的性别歧视现象非常普遍。全国妇联妇女发展部 2011 年发布的《女大学生就业创业状况调查报告》指出，56.7%的被访女大学生在求职过程中感到"女生机会更少"，91.9%的被访女大学生感受到用人单位的性别偏见。北京市妇儿工委 2011 年 8 月 12 日发布《北京市高校女大学生就业情况调查报告》，目前，女大学生在就业过程中受到不公正待遇和性别歧视的情况比较普遍，61.5%的女大学生在求职过程中受到过歧视。但女大学生对此一般采取回避、妥协态度。

2013 年国务院办公厅专门出台文件禁止招聘设置性别限制，这表明性别就业歧视的普遍性和严重性，同时体现出了国家对就业性别歧视的重视。在我国现有的法律法规中，涉及就业公平的有《妇女权益保障法》、《劳动法》、《劳动合同法》、《就业促进法》等。尽管这些法律法规大都规定社会事务中应该男女平等，可由于法律的执行和监督力度不够，加之界定就业歧视缺乏相关标准，法律法规不够完善，实践中，实现妇女平等就业权还存在难度。为此，在女性遭遇就业歧视时，除了建议自身要勇于用法律捍卫自己的权益和尊严外，也希望相关部门要在立法、执法上打"组合拳"，以有效保障女性的平等就业权。

在实践中，除了对女性就业歧视外，还有形形色色的就业歧视。其中对乙肝患者歧视比较普遍。部分用人单位在入职时要求劳动者自行提供包含乙肝项目的体检报告，或打着福利体检的名义检测乙肝项目，并据此来录用或辞退员工，这是法律明确禁止的。

2007 年 5 月 18 日 劳动和社会保障部、卫生部联合发布《关于维护乙肝表面抗原携带者就业权利的意见》2.1："（一）保护乙肝表面抗原携带者的就业权利。除国家法律、行政法规和卫生部规定禁止从事的易使乙肝扩散的工作外，用人单位不得以劳动者携带乙肝表面抗原为理由拒绝招用或者辞退乙肝表面抗原携带者；（二）严格规范用人单位的招、用工体检项目，保护乙肝表面抗原携带者的隐私权。用人单位在招、用工过程中，可以根据实际需要将肝功能检查项目作为体检标准，但除国家法律、行政法规和卫生部规定禁止从事的工作外，不得强行将乙肝病毒血清学指标作为体检标准。各级各类医疗机构在对劳动者开展体检过程中要注意保护乙肝表面抗原携带者的隐私权。" 2008 年实施的《就业促进法》第30 条规定，用人单位招用人员，不得以是传染病病原携带者为由拒绝录用。

2010 年 1 月 20 日，卫生部、教育部、人力资源与社会保障部颁布的《关于进一步维护乙肝表面抗原携带者入学和就业权利的通知》第一条："取消入学、就业体检中的乙肝病毒血清学检查。"

2009 年 7 月《中华人民共和国食品安全法实施条例》第二十三条规定："食品生产经营者应当依照《食品安全法》第三十四条的规定建立并执行从业人员健康检查制度和健康档案制度。从事接触直接入口食品工作的人员患有痢疾、伤寒、甲型病毒性肝炎、戊型病毒性肝炎等消化道传染病，以及患有活动性肺结核、化脓性或者渗出性皮肤病等有碍食品安全的疾病的，食品生产经营者应当将其调整到其他不影响食品安全的工作岗位。"该条例明确地界定了应该受到从业限制的"消化道传染病"的种类，"甲型肝炎"和"戊型肝炎"被列入，而"乙型肝炎"没有被列入其中，消除了多年来食品行业对乙肝携带者的从业限制。

2009 年 9 月 2 日，乙肝携带者雷闯在杭州市西湖区卫生局领到全国首张发放给乙肝携带者的食品健康证。这实现了乙肝病毒携带群体从 2005 年以前的不能报考公务员，到可以在法律上做炊事员的颠覆转变。2010 年成都市卫生局对医院违规体检乙肝病毒携带情况并泄露隐私予以警告并罚款。2011 年对郑州宇通客车公司职工医院违规入职乙肝病毒携带情况体检给以罚款 2000 元。广州市电力一局医院违规暗查乙肝病毒携带情况被责令暂停体检服务。这些都是政府部门通过行政执法活动塑造反歧视社会环境，宣传消除歧视法律的具体体现。

延伸案例阅读：全国首例成功获赔的就业歧视案件

2012 年 11 月 6 日，温语轩来到广州市越秀区人力资源和社会保障局，向该局投诉了企业的性别歧视行为。接到投诉后，广州市越秀区人力资源和社会保障局劳动监察大队展开了调查。

经过 71 天的"拉锯战"，2013 年 1 月 15 日，在越秀区人力资源和社会保障局劳动监察大队的调解下，广州宝勒商贸有限公司和温语轩达成了最终协议。处理结果是："广州宝勒商贸有限公司就招聘过程中存在性别歧视问题，在其公司首页和智联招聘网上向温语轩刊登道歉信。支付温语轩在投诉过程中所花费用共 600元，并赔偿精神损失费 1 元。"这是全国首例成功获赔的同类案件，对于纠正招聘中存在的性别歧视现象，具有积极意义。

案例五 招聘性别歧视判赔精神损失第一案

[案情]

杭州东方烹饪学校在"58同城"网站发布了关于文案职位的招聘要求，未写明招聘人数、性别。

小郭在该网站向杭州东方烹饪学校投递了个人简历，但简历中载明性别为"男"、年龄"20"，网上显示学校查看了小郭的简历。

此后，小郭就招聘事宜打电话给杭州东方烹饪学校的联系人，同时说明在所投简历中不小心将其性别写成男性。不过，学校联系人以文案职位需要经常与男性校长一起出差、出差时间较长等为由回复只招男性，同时建议小郭可考虑应聘学校的人事、文员等岗位。

此外，杭州东方烹饪学校也在另一网站"赶集网"上发布了这一招聘信息，招聘人数1人，要求"最低学历大专，工作经验不限（应届生亦可）"，性别要求为"男性"。

同样，小郭也在此网站向杭州东方烹饪学校投递了个人简历。这次，她被学校联系人以文案职位需要早晚加班等为由告知"不考虑女生"。

两次被拒后，小郭直接来到杭州东方烹饪学校人力资源部招聘面试处应聘文案职位，工作人员依然以文案职位需与男性校长出差、女性有很多不方便为由拒绝了小郭的应聘，但同时也再次建议她可考虑应聘学校的人事、文员等岗位。

小郭以杭州东方烹饪学校行为构成就业歧视，侵害了其平等就业权、人格尊严权，请求法院判决学校书面赔礼道歉并赔偿精神损害抚慰金5万元。

小郭认为，文案职位并非只有男性才可胜任，杭州东方烹饪学校仅因自己是女性就拒绝她的应聘，给她的身心带来极大伤害，心情一度非常沮丧和气愤，找工作的信心受到很大打击。

杭州东方烹饪学校缺席庭审，不过学校向法庭提交了书面的质证和答辩意见。学校在书面答辩中称，小郭严重捏造、歪曲事实，学校没有任何侵权行为，更没有任何损害结果，依法不应承担任何侵权责任。

杭州东方烹饪学校在书面答辩中解释说，学校此次招聘的岗位具有特殊性，除早晚常态加班外，还须经常陪同校长去外地出差、应酬，出差时间长、应酬多。另外，学校出差管理制度明确，为节约单位成本，两人以上（双数）出差住宿的，必须同住一个标准间，否则超出部分不予报销。而且学校的校长为男性，基于公序良俗、男女有别原则和单位制度规定，出于对女性的关爱和照顾，他们曾将上述情况如实告知小郭，并建议小郭应聘该校人事、文员等其他更合适的岗位。

杭州东方烹饪学校认为，他们基于所招聘岗位的工作特点，招聘男性以适应较繁重、较特殊的工作任务，这不仅不是歧视女性，反而是充分尊重和照顾女性。

此外，杭州东方烹饪学校指责小郭发布虚假简历信息，虚报年龄、性别，捏造、歪曲事实，诬陷欺诈被告，其行为除严重侵犯被告的名誉权外，还扰乱了整个用工市场的秩序。学校认为，小郭的行为明显属于通过恶意诉讼、滥用诉权，借国家公权力之手以达到博取眼球的炒作行为，并请求法院驳回小郭的全部诉讼请求。

[判决]

法院审理后认为，根据我国相关法律规定，劳动者享有平等就业的权利，劳动者就业不因性别等情况不同而受歧视，国家保障妇女享有与男子平等的劳动权利，用人单位招用人员，除国家规定的不适合妇女的工种或者岗位外，不得以性别为由拒绝录用妇女或者提高对妇女的录用条件。

在本案中，杭州东方烹饪学校需招聘的岗位为文案策划，但并未举证证明该岗位属于法律、法规所规定的女职工禁忌从事的工作，根据其发布的招聘要求，女性完全可以胜任该岗位工作，其所辩称的需招录男性的理由与法律不符。在此情况下杭州东方烹饪学校不对小郭是否符合其招聘条件进行审查，而直接以小郭为女性、其需招录男性为由拒绝小郭的应聘，其行为侵犯了小郭平等就业的权利，对小郭实施了就业歧视，给小郭造成了一定的精神损害，故小郭要求被告赔偿精神损害抚慰金的理由充分。

至于具体金额，法院根据学校在此过程中的过错程度及给小郭造成的损害后果，酌情确定为 2000 元。至于小郭要求学校书面赔礼道歉的请求，法院认为法律依据不足，不予支持。

[思考问题]

1. 这个案件是不是劳动争议案件？法院能否直接受理？需不需要劳动仲裁前置？
2. 怎么会有精神损害赔偿？

[分析]

一直以来，招聘中的性别歧视行为并未引起用人单位重视，各单位的人力资源部门也觉得习以为常，并没有法律风险的意识。本案的判决，应该会起到一个标杆作用，对用人单位不合规的招聘行为，也发出了一个警示。

根据劳动合同法的规定，劳动关系自用工之日起建立。也就是说，只有实际用工行为,劳动关系才会建立。本案中双方当事人并不存在实际用工行为,不存在劳动关系,发生的争议当然不属劳动争议,无需通过劳动仲裁程序解决。

那么,招聘存在歧视行为适用什么法律规定呢?《就业促进法》第三条规定,劳动者依法享有平等就业和自主择业的权利。劳动者就业,不因民族、种族、性别、宗教信仰等不同而受歧视。第二十七条规定,国家保障妇女享有与男子平等的劳动权利。用人单位招用人员,除国家规定的不适合妇女的工种或者岗位外,不得以性别为由拒绝录用妇女或者提高对妇女的录用标准。

同时,《就业促进法》也明确了用人单位存在就业歧视行为需承担的法律责任。第六十八条规定违反本法规定,侵害劳动者合法权益,造成财产损失或者其他损害的,依法承担民事责任;构成犯罪的,依法追究刑事责任。这里的民事责任,既包括了物质损害赔偿,也包括了精神损害赔偿。至于赔偿数额为多少,《最高人民法院关于确定民事侵权精神损害赔偿责任若干问题的解释》第十条规定,精神损害的赔偿数额根据以下因素确定:(一)侵权人的过错程度,法律另有规定的除外;(二)侵害的手段、场合、行为方式等具体情节;(三)侵权行为所造成的后果;(四)侵权人的获利情况;(五)侵权人承担责任的经济能力;(六)受诉法院所在地平均生活水平。

案例六 1号店被诉歧视劳务派遣工

[案情]

2013年1月4日,来自1号店(上海益实多电子商务有限公司)的配送员徐辉由于劳务派遣、被无故解雇等问题,将1号店和两个劳务派遣公司告上深圳市罗湖区劳动人事争议仲裁委员会,要求确认1号店与其的劳务派遣合同无效,双方建立的是劳动关系;返还押金,支付工资、加班费、经济补偿金、社保等共计15万元。这是《劳动合同法》修正案通过后,国内首例劳务派遣无效纠纷,知名电商是否规避法律成为争议焦点。

徐辉称,2011年8月30日至2012年12月14日期间,他一直在1号店工作。在1号店的要求下,他先后分别同两家劳务派遣公司签订劳务派遣合同。但他表示自己从来没有见过、接触过这两家劳务派遣公司,并称当初面试、签订合同、改签合同、发放工资等全部是由1号店的深圳分公司负责。"自入职以来一直没有休过年假,国家法定节假日仍被要求加班,但却没有相应的加班费",作为劳务派遣工,徐辉每月只有4天休假,每天需上班8~10小时,每天需配送快递800~1000件,却无法享受同等工作量快递员的收入和福利,甚至被非法解聘后连连续计算工龄的合法权利都被非法的劳务派遣合同严重损害。

[仲裁裁决]

2013 年 7 月 8 日深圳罗湖区劳动人事争议仲裁委员会认定：劳务派遣合同有效。徐辉不服，向罗湖区人民法院提起诉讼。9 月 5 日，徐辉案一审开庭，经过 2 小时的法庭激辩，当庭并未宣判。

[思考问题]

我国法律对劳务派遣的最新规制是什么？

[分析]

劳务派遣是一种特殊的用工形式，本应是提高人力资源配置效力的手段，而实践中，实质上却成为用工单位减轻人力资源管理责任和节约人力资源成本的手段，且愈演愈烈。

2013 年 7 月 1 日，《全国人大常委会关于修改<中华人民共和国劳动合同法>的决定》开始实施。国家通过法律修订对劳务派遣进行规制。新的劳动合同法明确规定，劳务派遣用工是补充形式，用工单位只能在临时性、辅助性或者替代性的工作岗位上使用被派遣劳动者。临时性工作岗位是指存续时间不超过 6 个月的岗位；辅助性工作岗位是指为主营业务岗位提供服务的非主营业务岗位；替代性工作岗位是指用工单位的劳动者因脱产学习、休假等原因无法工作的一定期间内，可以由其他劳动者替代工作的岗位。并要求对劳务派遣员工实行相同的劳动报酬分配办法。同工同酬是对劳务派遣员工的基本保障，但同工同酬与薪酬差异并不冲突，只是用工单位的薪酬体系不能因为劳务派遣这种身份关系而不同，用工单位不能将劳务派遣作为减低人力成本的手段。

为贯彻落实新修订《劳动合同法》，规范劳务派遣用工行为，2013 年末，人力资源社会保障部制定了《劳务派遣暂行规定》（人力资源和社会保障部令第 22 号，以下简称《暂行规定》），自 2014 年 3 月 1 日起施行。

《暂行规定》明确规定，用工单位应当严格控制劳务派遣用工数量，使用的被派遣劳动者数量不得超过其用工总量（指用工单位签订劳动合同人数与使用的被派遣劳动者人数之和）的 10%。为使劳务派遣用工数量较多的用工单位能够平稳地将用工比例降至规定比例，最大限度地减少对企业生产经营、劳动者就业和劳动关系的影响，《暂行规定》给予了用工单位两年的过渡期，即用工单位在《暂行规定》实施前使用被派遣劳动者数量超过其用工总量10%的，可以在《暂行规定》施行之日起 2 年内逐步降至规定比例。但同时要求，在未达到规定比例之前，不得新用被派遣劳动者。超过比例的用工单位应当制定调整用工方案，采取有效措施积极调整用工方式，逐步达到规定要求。

为增强新修订劳动合同法关于辅助性岗位规定的操作性，防止用工单位在辅助性岗位上滥用劳务派遣，《暂行规定》明确，用工单位拟使用被派遣劳动者的辅助性岗位，应当经职工代表大会或者全体职工讨论，提出方案，与工会或者职工代表平等协商确定，并在用工单位内公示。

同工同酬的法律规定不能只是写在纸上的权利，而是要让劳务派遣同工同酬的规定实至名归。为切实保障被派遣劳动者的劳动报酬、福利待遇和社会保险等方面的平等权益，《暂行规定》在新修订劳动合同法所规定的用工单位应当对被派遣劳动者与本单位同类岗位的劳动者实行相同的劳动报酬分配办法的基础上，又增加了一些新的规定。比如，在福利待遇权益方面，明确用工单位应当按照《劳动合同法》第六十二条的规定，向被派遣劳动者提供与工作岗位相关的福利待遇，不得歧视被派遣劳动者。在社会保险权益方面，明确劳务派遣单位开展跨地区派遣业务的，应当在用工单位所在地为被派遣劳动者参加社会保险，按照用工单位所在地的规定缴纳社会保险费。这些新规定，从保险福利待遇上体现了同工同酬的要求。

为保障被派遣劳动者的就业稳定性，防止用工单位无正当理由随意退回被派遣劳动者，《暂行规定》在劳动合同法第六十五条第二款的基础上进一步明确了用工单位可以退回劳动者的情形。即，用工单位出现以下三种情形，方可将被派遣劳动者退回劳务派遣单位：一是用工单位有《劳动合同法》第四十条第 3 项、第四十一条规定的情形的；二是用工单位被依法宣告破产、吊销营业执照、责令关闭、撤销、决定提前解散或者经营期限届满不再继续经营的；三是劳务派遣协议期满终止的。但是，如果被派遣劳动者有《劳动合同法》第四十二条规定的患病或者非因公负伤在规定的医疗期内以及女职工在孕期、产期、哺乳期等情形的，在派遣期限届满前，用工单位不得依据《暂行规定》第十二条第 1 款第 1 项规定将被派遣劳动者退回劳务派遣单位。派遣期限届满的，应当延续至相应情形消失时方可退回。

被派遣劳动者被用工单位退回后，劳务派遣单位应区分情形依法妥善处理与被派遣劳动者的劳动关系。一类是，被派遣劳动者有《劳动合同法》第三十九条和第四十条第 1 项、第 2 项规定情形的，劳务派遣单位依照《劳动合同法》第六十五条第二款的规定可以与被派遣劳动者解除劳动合同。另一类是，用工单位以《暂行规定》第十二条规定的情形将被派遣劳动者退回劳务派遣单位，如劳务派遣单位重新派遣时维持或者提高劳动合同约定条件，劳动者不同意的，劳务派遣单位可以解除劳动合同；如劳务派遣单位重新派遣时降低劳动合同约定条件，劳动者不同意的，劳务派遣单位不得解除劳动合同。此外，在被派遣劳动者退回后无工作期间，劳务派遣单位应按照不低于所在地人民政府规定的最低工资标准，向其按月支付报酬。

《劳动合同法》修改决定公布后，有的劳务派遣单位和用工单位采取劳务承揽、业务外包的方式应对法律对劳务派遣的规制。为防止这种规避法律责任的行为，切实维护被派遣劳动者的合法权益，《暂行规定》第二十七条明确规定，用人单位以承揽、外包等名义，按劳务派遣用工形式使用劳动者的，按照本规定处理。这一规定将有效遏制用人单位"假外包，真派遣"的现象。

相信《暂行规定》的颁布实施，对于进一步规范劳务派遣用工行为，明确劳务派遣单位、用工单位和被派遣劳动者三方的权利义务，维护被派遣劳动者的合法权益，构建和发展和谐稳定的劳动关系具有重要意义。

案例七 劳务派遣工 10 年未同工同酬 起诉单位获赔 38 万元

[案情]

2000 年 7 月，朱先生退伍后被分到鹤壁山城区某公司上班。单位并未与朱先生签订相关劳动合同。干同样的活，别人一月能拿几千元工资，朱先生仅能拿到几百元钱。2007 年至 2009 年，朱先生的工资单显示：他的月平均实发工资分别是 434 元、545 元、541 元；2010 年 1 月至 9 月，朱先生平均实发工资 544 元。而同期，朱先生同单位正式工的工资则在 2900 元至 3400 元之间。朱先生认为，工作期间，单位不按同工同酬规定给其合理工资待遇，支付的工资也未达到最低工资标准。向单位多次协商未果后，2012 年 10 月，他申诉至劳动仲裁部门，要求单位支付其同工同酬等诉求。

[仲裁裁决]

2012 年 10 月，劳动仲裁部门作出裁决，要求单位支付朱先生 2000 年 8 月至 2010 年 8 月同工同酬工资差额 279411 元；支付朱先生 2008 年 1 月至 2010 年 8 月二倍工资差额 111441 元；为朱先生补缴养老保险金 59812.12 元。

朱先生所在单位接到裁决后，遂将朱及其下属第三方公司起诉到法院。原告认为，2000 年 7 月，被告朱先生与被告下属第三方公司签订劳动合同，与其建立了劳动关系。2004 年 10 月，朱由下属第三方公司派遣到原告公司工作。2010 年 10 月，朱先生离开原告处。故朱与原告没有建立劳动关系。请求法院判令撤销劳动争议仲裁裁决的请求。

2013 年 7 月 1 日，鹤壁市山城法院最终判决，朱先生的单位为朱先生补发 2000 年 7 月 22 日至 2010 年 10 月同工同酬工资差额 270551 元；并为朱先生补发 2008 年

1 月至 2010 年 8 月二倍工资差额 111441 元。驳回原被告双方的其他诉讼请求。

[思考问题]

二倍工资如何支付?

[分析]

在全国各地,像朱先生这样以劳务派遣的形式进入用人单位成为"临时工",未能获得合理报酬的劳动者不在少数。2013 年 7 月 1 日起施行的新《劳动合同法》,有望让"临时工"们改变同工不同酬的现状。根据全国总工会的一项调查,全国被派遣劳动者人数 2011 年达到约 3700 万人,占到国内职工总数的 13.1%。其中,国企中雇有大量劳务派遣人员。

新修订的《劳动合同法》不仅提出"被派遣劳动者享有与用工单位的劳动者同工同酬的权利",还提出,"用工单位应当按照同工同酬原则,对被派遣劳动者与本单位同类岗位的劳动者实行相同的劳动报酬分配办法。"这意味着,即使是被派遣劳动者,其在基本工资、奖金、年终奖等方面的劳动报酬分配办法应与用工单位直接招用的劳动者相同。

该案让劳务派遣同工同酬的规定实至名归,非常值得肯定。但法院判决用人单位为朱先生补发 2008 年 1 月至 2010 年 8 月二倍工资差额 111441 元,是有争议的。该案若发生在北京地区,二倍工资差额 111441 元很可能得不到补发。原因是二倍工资的认定与起止时间、计算方法不同地区、不同人员存在不同解释与意见。

《劳动合同法》第十条规定,已建立劳动关系,未同时订立书面劳动合同的,应当自用工之日起 1 个月内订立书面劳动合同。《劳动合同法》第八十二条规定,用人单位自用工之日起超过 1 个月不满 1 年未与劳动者订立书面劳动合同的,应当向劳动者每月支付二倍的工资。用人单位违反劳动合同法规定不与劳动者订立无固定期限劳动合同的,自应当订立无固定期限劳动合同之日起向劳动者每月支付二倍的工资。《劳动合同法实施条例》第七条规定,用人单位自用工之日起满 1 年未与劳动者订立书面劳动合同的,自用工之日起满 1 个月的次日至满 1 年的前一日应当依照《劳动合同法》第八十二条的规定向劳动者每月支付两倍的工资,并视为自用工之日起满 1 年的当日已经与劳动者订立无固定期限劳动合同,应当立即与劳动者补订书面劳动合同。

二倍工资的认定与起止时间、计算方法存在一定的不同解释与意见,源于法律规定不具体,急需细化。北京地区考虑到审判实践中需要有统一的执法尺度,提出以下的意见。

（1）依据《劳动合同法》第十条、第八十二条第 1 款规定，用人单位自用工之日起超过 1 个月不满 1 年未与劳动者订立书面劳动合同的，自用工之日满 1 个月的次日起开始计算二倍工资，截止点为双方订立书面劳动合同的前一日，最长不超过 11 个月。

（2）用人单位因违反《劳动合同法》第十四条第 3 款规定，自用工之日满 1 年不与劳动者订立书面劳动合同，视为用人单位与劳动者已订立无固定期限劳动合同的情况下，劳动者可以向仲裁委、法院主张确认其与用人单位之间属于无固定期限劳动合同关系。在此情况下，劳动者同时主张用人单位支付用工之日满 1 年后的二倍工资的不予支持。

（3）如果劳动合同期满后，劳动者仍在用人单位工作，用人单位未与劳动者订立书面劳动合同的，计算二倍工资的起算点为自劳动合同期满的次日，截止点为双方补订书面劳动合同的前一日，最长不超过 12 个月。

（4）用人单位违反《劳动合同法》第十四条第 2 款、第八十二条第 2 款规定，不与劳动者订立无固定期劳动合同的，二倍工资自应订立无固定期限劳动合同之日起算，截止点为双方实际订立无固定期限劳动合同的前一日。

（5）二倍工资中属于劳动者正常工作时间劳动报酬的部分，适用《中华人民共和国劳动争议调解仲裁法》（简称《劳动争议调解仲裁法》）第二十七条第 4 款的规定；增加一倍的工资属于惩罚性赔偿的部分。不属于劳动报酬，适用《劳动争议调解仲裁法》第二十七条第 1 款的规定，即 1 年的仲裁时效。

二倍工资适用时效的计算方法为：在劳动者主张二倍工资时，因未签劳动合同行为处于持续状态，故时效可从其主张权利之日起向前计算一年，据此实际给付的二倍工资不超过 12 个月，二倍工资按未订立劳动合同所对应时间用人单位应当以正常支付的工资为标准计算。

劳动合同法关于"二倍工资"的规定存在诸多需要完善和细化之处，急需国家在吸取地方经验的基础上，制定相关实施细则和司法解释予以明确与补充。

延伸案例阅读　因个人原因未签劳动合同，用人单位无需付二倍工资

陈某于 2012 年 9 月 1 日入职餐饮公司，担任人事经理一职。2013 年 5 月，陈某以个人发展原因，提出与餐饮公司解除劳动关系，餐饮公司批准了陈某的辞职申请，为其结清了工资并办理了离职手续。但陈某离职后不久即要求餐饮公司支付未签订书面劳动合同的二倍工资差额 9 万元。

公司应诉后向法院提交了一系列的证据：包括陈女士的岗位职责确认书、2012 年陈女士的年终总结以及多次签领空白的劳动合同文本及借用公章的记录，而所有证据均明确指向陈女士的工作职责包括了：与公司的管理人员及全体员工签订

劳动合同，陈女士对此并没有否认，但坚称是公司不与其签订。法院经审理认为，陈女士作为餐饮公司的人事主管，理应知悉劳动合同法关于签订劳动合同的相关规定及相应的惩罚措施。那么，陈女士应当积极履行工作职责，代表用人单位与包括其自身在内的员工签订书面劳动合同，以避免使用人单位陷入诉讼风险。现陈女士虽提出未签劳动合同的原因在于公司，但是未能提交证据证明，存在其提出与自身签订劳动合同，履行这一职务行为而餐饮公司予以拒绝的情形，那么按照证据规则，陈女士应当承担举证不能的法律后果。这种情况下，法院认为，导致双方未能签订劳动合同的过错并不在于餐饮公司一方，故依法驳回了陈女士的全部诉讼请求。

签订书面的劳动合同，当前已经成为用人单位越来越重视的一个问题。因为自 2008 年劳动合同法实施后出现了一个新名词：未签订书面劳动合同的二倍工资差额，这个新名词作为一项诉请，频繁地出现在当前的劳动争议诉讼中，劳动者就此少则主张几千元，多则甚至几十万元。也就是说，用人单位自用工之日起，超过 1 个月不满 1 年，未与劳动者订立书面劳动合同的，应当每月支付二倍的工资。这一带有惩罚性色彩的条款，从一定程度上敦促了用人单位与劳动者及时地签订劳动合同，有力地保障了劳动者的权益。但与此同时，我们从司法实践中也注意到，确实存在部分劳动者其中不乏公司的人事主管，把二倍工资当作了生财之道，借助用人单位的管理漏洞、或是利用自身的职务之便，故意不签订劳动合同，随后便索赔二倍工资，这种情形有违《劳动合同法》第八十二条的立法本意，矫枉不能过正，通常也无法得到法院的支持。

案例八　劳动合同无效后的处理

[案情]

甲公司人事法务部经理在仔细复查小赵学历证书等证件的复印件时，发现小赵的学历证书编号比其他员工提交学历证书编号位数明显要短。甲公司人事法务部经理遂致电小赵学历证书上所显示学校（以下称乙大学）的毕业生就业指导中心，经乙大学毕业生就业指导中心以及乙大学教务处查询，乙大学回复查无此人。甲公司方知，小赵提供的学历证书是伪造的。

甲公司人事法务部经理遂向甲公司总经理汇报。甲公司为了严肃劳动纪律，惩前毖后，于是向小赵下发书面决定：因小赵通过欺诈与甲公司订立劳动合同，性质恶劣，系无效劳动合同；从即日起，小赵与甲公司不存在劳动关系，小赵须于当天办理好工作交接；以前发放的两个月工资就算了，但是，两个月后近 3 周的工资，不予发放。

对此，小赵表示不予接受，并坚持自己的学历证书是真实的。第二天，小赵依然如往常一样，来到甲公司上班。第三天，小赵仍旧前往甲公司上班……但是，到发放工资日时，其他员工均领到了相应的工资，唯独小赵没有。小赵去甲公司财务处理论，甲公司财务告知，公司早就和你没有劳动关系了，书面通知不是写得很明确嘛。

半个月后，小赵向某市劳动仲裁委员会提起劳动仲裁，要求甲公司恢复与其的劳动关系，并支付所拖欠的工资。

[仲裁裁决]

劳动仲裁期间，经对小赵的学历证书进行鉴定，鉴定结论证实，小赵学历证书确系伪造。劳动仲裁委员会认为，小赵与甲公司之间的劳动合同确因小赵实施欺诈所签订，因此该份劳动合同无效。但是，对于劳动合同无效有争议的，应当由劳动仲裁委员会或人民法院确认，甲公司应当向小赵支付所拖欠的全部工资。

[思考问题]

1. 提供虚假学历涉嫌欺诈致劳动合同无效，用人单位可否直接宣布劳动合同无效或解除劳动合同？

2. 劳动合同无效，劳动者提供劳动的，是否需要支付工资？按什么标准计算？

[分析]

如果该员工自己承认该学历系伪造，公司可让该员工签字确认（签收）相关书面通知（通知中应有相关虚假学历的表述），此时，用人单位可以直接宣布劳动合同无效。如果，劳动者与用人单位对于学历的真伪（即是否存在欺诈、劳动合同是否无效）发生争议（大部分情况如此），用人单位便不能直接宣布劳动合同无效或解除劳动合同。根据《劳动法》的规定，须经劳动仲裁机构或人民法院确认，方可认定。新的《劳动合同法》在第二十六条也做了如此规定。"对劳动合同的无效或者部分无效有争议的，由劳动争议仲裁机构或者人民法院确认。"

尽管劳动合同被确认为无效，但是根据无效合同处理的"双方相互返还"原则，又因为劳动者提供的"劳动"无法返还，所以，用人单位应当支付一定的报酬。《劳动合同法》第二十八条明确规定："劳动合同被确认无效，劳动者已付出劳动的，用人单位应当向劳动者支付劳动报酬。劳动报酬的数额，参照本单位相同或者相近岗位劳动者的劳动报酬确定。"

案例九 兼职网管诉请未签合同之二倍工资被驳回

[案情]

秦先生于 2008 年 10 月 9 日到集英公司工作，任网络管理员。双方签订了期限自 2008 年 10 月 9 日起至 2009 年 10 月 8 日止的《兼职员工协议书》。双方约定，秦先生每天工作时间不超过 4 小时，工资每 2 周结算一次。后秦先生在集英公司实际工作至 2009 年 10 月 13 日。

秦先生认为，双方未签订劳动合同，公司也未为其缴纳社会保险费，故于离职后的次日申请仲裁，仲裁会作出裁决，秦先生不但获工作期间未签订劳动合同的二倍工资差额 2.2 万元，集英公司还应为其补缴 2008 年 11 月至 2009 年 9 月期间的上海市城镇社会保险费 1 万余元。仲裁裁决下发后，集英公司不服，将秦先生诉至法院，请求判令无须支付二倍工资差额和无须补缴社会保险费。

集英公司认为，秦先生是小时工，公司支付的报酬中已包含了相应的社会保险费，应由秦先生本人按照规定自行缴纳社会保险费。秦先生辩称，在集英公司每周工作 6 天，每天工作时间为 6.5 小时，也未签过《兼职员工协议书》，故不同意诉讼请求。

经查明，秦先生起初的月工资为 1800 元，自 2009 年 5 月起，调整为 2300 元。集英公司为支持其诉请，向法庭提供了双方签订的《兼职员工协议书》，并称这是秦先生本人所签，但秦先生否认。为此，集英公司申请鉴定，结论为，《兼职员工协议书》落款上的"秦××"3 字系秦先生本人所签。为此，集英公司支付了鉴定费 1500 元。

[仲裁裁决]

法院作出上海集英美容美发有限公司无须支付未签订劳动合同的二倍工资差额 2.2 万元和无须为秦先生补缴上海市城镇社会保险费 1 万余元，案件受理费和鉴定费 1510 元由秦先生负担的一审判决。

[思考问题]

1. 非全日制从业人员与用人单位是否可以订立口头协议？
2. 非全日制从业人员的社会保险费如何缴纳？

[分析]

根据有关法律规定，招用非全日制从业人员的用人单位应当将应缴纳的社会保险费在劳动报酬中支付给个人，由劳动者本人按照规定自行缴纳社会保险费。本案中，秦先生系属集英公司的小时工，为非全日制从业人员，依上述规定应自行缴纳社会保险费，故集英公司要求无须为被告补缴 2008 年 11 月至 2009 年 9 月期间上海市城镇社会保险费的诉讼请求符合法律规定。我国《劳动合同法》规定，非全日制从业人员与用人单位可以订立口头协议，且双方还签订了《兼职员工协议书》，有书面的劳动合同，故集英公司要求无须支付未签订劳动合同的二倍工资差额 2.2 万元的诉讼请求，于法有据。

第二节　自测案例

【案例一】

赵某原是某物业服务公司的员工。2011 年 7 月 22 日，他向该物业公司提交了入职申请书，次月 1 日，赵某与公司签订了员工上岗协议。该协议明确约定了赵某的劳动工资待遇、实习期限、社保购买条件、工作时间以及其作为劳动者应遵守的公司规章制度等。2012 年 5 月，该物业公司对赵某的岗位进行了调整，赵某因不满相关安排与公司发生纠纷，便未再到该公司上班。

之后，赵某就劳动报酬等问题向劳动人事争议仲裁委申请仲裁，最终裁决物业公司支付赵某未签订劳动合同期间的二倍工资 38160 元、加班工资 29426 元、2012 年 5 月工资 621 元、退还押金 300 元，并为赵某补缴社会保险。但物业公司不服支付二倍工资 38160 元的仲裁裁决，向双流县人民法院起诉。

试分析："入职申请书"和"员工上岗协议"能否被视同为双方签订了书面劳动合同？

【案例二】

徐女士持复旦大学信息和国际金融专业双学士学位到张江高科技园区内的一家电子公司谋到了一份人事经理兼总裁助理的工作，每月工资为 9000 元。此后在公司工作的 4 年内，徐女士的工资又逐步增加到 1.3 万元。2014 年 2 月，公司与徐女士提前解除劳动关系，双方签订了解除劳动合同的协议。公司为此支付了徐女士相当于 4 个月工资标准的经济补偿金和一个月替代工资期工资共计 6.5 万元作为补偿。

同年 9 月 4 日，公司向复旦大学核实，才知道徐女士根本不是复旦大学的双学士，该校的本科、专科甚至成人教育学院学生名单中均查无此人。公司遂向法院提起诉讼，要求确认劳动合同无效，徐女士返还上述补偿金并赔偿公司的经济损失等。

试分析：徐女士提供虚假学历的行为，是否导致其与公司签订的劳动合同及解除劳动合同协议无效？

【案例三】

吴某于 2008 年 5 月 7 日到北京某公司工作，双方未签订书面劳动合同，约定工资 1200 元。后吴某生重病未上班，因病假工资问题与公司发生争议。吴某于 2010 年 5 月 11 日向仲裁委员会提出仲裁申请，要求公司支付 2008 年 6 月 7 日至 2010 年 7 月未签订劳动合同的二倍工资差额 2.6 万元。

试分析：仲裁委员会会裁决支持吴某的请求吗？为什么？

【案例四】

2008 年 3 月，北京某著名高校的应届毕业生张云（化名）通过大众报业集团招聘网站应聘"大众日报记者"一职，并很快收到大众报业集团的面试和笔试通知。5 月 7 日，在大众报业集团人事劳资部工作人员王先生的组织下，张云与其他应聘者一起，去山东大学齐鲁医院参加体检，体检内容违规地包括了"乙肝五项"。5 月 12 日，王先生告知张云，集团不能与其签约，因为体检结果显示其为乙肝病毒携带者（俗称"小三阳"）。

为了争取自己应得的工作的权利，张云多次与人事劳资部交涉，并一再强调自己肝功能正常身体健康，而应聘的岗位也根本不是法律限制从事的行业，不应被拒绝，但是大众报业集团人事劳资部最终还是因为这个体检结果决定对其不予录用。

在律师的帮助下，张云提起了对大众报业集团的民事诉讼。

在起诉书中张云请求法院："依法确认被告以原告为乙肝携带者为由不予聘用行为违法，侵犯原告平等就业权；请求依法判令被告就原告造成的损害公开道歉；请求依法判令被告赔偿原告精神损害抚慰金 5 万元"。

试分析：

张云的要求是否合法？大众报业集团是否实施了就业歧视？

第三章 劳动合同管理

第一节 案例分析

案例一 企业在员工试用期间是否可以无条件、随时辞退员工

[案情]

王某，2008年1月2日进入北京李某独资的公司从事人事工作，并于当日签订书面劳动合同，约定合同期限为2008年1月2日至2008年12月31日，其中试用期为2个月。2008年2月27日，单位以王某在试用期内不符合录用条件为由解除劳动合同。王某遂提请仲裁，认为单位解除劳动合同缺乏依据，违反规定。

申请仲裁理由如下。

（1）依据《劳动合同法》第19条规定，劳动合同期限满3个月不满1年的，试用期不得超过1个月。王某与公司签订的劳动合同期限从1月2日—12月31日，不满1年。因此，双方约定的试用期为2个月违反规定，属无效条款，即法定试用期为1个月，公司在2008年2月27日发出单方面解除劳动合同通知时，早就过了法定试用期，现以试用期不符合录用条件缺乏依据。

（2）在招聘面试的过程中，公司无明确的录用条件，在履行劳动合同的过程中公司亦未按《员工手册》第6.1条的规定，在试用期开始时确立试用期内的工作任务和目标，在试用期结束时填写《试用期评估表》，确定试用结果。公司解除劳动合同时没有具体的不符合试用期录用条件的证据。

（3）就程序而言，公司没有按照规定事先将单方面解除劳动合同的理由通知工会，违反程序。

公司认为：公司解除劳动合同是正确的，理由：①1月1日是元旦假期，劳动合同就在2日签订了，公司发放王某的工资也是按照全月工资发放的，也就是1月1日的工资也发放了，所以劳动合同的期限实际是从1月1日起算，试用期没有问题；②王某在试用期内无法完成公司交给的任务，不能听从领导的安排，公司对其考核后认为不符合录用条件。

[仲裁裁决]

劳动争议仲裁委员会经审理认为，公司在录用时无明确的试用期内的工作任务和目标，无明确的录用条件，未能举出充分的证据证明王某不符合录用条件，因此，公司在试用期内解除与定某的劳动合同是违法，最后在仲裁的调解下，公司支付一个月工资代替提前通知期和支付一个月工资的经济补偿金。

[思考问题]

1. 什么是试用期？法律对试用期是如何规定的？
2. 试用期内如何解除劳动合同？
3. 实习期与试用期的区别是什么？

[分析]

一、关于试用期的规定

试用期是用人单位和劳动者为相互了解、选择而约定的不超过 6 个月的考察期。我国劳动法规定，劳动者在被单位录用后，双方可以在劳动合同中约定试用期，但是最长不得超过 6 个月。

《劳动合同法》规定：劳动合同期限 3 个月以上不满 1 年的，试用期不得超过 1 个月；劳动合同期限 1 年以上不满 3 年的，试用期不得超过 2 个月；3 年以上固定期限和无固定期限的劳动合同，试用期不得超过 6 个月。同一用人单位与同一劳动者只能约定一次试用期。以完成一定工作任务为期限的劳动合同或者劳动合同期限不满 3 个月的，不得约定试用期。试用期包含在劳动合同期限内。劳动合同仅约定试用期的，试用期不成立，该期限为劳动合同期限。

二、试用期内解除劳动合同的条件

根据我国《劳动合同法》第三十九条规定："劳动者有下列情形之一的，用人单位可以解除劳动合同：（一）在试用期间被证明不符合录用条件的；"但用人单位在试用期内与劳动者解除劳动关系，必须证明该劳动者不符合录用条件。这里强调了用人单位的举证责任。

三、试用期内解除劳动合同需要注意的问题

关于试用期内解除劳动合同是否需要提前 30 天通知以及是否需要支付经济补偿金以及如果违法解除的法律后果。

试用期内用人单位以劳动者不符合录用条件为由解除劳动合同，属于劳动者过错解除，用人单位没有提前 30 天通知劳动者的义务。根据我国《劳动合同法》第四十六条之规定，试用期内用人单位以劳动者不符合录用条件为由解除劳动合同不属于应当支付经济补偿金的情况，因此，用人单位没有支付经济补偿金的义务。

如果用人单位违法约定试用期或者无法证明其不符合录用条件导致的法律后果：用人单位违法规定与劳动者约定试用期的，由劳动行政部门责令改正；违法约定的试用期已经履行的，由用人单位以劳动者试用期满月工资为标准，按已经履行的超过法定试用期的期间向劳动者支付赔偿金。用人单位违法解除或者终止劳动合同，劳动者要求继续履行劳动合同的，用人单位应当继续履行；劳动者不要求继续履行劳动合同或者劳动合同已经不能继续履行的，用人单位应当向劳动者支付赔偿金。

四、实习期与试用期的区别

（1）当事人的身份不同。试用期是用人单位和劳动者在劳动合同中约定的，所以处于试用期中的自然人一方只能是劳动者。而实习是指学生通过学校安排介绍、本人自找或由其他途径进入实习单位工作，通过完成一定任务来熟悉工作，深化巩固所学理论知识，提升实践能力，为尽快适应并参与实际工作打基础。主要由学校根据教学和技能训练的需要，由学校、实习者、实习单位三者进行约定，实习期间的自然人一方是在校学生。学生与用人单位签订的不是劳动合同，并不是严格意义上的劳动者。

（2）当事人的目的不同。实习期是为了提高实习学生的自身素质，完成学业目的，并提升学生实践能力的过程。而试用期是用人单位和劳动者之间为了更好地满足单位的人力资源需要而约定的，是两者磨合的期间。

（3）法律依据不同。试用期由《劳动法》和《劳动合同法》规范；而实习期由《民法》和《合同法》规范。

（4）试用期包括在劳动合同期限内，而实习期是不用签订劳动合同的。

（5）试用期有明确的期限限制，而实习期完全由当事人约定。

（6）试用期的工资和待遇有法律明确的规定，而实习期没有，实习期工资不受最低工资标准的约束。

案例二　工作两个月，赔偿 8 万元：试用期不能随意解除劳动合同

【案情】

张铮与单位签订了一份劳动合同，用人单位泰科公司是一家外资企业。双方于 2012 年 10 月 25 日签订的这份合同显示，合同期限为 3 年，试用期 6 个月。合同约定张铮担任北京地区区域销售经理，月薪人民币 1.4 万元，同时，按 13 个月计发工资。

2012 年 12 月 28 日，公司突然用电子邮件的形式，以试用期不符合录用条件

为由，单方解除张铮的劳动合同，且拒绝任何解释。张铮提起劳动仲裁，提出 6 项请求：①撤销公司解除劳动关系通知书，继续履行劳动合同；②支付被拖欠的工资 18505.7 元及拖欠工资 25% 的经济补偿金 4626.4 元；③报销差旅费、交通费、通话费等费用 7654.62 元；④支付 2012 年 12 月 30 日至 2013 年 3 月 26 日的工资收入损失 10 万元及 25% 的经济补偿金 2500 元；⑤支付年终奖励工资 5.6 万元及 25% 的经济补偿金 1.4 万元；⑥公司向其赔礼道歉。

公司认为，"他在公司满打满算，总共工作两个月时间，凭什么要那么多钱？""这纯粹是异想天开、漫天要价、荒唐可笑的要求！"针对张铮提出的诉求，公司在仲裁委庭审中口头答辩，一一反驳。对张铮的第 1 项请求，公司辩称，因其不符合录用条件解除其劳动关系符合法律规定。公司还了解到，张铮早已到其他单位工作了。公司认为，张铮的第 2 项要求，即所谓的拖欠工资请求，系其自身原因造成的。其第 3 项请求，因无法确认是否属于履行职务支出的费用，不能答应。第④～第⑥项请求简直是漫天要价、荒唐可笑。

张铮和公司均认同劳动合同的解除时间是 2012 年 12 月 28 日，但张铮不认可解除原因。公司就其解除劳动合同的原因提供了未显示其已告知张铮的试用考核内容、标准及结果的电子邮件公证书、无张铮签字确认的《试用期评估表》及员工手册，而张铮对此均不认可。在这种情形下，仲裁庭认为公司未能提供合法有效证据。与此同时，张铮主张其工作至 2012 年 12 月 30 日，公司每月 20 日发放上月 20 日至本月 19 日的工资，其工资支付至 2012 年 11 月 19 日，故公司应支付其自 2012 年 11 月 20 日至 12 月 29 日工资，以及仲裁期间的工资损失。

[仲裁裁决]

仲裁委员会（简称"仲裁委"）审理认为，当事人对自己的主张有举证义务。公司就其解除劳动合同的原因所提供的电子邮件公证书未显示其告知张铮试用期考核内容、标准和结果，《试用期评估表》及员工手册无张铮签字确认，且公司未向仲裁委提供证明其将员工手册向张铮送达或公示以及将录用条件告知张铮的有效证据，张铮对此均不认可，故公司提供的上述证据均不能直接证明张铮在试用期内不符合录用条件，公司以该理由解除张铮的劳动合同，证据不足理由不充分，不符合《劳动合同法》的相关规定。因此，依照《劳动合同法》第 48 条，"用人单位违反本法规定解除或终止劳动合同，劳动者要求继续履行劳动合同的，用人单位应当继续履行"的规定，应当撤销该公司解除张铮劳动合同的决定，继续履行劳动合同。

仲裁委还认为，因公司违法解除劳动合同造成张铮在 2012 年 12 月 29 日后无法正常工作获得劳动报酬，根据《违反〈劳动法〉有关劳动合同规定的赔偿办法》

第二条第 4 项"用人单位违反规定或劳动合同约定解除劳动合同",及第三条第 12 项规定"造成劳动者工资收入损失的,按劳动者本人应得工资收入给付劳动者,并加附应得工资收入 25%的赔偿费用"的规定,公司应按 1.4 万元的标准,支付张铮 2012 年 12 月 30 日至 2013 年 3 月 26 日的工资收入及相关赔偿费用。《劳动争议调解仲裁法》第六条明确规定,与劳动争议有关的证据属于用人单位掌握管理的,用人单位有义务提供。用人单位拒不提供的,应当承担不利后果。因公司未就其关于张铮工作截止时间、工资发放周期及发放情况的主张提供证据,故对其主张不予采信。公司以张铮未归还备用金为由拖欠工资的行为,不符合法律规定,应予补发,同时应加付 25%的经济补偿金。最后,由于张铮的年终奖励请求证据不足,不予支持。差旅费报销、赔礼道歉等,不属仲裁的受理范围,因此,仲裁委不予处理。

公司不服裁决诉至法院,由于在事实证据没有改变的情况下公司胜诉无望,而此时张铮又增加了要求公司支付诉讼期间工资收入的请求,公司只能寻求和解。最终,在法院主持下,双方达成协议,由公司向张铮支付一次性补偿 8 万元了结此案。

[思考问题]

试用期内能随意解除劳动合同吗?

[分析]

许多用人单位都有误解:试用期内可以随意解除员工的劳动合同,或者说"想让他来,他就来!想让他走,他就得走!"实际上这种想法是错误的。

由于用人单位误以为在试用期可以随时、无条件让员工离开,所以才引起这场纠纷,并最终以用人单位赔钱了事。这样的教训,不可谓不深!滥用试用期单方解除权是用人单位经常出现的问题。用人单位还经常出现的问题有:在没有约定试用期,或者试用期的约定违法,或者已过了试用期的情况下,仍以试用期内不符合录用条件为由,解除与劳动者的劳动合同。由此而产生的争议纠纷,仲裁和诉讼时用人单位必然会败诉。因此,必须向用人单位提出一个忠告:试用期内不得随意解除员工的劳动合同。

《劳动合同法》第三十九条规定,劳动者在试用期间被证明不符合录用条件的,用人单位可以与劳动者解除劳动合同。

第一,用人单位必须证明劳动者不符合录用条件,才可以解除劳动合同。若用人单位根本没有明确的录用条件(工作职责及要求)或用人单位对员工在试用期间的表现没有客观的记录与评价,则不可以以本条为理由解除劳动合同。不知何为录用条件，或无法证明该录用条件已经公示和劳动者已经知悉就贸然辞退试用期内的员工，是用人单位在劳动争议处理中败诉的重要原因。因此，已经公示和已经使劳动者知晓的录用条件，劳动者在试用期间不符合录用条件的考核证明，就成为用人单位必须提供的重要证据。因此，用人单位要尽可能使自己的录用条件具体化、书面化。

有一起类似的案例：某公司是一家文具生产企业。2010 年 11 月聘任陈某任销售经理。双方签订 5 年的劳动合同，试用期 6 个月，月工资 3 万元。同年 12 月 31 日双方签署《2011 年度销售目标经营责任状》，要求陈某在 2011 年应完成销售目标 4000 万元，净利润目标 200 万元。2011 年第一季度，该公司的销售业绩为 140 万元，亏损 50 万元。该公司于 2011 年 4 月 2 日通知陈某，称根据其在试用期内的综合表现，公司认为其不符合该岗位要求，与其解除劳动合同。陈某不服，导致劳动争议。请求：恢复劳动关系，补发工资。

陈某认为，《2011 年度销售目标经营责任状》约定的是全年业绩，未约定季度、月度经营目标，未到年底不能确定自己无法完成指标。且文具销售有淡旺季之分，业绩目标未经双方协商不能平分。

公司认为，文具销售基本无淡旺季之分，可以平均划分，第一季度陈某只完成年销售目标的 4%，公司无法相信其可以完成销售目标，不符合销售经理的岗位要求。

法院认为：第一，双方未约定在试用期应完成多少销售目标才符合录用条件；《2011 年度销售目标经营责任状》约定的是全年业绩，未约定可平均分为季度目标进行考核。市场变化具有不确定性，无法事先准确预测，公司以第一季度业绩推断陈某无法完成全年目标依据不足。判决：双方恢复劳动关系，补发工资。

第二，用人单位证明了劳动者不符合录用条件，解除合同必须在试用期间进行。若超过了试用期间，则不可以以不符合录用条件为理由解除劳动合同。

原劳动部办公厅对《关于如何确定试用期内不符合录用条件可以解除劳动合同的请示》的复函中明确规定：对试用期内不符合录用条件的劳动者，企业可以解除劳动合同；若超过试用期，则企业不能以试用期内不符合录用条件为由解除劳动合同。

总之，用人单位在试用期内解除劳动合同要注意下列问题：①有效约定试用期；②在劳动合同\规章制度\录用条件确认函中明确录用条件，并告知员工；③在试用期满前征求相关部门及管理层是否转正的意见；④如不予转正，在试用期满前作出相关考核，保留不符合录用条件的证据；⑤如有工会，通知单位工会；⑥试用期内通知员工，办理离职手续。

案例三　试用期内劳动者不符合录用条件判定方法

[案情]

2012 年 3 月，李某参加招聘会，经面试，被本市某制药公司录用为销售部经理助理。2012 年 4 月 7 日，双方签订了 2 年期固定期限的劳动合同，并在合同中写明试用期为 2 个月。在试用期内，李某的工作态度十分认真，严格遵守公司的考勤制度，但销售成绩却不尽理想，公司领导也对其工作态度予以肯定，但认为其专业知识和专业技能都无法达到岗位要求，与所从事的岗位要求差距很大。2012 年 6 月 2 日，公司以李某在试用期被证明不符合录用条件为由，决定解除与李某的劳动合同，并不支付经济补偿。李某认为自己工作积极努力，虽然专业知识和专业技能还有待提高，但公司没有任何考核标准，领导片面、主观地认为自己不符合录用条件与自己解除劳动合同是违法行为，公司认为对李某没有制定销售考核制度，但作为一个销售部的工作人员按时按量完成销售业绩是最基本的工作要求，达不到工作的基本要求就属于不符合录用条件。李某不服诉至劳动争议仲裁委员会，要求公司继续履行劳动合同。

[仲裁裁决]

仲裁委员会经开庭审理后，认为公司在没有制定明确的考核制度的情况下，不能依据公司领导的主观判断认定李某不符合试用期的录用条件，认定公司系违法解除与李某的劳动合同，对李某的诉请予以支持。

[思考问题]

李某是否符合试用期内的录用条件？

[分析]

试用期是在劳动合同中只能约定一次且最长不超过 6 个月，在该期间用人单位和劳动者双向考察和互相了解的过渡期。《劳动合同法》第三十九条第 1 款之规定："在试用期间被证明不符合录用条件的"用人单位可以解除劳动合同，无需支付经济补偿。可以说这是用人单位在试用期解除劳动合同最有效的途径，因此在实践中，用人单位经常以"试用期间劳动者不符合录用条件"为由提出解除劳动合同，但如果不全面了解此法条的适用情形，可能会导致在诉讼中承担败诉的风险。

一、录用条件

完备的录用条件是用人单位招聘员工的前提条件。在试用期结束后，符合录用条件的员工予以正式录用，对不符合录用条件的员工，用人单位可以依法解除劳动合同。

录用条件的设置不可模棱两可，在具体的考核过程中，不能有很大的主观性和随意性，要有量化的考核标准，具有可操作性，注重对劳动者能力的考察，明确试用期的绩效评估制度，明确考核标准、考核方式以及方法。录用条件注重岗位的共性和某些岗位的个性设置，共性的要求可以制定在公司的规章制度或者员工手册中，对于个性的设置由于每个人的具体情况不尽相同，要根据具体点的岗位制定相应的录用条件。如本案中的李某就属于销售类的岗位，用人单位应当将业绩目标作为劳动者试用期内的考核指标，并明确劳动者试用期内的业绩评价标准，这也是录用条件的一部分，在日常工作中将其每一笔的业绩进行直接记录并由李某签字确认，待试用期结束后直接依据标准就可以判定李某是否符合要求，而不能在没有任何考核指标的情况下主观地认为李某没有达到销售业绩而不符合录用条件。对劳动者而言，使其明确了自己的工作要求和行为准则，其工作表现均需围绕这一要求；对用人单位而言，也为用人单位考核劳动者提供了标准尺度；对仲裁机关而言，是判定用人单位与劳动者解除劳动合同是否合法的重要判断依据。

注意事项如下。

（1）注意录用条件的设置必须与所要求的工作岗位、技能要求相一致，不能与法律相抵触，不得有民族、种族、性别、宗教信仰等的歧视，只有在法律法规明确允许的情况下才可以对某些岗位的作出相应的限制。

（2）招聘广告中的条件不等同录用条件。招聘广告中的所列明的条件相对比较简单，但不是最终确定的录用条件，是劳动者可以进入用人单位工作的最低门槛，是对第一次简历筛选的基本要求，针对的是不特定多数的潜在应聘者，而录用条件才最终决定是否录用该劳动者的依据。

二、程序条件

程序正当是法律的基本要求，《劳动合同法》第八条对于告知要求也进行了规定，用人单位应当将与劳动者协商或者制定的相应的录用条件，并且将该录用条件全面、详细地告知劳动者，对于告知形式法律上并没有明确的要求，但从举证角度考虑告知形式建议采用书面形式确定，可以写入双方签字确定的劳动合同中或者直接由劳动者将该录用条件签字确认，以便日后用人单位举证。在试用期内实行绩效评估制度，要在试用期结束前将考核内容以及最终录用的客观依据事先告知劳动者，并让其签字确认。

在试用期结束前，用人单位认为劳动者不符合录用条件，要与其解除劳动合同，用人单位需要履行以下程序：第一，用人单位应当事先将解除理由通知工会；

第二，书面告知劳动者解除的理由。

三、时间条件

用人单位以劳动者不符合录用条件为由需要通知劳动者，必须是在试用期之内；也就是说，对劳动者的考核以及是否继续履行劳动合同的决定都应当在试用期内完成。超过试用期，即使劳动者存在试用期间不符合录用条件的情形，也视为劳动者自动转正，试用期结束，不能以此为理由解除劳动合同。

四、证据条件

为防止用人单位在试用期内随意解除劳动者，用人单位以劳动者不符合录用条件为由与劳动者解除劳动合同，应当承担举证责任。用人单位提供的证据材料主要包括：双方签字确认的含有录用条件的书面材料（劳动合同、确认书、员工手册等）；劳动者在试用期内的表现不符合录用条件的证明材料；用人单位将解除理由通知工会的证明材料；用人单位向劳动者提供及出具解除劳动合同的理由以及劳动者知晓的证明材料等。

案例四　沃尔玛常德店关门劳动争议案

[案情]

2014年3月5日，沃尔玛（湖南）百货有限公司常德水星楼分店负责人向全体员工宣布，因该店经营效益不佳，决定于3月19日关店，同时为员工提供转岗安置和领取相关经济补偿终止劳动合同两种安置方案。对于安置方案，沃尔玛常德水星楼分店工会和部分员工提出质疑，认为店方未履行提前30天通知全体员工或工会的法定义务，事先也未就安置方案与员工或工会进行沟通，系违法解除劳动合同，双方发生劳动纠纷。4月25日，沃尔玛常德水星楼分店69名员工和分店工会分别向常德市劳动人事争议仲裁委员会提起劳动争议仲裁申请，要求确认被告终止劳动合同的决定违法；判决被告支付违法终止劳动合同补偿金2倍的赔偿金。

[仲裁裁决]

常德市劳动人事争议仲裁委员会6月25日发出裁决书，驳回劳方全部仲裁请求。但仍有6名员工不服仲裁结果，并向法院提起诉讼。7月21日，常德武陵区法院驳回了劳方的诉讼请求。

[思考问题]

常德沃尔玛的"停业"行为是应该适用《劳动合同法》第41条关于"经济性裁员"的规定还是《劳动合同法》第44条关于公司"提前解散"的规定？

[分析]

值得注意的是，沃尔玛向政府部门提出的文件，明确申明是依据"提前解散"的法律规定闭店，向员工宣布终止劳动合同的理由也是"提前解散"。所以沃尔玛关闭门店，并不适用《劳动合同法》第四十一条关于"经济性裁员"的规定，应适用《劳动合同法》第四十四条关于公司"提前解散"的规定。因此无需按"经济性裁员"规定提前30天告知，也不能接受按工资的二倍来支付赔偿的要求。

（1）领取营业执照的分支机构能否根据《劳动合同法》第四十四条第5款终止劳动合同？

《劳动合同法》第四十四条第5款规定，用人单位被吊销营业执照、责令关闭、撤销或者用人单位决定提前解散的，劳动合同终止。《劳动合同法实施条例》第4条规定，用人单位设立的分支机构，依法取得营业执照的，可以作为用人单位与劳动者订立劳动合同。既然领取营业执照的分支机构可以独立办理社保登记、应当单独计算劳务派遣的用工比例、可以作为劳动争议案件的当事人，当然也可以作为用人单位适用《劳动合同法》第四十四条第5款的规定终止劳动合同。

（2）对《劳动合同法》第四十一条和第四十四条进行法律解释分析，领取了营业执照的分支机构被撤销，也更应当适用《劳动合同法》第四十四条第5款终止劳动合同，而不是适用《劳动合同法》第四十一条经济性裁员的规定。

在《劳动合同法》第四十四条所列举的6款劳动合同终止的事由中，除第6款法律、行政法规规定的其他情形外，第1款是合同期满；第2款是员工享受养老保险待遇；第3款是员工死亡、宣告死亡或者宣告失踪；第4款是用人单位破产；第5款是用人单位被吊销营业执照、责令关闭、撤销或者用人单位决定提前解散。归纳而言，第2款和第3款的合同终止，是因为员工作为劳动者的主体资格灭失；第4项款和第5款的合同终止，是因为用人单位的主体资格灭失。因此，用人单位都被撤销了，劳动合同应该被终止就《劳动合同法》第四十一条规定的经济性裁员的适用情形进行分析，本案也不应适用经济性裁员。《劳动合同法》第四十一条第1款规定了适用经济性裁员的4种情形，其中第1项规定的第1种情形，是"依照企业破产法规定进行重整的"，用人单位可以进行经济性裁员。《劳动合同法》第四十四条第4款规定"用人单位被依法宣告破产的"，劳动合同终止。因此，第四十一条第1款与第四十四条第4款适用情形的区别，正是经济性裁员与因用人单位主体灭失而劳动合同终止的区别。在企业依照破产法规定进行重整的情况下，企业仍在存续，基于重整的需要，可以裁减部分人员；在企业已经依法宣告破产的情况下，企业的用人单位主体资格已经灭失不复存在，所以只能与全体员工终止劳动合同。

案例五　劳动合同终止后发现怀孕能否要求恢复劳动关系

[案情]

韩小姐于 2006 年 6 月 19 日进入上海某陶瓷公司从事人事工作，双方签订的最后一份劳动合同的期限为 2008 年 1 月 1 日至 2009 年 12 月 31 日，工资标准为 4000 元/月。2009 年 12 月 31 日，双方签订的劳动合同期满后，公司未再与韩小姐续订劳动合同，韩小姐于当日办理了工作移交手续，并与公司签署了《终止劳动合同证明书》，领取了劳动合同到期终止的经济补偿金 8000 元。2010 年 1 月 13 日韩小姐去医院检查，医生出具了"怀孕 38 天"诊断结论。韩小姐遂要求公司恢复劳动关系。公司以韩小姐的人事岗位已经有新人替代为由予以拒绝。韩小姐于 2010 年 1 月 28 日提起劳动仲裁，要求公司恢复劳动关系、补发 2010 年 1 月 1 日至实际恢复劳动关系期间的全额工资并补缴社会保险。

韩小姐诉称：自己是在劳动合同到期终止后才得知自己怀孕的，如果自己事先就知道怀孕，绝对不会同意公司不续签劳动合同的决定。根据《劳动合同法》第四十五条规定，劳动合同期满，有本法第四十二条规定情形之一的，劳动合同应当续延至相应的情形消失时终止。而第四十二条规定情形是：女职工在孕期、产期、哺乳期内，用人单位不得依照本法的有关规定与劳动者解除劳动合同。同样，女职工在孕期、产期、哺乳期内，用人单位不得与女职工终止合同，用人单位应顺延其劳动合同期至哺乳期满。由于本人是在职期间怀孕，用人单位不能与本人终止劳动关系，劳动合同期限应顺延至上述情形消失。公司的做法是与《劳动合同法》的规定相违背的。故提起如上诉请。

公司方答辩称：首先，申请人不能证明其是在劳动关系存续期间怀孕的。众所周知，判断申请人何时开始怀孕，是根据申请人自述的生理周期而推算出来的，事实上究竟是何时怀孕，则是个无法准确查明的医学难题，故申请人要求恢复劳动关系的事实基础不存在。其次，本案劳动合同到期不续签是经过韩小姐认可的，双方是协商一致终止劳动合同，并非公司单方面终止。再次，被诉人依法支付了终止劳动合同的经济补偿金，申请人也接受了该经济补偿金，说明申请人对终止劳动合同的法律后果是明知的，不存在重大误解。最后，申请人自己在 2009 年 12 月 31 日时尚且不知道自己怀孕，那么被申请人就更不可能知道申请人是否怀孕。被申请人在劳动关系的终止上不存在任何过错，不应当承担恢复劳动关系的法律责任。

[仲裁裁决]

仲裁认为，韩小姐所述其怀孕 38 天的事实系基于病历中其本人的陈述，并无医疗机构对其具体怀孕时间作出认定，申请人提供的超声报告单、检验报告单等证据亦无确切的怀孕时间的记录，故韩小姐不能证明在被申请人工作期间怀孕的事实，对韩小姐的所有仲裁请求均不予支持。

韩小姐不服，起诉至法院，后经法院主持调解，在韩小姐不再要求公司恢复劳动关系的基础上，公司本着人道主义精神，一次性补偿韩小姐 3000 元结案。

[思考问题]

1. 公司可否与怀孕女职工协商一致解除劳动合同？
2. 怀孕女职工在劳动合同协商解除或终止后可否以"重大误解"为由反悔？

[分析]

本案中劳动合同到期后，公司方向韩小姐提出不续签劳动合同的要求，这属于公司方的"要约"，韩小姐随即表示同意，并与公司签订了《终止劳动合同证明书》，领取了劳动合同到期终止的经济补偿金 8000 元，其以实际行动对公司的"要约"进行了"承诺"，双方从而就劳动合同终止事宜达成了一致，这属于协商解除（终止）劳动合同，符合《劳动合同法》第三十六条之规定，公司方并无违法之处，即公司可与怀孕女职工经协商一致后解除或终止劳动合同。

本案在庭审中韩小姐还提出因不知道自己怀孕才同意终止劳动关系，认为是重大误解，可以要求恢复劳动关系。那么韩小姐的这个理由是否成立呢？我们先来看看相关法律规定。

《最高人民法院关于适用<中华人民共和国民法通则>若干问题意见》第七十一条规定：行为人因为行为的性质、对方当事人、标的物的品种、质量、规格和数量等的错误认识，使行为的后果与自己的意思相悖，并造成较大损失的，可以认定为重大误解。

就本案而言，韩小姐对自身是否怀孕这一事实的错误认识，不属于上述司法解释所规定的"重大误解"类型；况且，现实生活中，女职工因为怀孕而主动辞职或干脆请事假或病假，安心在家休息的人也不在少数。因此，即使申请人是在劳动关系存续期间怀孕，也不能必然推断出其同意终止劳动合同属于重大误解，怀孕与重大误解之间没有必然的因果关系。故本案也不能适用"重大误解"要求恢复劳动关系。

案例六　解除劳动合同如何支付服务协议违约金

[案情]

劳动者王某在某一用人单位（A公司）任职销售总监，双方签订书面劳动合同，劳动合同期限为2008年1月1日至2010年12月31日，在2008年2月1日，单位送该员工到某培训机构培训半年，花去培训费用5万元，双方签订有关服务期的协议书，约定如王某提前离开单位，需要承担违约金5万元。王某利用业余时间兼职于一家与A公司有相同业务的公司，A公司发现后向王某提出警告要求停止兼职工作，但是王某并没有放弃，在2010年3月1日，A公司对王某作出处理决定：第一，扣除王某本年2月份工资；第二，认为王某在本单位工作的同时，兼职于其他单位，对本单位造成不利影响，且警告后不改正，对王某单方面解除劳动合同。

[思考问题]

1. 如劳动者违反《劳动合同法》第三十九条规定，用人单位单方面解除与劳动者的劳动合同，用人单位是否有权提出服务期违约金的赔偿？

2. 如用人单位没有足额向劳动者支付劳动报酬，劳动者依据《劳动合同法》第三十八条的规定提出解除劳动合同，劳动者是否需要向用人单位支付服务期的违约金？

[分析]

对于不同的情况应作出不同的处理。具体可以分为以下四种情况。

一、劳动者个人原因与单位解除劳动合同，是否需要支付违约金

劳动者因为个人原因在服务期内，向用人单位提出解除劳动合同，虽《劳动合同法》鼓励人才自由流动，允许劳动者无理由提出解除劳动合同，但是从与用人单位的服务协议来看，劳动者是违反服务协议的约定的，在服务协议期限没有结束前就提出解除劳动合同，显然对用人单位不公平并造成用人单位的损失，《劳动合同法》第22条所规定的违反服务期的情形，应包含劳动者的个人原因解除的情形，所以按照规定，劳动者是需要向用人单位支付服务期的违约金。

二、劳动者被迫提出解除劳动合同，是否需要支付违约金

用人单位无权提出违约金的赔偿。在国务院的《劳动合同法实施条例》第二十六条规定，"用人单位与劳动者约定了服务期，劳动者依照《劳动合同法》第三十八条的规定解除劳动合同，不属于违反服务期的约定，用人单位不得要求劳动者支付违约金。"即有下列情形之一，用人单位与劳动者解除约定服务期的劳动合同的，劳动者应当按照劳动合同的约定向用人单位支付违约金：

（一）劳动者严重违反用人单位的规章制度的；

（二）劳动者严重失职，营私舞弊，给用人单位造成重大损害的；

（三）劳动者同时与其他用人单位建立劳动关系，对完成本单位的工作任务造成严重影响，或者经用人单位提出，拒不改正的；

（四）劳动者以欺诈、胁迫的手段或者乘人之危，使用人单位在违背真实意思的情况下订立或者变更劳动合同的；

（五）劳动者被依法追究刑事责任的。

三、用人单位因劳动者违反《劳动合同法》第三十九条的规定，单方面解除与劳动者的劳动合同，是否有权提出违约金的赔偿

根据《劳动合同法实施条例》，有下列情形之一，用人单位与劳动者解除约定服务期的劳动合同的，劳动者应当按照劳动合同的约定向用人单位支付违约金：

（一）劳动者严重违反用人单位的规章制度的；

（二）劳动者严重失职，营私舞弊，给用人单位造成重大损害的；

（三）劳动者同时与其他用人单位建立劳动关系，对完成本单位的工作任务造成严重影响，或者经用人单位提出，拒不改正的；

（四）劳动者以欺诈、胁迫的手段或者乘人之危，使用人单位在违背真实意思的情况下订立或者变更劳动合同的；

（五）劳动者被依法追究刑事责任的。

用人单位除了依据《劳动合同法》第三十九条外解除与劳动者的劳动合同，包括的情形如下。

（1）依据《劳动合同法》第三十六条提出协商解除。

（2）依据《劳动合同法》第四十条规定劳动者非过失性解除。

（3）依据《劳动合同法》第四十一条经济性裁员。

（4）违法解除。

对于第（1）种情况，因为是用人单位与劳动者协商解除，所以不存在劳动者的主观过错的问题，也就不需要支付服务期未满的违约金。而对于第（2）、第（3）种情况，劳动者也是非过失的，是用人单位主动提出解除，所以劳动者也不存在违反服务期约定的行为，自然也不需要支付违约金。对于第（4）种情形，是用人单位无任何法律依据违法解除，过错在单位，劳动者无任何过错，所以劳动者显然不需要支付违约金。虽然在《劳动合同法》、《劳动合同法实施条例》对该4种情形没有作出明确的规定，但是从立法本意考虑，可以作出如此的理解。

案例七　逆向劳务派遣免不掉用人单位责任

[案情]

2007年1月李某到某通信有限公司郑州分公司（以下简称通信公司）上班。11月，李某在公司安排下与某人力资源管理有限公司（以下简称人力公司）签订劳动合同。2011年6月，在劳动合同未到期的情况下，通信公司为方便管理，让李某与人力公司解除劳动合同，与某信息技术有限公司（以下简称信息公司）签订劳动合同，合同终止时间为2013年12月31日。2012年2月，李某开始待岗。

2012年8月，李某发现信息公司已停缴其社会保险，遂向郑州市劳动争议仲裁委员会申请劳动仲裁。12月4日，郑州市劳动人事争议仲裁委员会裁决信息公司支付李某2012年6月、7月份工资1488元，支付三个月工资标准的赔偿金5403元。李某不服裁决，向郑州市金水区人民法院提起诉讼，后法院判决信息公司支付李某2012年6月、7月份工资1488元，违法解除劳动合同赔偿金4762.5元。

由于劳动仲裁和一审判决都从李某与信息公司签订合同之日，即2011年6月开始算工作年限。而李某实际工作时间是从2007年1月份开始的，李某不服，向郑州市中级人民法院提起上诉。后二审法院依法改判某信息公司支付李某2012年6月、7月份工资1488元，支付一年工资标准的违约赔偿金21 971.4元。

[思考问题]

1. 李某的工作年限究竟从何时算起？
2. 通信公司与两家劳务派遣公司是劳务派遣用工关系还是业务外包关系？

[分析]

因为工作年限直接影响到赔偿金的数额。在案件的仲裁和一审程序中，都认定李某的工作年限只有1年多。如此一来，李某也只能依法得到3个月的月工资标准赔偿金。但是，二审法院认定李某工作年限自2007年1月开始计算，这样一来，李某就能够得到12个月的月工资标准赔偿金。

本案中，李某的劳动关系存在3个阶段：即2007年1月至2007年10月31日，其与通信公司存在事实劳动关系；2007年11月至2011年5月31日，其与人力公司签订劳动合同；2011年6月1日与信息公司签订劳动合同，到期时间为2013年12月31日。那么，李某的工作年限是自2007年1月开始计算，还是自2011年6月开始计算呢？

　　李某是在与通信公司存在事实劳动关系的情况下，被安排与劳务派遣公司签订劳动合同，后又逆向派遣至某通信公司。根据《劳动合同法实施条例》第十条的规定，劳动者非因本人原因从原用人单位被安排到新用人单位工作的，劳动者在原用人单位的工作年限合并计算为新用人单位的工作年限。李某自 2007 年 1 月至 2012 年 7 月 31 日一直在被告通信公司上班，工作场所、工作岗位一直都未变更，所以，工作年限应该从 2007 年 1 月开始计算。

　　李某应聘到通信公司，两者形成事实劳动关系。通信公司为转嫁用工风险，安排李某与人力公司签订劳动合同，而此时李某仍在通信公司上班。随后，通信公司又让李某与信息公司签订劳动合同，李某的工作岗位及工作地点仍然没有变化。这种用工形式完全符合劳务派遣的用工形式，并且是一种逆向劳务派遣。

　　通信公司虽然与两家劳务派遣公司签订了业务外包协议，其实质仍然是劳务派遣用工。因此，人力公司、信息公司需要与通信公司承担连带责任。"逆向劳务派遣"是针对劳动法中对劳务派遣进行规避的一种形象说法，而非正式的法律术语，即与本单位部分或者大部分职工解除劳动合同后，让这些解除劳动合同的职工再与本单位指定的某一劳务派遣机构重新订立劳动合同，然后由该派遣机构将这些职工再派回本单位继续工作。2014 年 3 月 1 日实施的《劳务派遣暂行规定》第二十七条明确规定：用人单位以承揽、外包等名义，按劳务派遣用工形式使用劳动者的，按照本规定处理。

案例八　双方签订了竞业协议，支付违约金也须履约

[案情]

　　2010 年 4 月，邓先生入职长江公司担任高级客户经理，每月工资 1 万元。同年 10 月，邓先生因个人原因自长江公司离职，双方签订了一年期限的竞业禁止协议，长江公司支付邓先生竞业禁止补偿金 6 万元；双方还约定如邓先生违反协议，则应支付公司违约金 10 万元。邓先生离职后不久，长江公司调查得知邓先生离职后很快就入职了与该公司存在竞争关系的红星公司工作，担任的也是高级客户经理职务。长江公司不得已提起了劳动争议仲裁，并最终诉至海淀法院。长江公司的诉讼请求主要有 3 项：①要求邓先生返还竞业禁止补偿金；②要求邓先生支付违约金；③要求邓先生继续履行竞业禁止义务。

　　庭审中，长江公司提交了红星公司的营业执照、年审结果等，证实了长江公司与红星公司存在明显的竞争关系。争议的焦点出现在邓先生是否在红星公司工作这个问题上。邓先生当庭否认自己在红星公司工作。长江公司为证明邓先生的工作情况，提供了公证书、特快专递底单等证据。首先，公证书显示：2009 年 12

月 3 日，长江公司的代理人到红星公司的前台，向前台姓康（自称）的女士询问邓先生是否在并告知有文件需要交付邓先生本人，姓康的女士答复邓先生不在。请注意，是不在，而并没有否认该公司有邓先生这个人。特快专递单则显示，2010年 1 月 27 日，长江公司按照红星公司的地址，向邓先生送达了一份邮件，该邮件在留存的手机号一栏，留存了邓先生本人的手机号，查询显示，该特快专递于红星公司妥投。对上述两份证据，邓先生均作不出合理解释。

[判决]

法院经审理认为，邓先生在离职前担任高级客户经理，并与长江公司约定了一年期的竞业禁止期限，且长江公司也按约定支付了邓先生 6 万元补偿金，因此，该竞业禁止协议合法有效。同时，法院可以确认长江公司与红星公司的基本业务存在竞争关系，而根据长江公司提供的证据，可以证实邓先生确实向红星公司提供了劳动。据此，法院作出了这样的判决：首先，认定邓先生在红星公司从事相关业务活动构成了对竞业禁止协议的违反，根据约定，邓先生需要支付长江公司违约金 10 万元；其次，邓先生既已违反竞业禁止协议，便丧失获取补偿金的合理理由，故邓先生需返还长江公司竞业禁止补偿金 6 万元；最后，因为邓先生尚处于竞业禁止期间，故邓先生仍需履行竞业禁止义务，不得在红星公司继续工作。

[思考问题]

劳动者违反竞业协议，支付违约金后是否还要履约？

[分析]

《最高人民法院关于审理劳动争议案件适用法律若干问题的解释（四）》第十条规定，在劳动者存在违约行为之时，劳动者支付违约金并不必然导致竞业禁止义务的解除，用人单位仍有权要求劳动者在余下的竞业禁止期内履行相关义务。这也是本案中邓先生继续履行竞业禁止协议的法律依据所在。

竞业限制，也称竞业禁止，是指负有特定义务的员工在任职期间或者离开岗位后一定期限内不得自营或为他人经营与其原任职的企业同类的业务。根据《劳动合同法》第二十四条的规定，对负有保守商业秘密义务的劳动者，用人单位可与劳动者约定竞业限制条款且竞业限制的期限不得超过 2 年，并且用人单位在竞业限制期限内需按月给付劳动者约定的经济补偿。实践中，竞业限制一般会作为劳动合同的一个条款，或附属于劳动合同的另一个协议的形式出现。只要竞业限制约定合法有效，那么，遵守竞业限制约定是第一位的，否则，即使付了违约金，也不一定能换得所谓的自由。

竞业限制制度设立的目的是为了保护用人单位所拥有的商业秘密不受侵犯，用人单位要求劳动者支付竞业限制违约金的，不仅需要证明保密事项的存在和竞业限制的范围、地域、期限不违反法律的强制性规定，也需要证明已经按约定及时足额支付劳动者竞业限制补偿金，还需要证明劳动者从事有违约行为。

案例九　最高法受理的首起劳动争议案——机长辞职案

[案情]

飞行员赵洪打算从中国国际航空股份有限公司辞职，遭到拒绝后他开始了近3年的诉讼维权。在经历劳动仲裁、一审、二审和再审后，案件到达了最高法，此案成为了最高法受理的首起劳动争议案。之后最高法裁定将该案发回重庆高院重审。

42岁的赵洪是一名空军退役飞行员，1994年进入中国国际航空股份有限公司重庆分公司工作，担任飞行员和飞行检查员。赵洪讲，他在国航工作的10多年里，一直守法守约保障飞行安全无事故。公司存在超时加班等情况，而且并没有支付法定节假日加班工资、节油奖以及足额社会保险等。

2010年10月26日，赵洪以公证的形式向公司送达了书面解除劳动合同通知书，并要求办理他的劳动人事档案及相关档案的移交手续，但遭到公司的拒绝。此后，他向法院起诉要求解除双方劳动关系，并要求公司支付拖欠的加班工资、奖金及经济补偿金等。

随后，此案经过一审、二审以及再审。国航在诉讼阶段表示，其不存在拖欠或者克扣的情形，已经依法缴纳了社保，而法院的终审判决也认定，赵洪要求解除合同的理由不能成立，不予判决解除双方的劳动合同。

2012年8月，赵洪向最高法递交了申诉申请。2013年1月，最高法开庭审理该案。不久，该案被最高院发回重庆当地法院重审，最终，飞行员赵洪的辞职权利得以维护。

[思考问题]

劳动者存在过错或有违约行为还能合法辞职吗？

[分析]

法律规定劳动者提前30日以书面形式通知用人单位，可以解除劳动合同。用人单位应当在解除或者终止劳动合同时，出具解除或者终止劳动合同的证明，并在15日内为劳动者办理档案和社会保险关系转移手续。辞职是自主择业权的一种形式，对此，用人单位不应该设定太多的限制条件。劳动关系具有强烈的人身属性，为保障劳动者人身自由，《劳动合同法》就劳动者的辞职权利而言，在法律层面上没有设置限制条件，劳动者解除劳动合同不需要单位认可的理由，一般劳动者只要提前 30 天以书面形式通知用人单位即可。

当然，倘若劳动者在履行劳动合同过程中，存在过错或违约给用人单位造成损失的，用人单位完全可以依据劳动合同的约定、单位规章制度的规定，另行向劳动者提出赔偿的主张（《劳动合同法》第二十二条规定：用人单位为劳动者提供专项培训费用，对其进行专业技术培训的，可以与该劳动者订立协议，约定服务期。劳动者违反服务期约定的，应当按照约定向用人单位支付违约金。违约金的数额不得超过用人单位提供的培训费用。用人单位要求劳动者支付的违约金不得超过服务期尚未履行部分所应分摊的培训费用）。即使劳动者存在过错或有违约行为，用人单位也不能以此剥夺劳动者合法辞职的权利。

案例十　两年被换三次岗位　员工状告企业滥用用工自主权

[案情]

秦刚是南京某设计研究院的一名在编干部。2003 年，单位改制成有限责任公司，改制后秦刚成为公司股东之一，并与公司签订了固定期限劳动合同，劳动合同每 3 年一签，最后一期劳动合同期限自 2007 年 1 月 1 日至 2009 年 12 月 31 日，具体工作是从事管理岗位。

签订劳动合同后，秦刚被安排在公司人力资源部任副主任。2007 年 1 月 30 日，公司调整部分管理部门职能及人员岗位，秦刚成了被调整对象，被调到其并不擅长的市场开发部任副主任。秦刚有想法但又不便多说，于是只得从头学起，工作照样努力，但却不被领导认可。

2007 年 4 月 10 日，公司再次调整秦刚的岗位，将他调到图文工作室当主任。这一岗位与先前相比，尽管又显陌生，但秦刚还是抓紧适应，挑起了担子。然而，让秦刚意想不到的是，2007 年 10 月 23 日，公司以其不能胜任岗位为由，解除了秦刚的图文工作室主任职务。同时，公司还向他下发了《培训通知书》，称其因工作能力无法胜任岗位要求，让其自 2007 年 10 月 24 日起至 2008 年 1 月 23 日止自行至相关部门进行培训，培训结束后，凭相关证书到办公室报到。公司根据需要再酌情为其安排工作，培训期间工资标准按照基本工资发放。次日，秦刚办理了图文室工作交接手续。秦刚于 2007 年 10 月 26 日报名参加了驾驶员培训班，并自掏腰包支付了培训费用 3000 元。经过几个月的培训，他于 2008 年 3 月 29 日取得了机动车驾驶证。

同年 4 月 7 日，秦刚持证回到公司，要求公司为其安排工作岗位。但相关负责人告诉他，目前单位没有空缺岗位，并称按公司规定，即使当驾驶员也需 3 年以上驾龄。6 月 2 日，他向公司发出书面申请，要求公司立即为其安排工作岗位。但公司收到他的书面材料后，以单位各岗位均已满员为由拒绝了他的申请，要求其在家待岗。此后秦刚又多次要求公司尽快为其恢复工作、足额发放工资，但均遭到拒绝。

2009 年 2 月 19 日，秦刚在申请劳动仲裁未能达到预期后，决定向法院提起诉讼，以被告滥用用工自主权、剥夺了其应享有的工作权利和应得的劳动报酬为由，请求法院判令被告公司立即恢复其工作岗位，支付 2007 年 11 月至 2009 年 11 月欠发的工资 104 482.5 元，支付参加培训的费用 3000 元。

案件审理中，针对秦刚的起诉理由，被告公司辩称：原告属个人工作能力不强，公司先后 3 次为其调岗，但他仍无法胜任工作，于是才在万不得已的情况下解聘其主任职务，要求其接受培训。后原告自行参加驾驶培训，但这种培训结果对其原工作岗位并无提高和帮助。尽管原告如今获得了驾驶证，但不符合公司对该岗位的规定。如今被告公司所有岗位均满员，故无法为原告安排工作。原告离岗培训期间的工资在《培训通知书》中已经明确按每月 850 元计算，且培训期间，原告也未提供任何劳动。原告培训期满后一直处于待岗状态，公司已经每月发放其待岗工资，故要求法院驳回原告的诉讼请求。

秦刚则称，被告解聘自己的主要原因系因他参与了公司董、监事换届工作，得罪了公司领导所致。秦刚还提供证据，指出被告一方面拒绝为自己安排岗位，另一方面却另行招录了 3 名新员工。庭审中，被告明确表示无法给原告恢复工作岗位，原告则表示暂时放弃该项诉求，法院予以准许。

[判决]

2009 年底，法院依据查明的事实和上述认定，依照我国《劳动合同法》的相关规定，作出一审判决，判处被告公司补足原告 2007 年 11 月至 2009 年 11 月的工资合计 104 482.5 元。原告主张被告支付其驾驶员考试培训费 3000 元，因双方事前无约定，法院未予支持。一审宣判后，公司不服，提起上诉，二审法院经过审理，认定上诉人的上诉理由缺乏事实和法律依据，作出终审判决：驳回上诉，维持原判。

[思考问题]

用人单位是否能以行使用工自主权为由随意调动劳动者的工作岗位？

[分析]

劳动者不能胜任工作的，用人单位有权根据自身需要单方面对劳动者的岗位、工作内容进行必要的、合理的调整，这是用人单位行使用工自主权的一种方式，但用人单位不能滥用用工权，随意对劳动者的工作岗位、工作内容进行调整。用人单位应当对劳动者所从事的职业及工资报酬等方面综合考虑，不得超出一般人可以接受的合理限度，造成劳动者收入、地位明显降低的调整或无视劳动者本身专业知识的调整。

本案中，被告屡次调岗以及解聘原告图文工作室主任职务，都仅提供了通知，未能证明几次调岗及解聘系原告不胜任工作所致。另原告、被告在劳动合同中约定，被告应安排原告在管理岗位工作，如果调整工作岗位，应当经双方协商一致以书面形式变更。现被告未与原告协商将原告从管理岗位调离，要求其自行培训后在家待岗，每月仅发放基本工资 850 元，此行为造成原告收入明显降低，已经超出一般人可以接受的合理限度，违反了双方在劳动合同中的约定，并非合理、公允行使用工自主权，应当承担相应的法律责任。被告因自身原因不给原告安排工作岗位，不应降低原告收入水平，应当按照原告离岗前正常收入给其发放工资。

案例十一　参加相亲节目能否被辞退

[案情]

一名叫卢和平的网友，在微博上称"本人因参加《非诚勿扰》节目（2014 年 6 月 1 日 5 号嘉宾），被所在的华为海洋网络有限公司认为是不安定因素，被单方面解除了劳动合同。"在他的微博中晒出的还有一张解除劳动合同的通知，通知上写着："从 6 月中旬到 7 月底，经双方多次沟通，于 8 月 1 日解除劳动合同。"卢和平还在微博上说："参加电视节目纯属个人私事，对华为这种无视《劳动法》的行为表示抗议。"华为公司相关负责人表示："卢和平是因为工作绩效不好才解除的合同，他今年 6 月份才参加《非诚勿扰》的节目录制，这两件事情没有必然的联系。主观地将两件事情联系起来，纯属炒作。"

[思考问题]

1. 公司是否涉嫌违法解除劳动合同？

2. 假如公司有规定"不允许参加《非诚勿扰》此类的相亲活动"，"禁止办公室恋情"等，这些规章制度是否具有法律效力？

3. 员工工作绩效不好，公司是否就可以单方解除劳动合同？

[分析]

一、到底是双方协商一致解除还是用人单位单方解除

根据我国法律规定，解除劳动合同分为双方协商一致解除、劳动者单方解除和用人单位单方解除。双方协商一致可以解除劳动合同，其中用人单位提出动议的协议解除必须支付经济补偿金，劳动者提起动议协商解除劳动合同的，用人单位不需支付经济补偿金。劳动者可以提前 30 日书面通知用人单位（试用期内提前 3 日）解除劳动合同。用人单位单方解除的，必须就解除劳动合同符合法律规定进行举证。

根据《最高人民法院关于审理劳动争议案件适用法律若干问题的解释》（法释〔2001〕14 号）第十三条规定，因用人单位作出的开除、除名、辞退、解除劳动合同、减少劳动报酬、计算劳动者工作年限等决定而发生的劳动争议，用人单位负举证责任。

从形式要件上判断，双方协商一致解除以协商解除协议为准；劳动者单方解除以辞职报告为准；用人单位单方解除以离职通知或解除终止劳动关系证明为准。应当说，华为海洋网络有限公司起草的离职通知/协议很不规范，标题叫做"通知"，内容却是："从 6 月中旬到 7 月底，经双方多次沟通，于 8 月 1 日解除劳动合同"。这个到底算是协商解除的协议，还是用人单位单方解除的通知呢？

如果卢和平在离职文本上签字同意了，尽管用语不够规范，但仍然可能被认定为双方协商一致解除劳动合同。即使双方书面协议中未明确谁提出协商解除劳动合同的动议，但是只要用人单位不能证明是由劳动者提出解除劳动合同的动议，也将承担不利的后果，即支付经济补偿。

但是从报道看，华为海洋网络有限公司主张 8 月 1 日双方已经解除了劳动合同，同时尽管在离职文本注有"经双方多次沟通"字样，但毕竟无法证明对方同意解除劳动合同，况且离职文本上的标题就是"通知"而非协议，所以被认定为用人单位单方解除的可能性比较大。而公司单方解除，就必须对解除劳动合同符合法律规定进行举证，否则可能被认定为用人单位违法解除劳动合同。

用人单位违反规定解除或者终止劳动合同，劳动者要求继续履行劳动合同的，用人单位应当继续履行；劳动者不要求继续履行劳动合同或者劳动合同已经不能继续履行的，应当依照《劳动合同法》第四十七条规定的经济补偿标准的二倍向劳动者支付赔偿金。

二、公司可否对员工的婚姻恋爱作出限制性规定

婚姻恋爱自由是法律赋予公民的一项基本权利，企业无权以此解除劳动合同。假如公司有规定"不允许参加《非诚勿扰》此类的相亲活动"，"禁止办公室恋情"

等，这些规章制度一般都不具有法律效力。

《劳动合同法》规定，用人单位招用劳动者时，有权了解劳动者与劳动合同直接相关的基本情况，劳动者应当如实说明。一般情况下，劳动者的恋爱、婚姻、生育情况并非与劳动合同直接相关，劳动者无如实说明的义务。

实践中有的公司规定：员工之间恋爱结婚必须有一人离开，也没有法律依据，即使在劳动合同中约定也不行。《劳动合同法实施条例》明确规定："用人单位与劳动者不得在《劳动合同法》第四十四条规定的劳动合同终止情形之外约定其他的劳动合同终止条件。"

当然公司尽管不能禁止本单位员工恋爱结婚，却能合理限制恋爱结婚后双方在一起工作。因为双方在一同工作或有上下级关系，的确会对工作带来诸多不便，对其他员工也不公平。所以单位可根据工作需要变动工作岗位，双方为此发生争议的，应由用人单位举证证明其调职具有充分的合理性。

三、公司可否因工作绩效不好单方解除劳动合同

根据《劳动合同法》第四十条第 2 项规定，劳动者不能胜任工作，经过培训或者调整工作岗位，仍不能胜任工作的，用人单位提前 30 日以书面形式通知劳动者本人或者额外支付劳动者一个月工资后，可以解除劳动合同。

第一，要有一套行之有效的考核标准体系，具体包括考核目标、考核方法、考核结果等。第二，经过第一次考核后劳动者被证明未达到考核目标。第三，经过培训或者调整工作岗位。第四，劳动者经过培训或调岗后再一次经考核被证明不能胜任工作。经过上述四个步骤之后，用人单位才获得了单方解除劳动合同的权利，缺少任何一个程序都将导致用人单位解除劳动合同的行为违法。

延伸案例阅读一　爱国者数码公司员工因在微博大骂武汉而被开除

2012 年 1 月 25 日，爱国者数码科技有限公司员工张恩源，只因听闻一句"汉骂"，便在微博中说武汉是"全国最大的农村土鳖城市"。这条不足 200 字的微博，引发了一场由数千网友参与的"骂战"。1 月 26 日，张恩源所任职的爱国者公司董事长兼总裁冯军发表微博表示，张恩源必须道歉，否则公司只能将其开除。4 个小时后，张恩源再次更新微博，表示道歉。但冯军随后在微博宣布，"经爱国者高管会紧急电话会议决定：一致同意依法解除与张恩源的劳动合同关系。通俗地讲：正式开除！同时，同事们一致同意我代表爱国者集团向武汉的父老乡亲们正式致歉，爱国者全国的兄弟姐妹们对这种诋毁国内亲人的言行，零容忍！"爱国者数码公司已与张恩源解除劳动合同。

爱国者数码公司与张恩源解除劳动合同在法律上还是有违法嫌疑的。公司可以认为张恩源的道歉不诚恳，对他的偏激言论继续批评，甚至公开表明公司的立场和态度等，但是处罚员工一定要有法律依据。特别是对于解除劳动关系，《劳动合同法》有非常严格的条件与程序的规定。除了用人单位与劳动者协商一致，可以解除劳动合同外，用人单位单方解除劳动合同分为过失性和非过失性两种。前者是因违纪违法解除劳动合同，即《劳动合同法》第三十九条规定的情形：（一）在试用期间被证明不符合录用条件的；（二）严重违反用人单位的规章制度的；（三）严重失职，营私舞弊，给用人单位造成重大损害的；（四）劳动者同时与其他用人单位建立劳动关系，对完成本单位的工作任务造成严重影响，或者经用人单位提出，拒不改正的；（五）因《劳动合同法》第二十六条第 1 款第 1 项规定的情形致使劳动合同无效的；（六）被依法追究刑事责任的。非过失性解除是由于劳动者生病、不能胜任工作、情势变更、裁员等原因即《劳动合同法》第四十条、第四十一条规定的情形用人单位可单方解除劳动合同。

张恩源在个人微博上发表不当言论，如果爱国者公司不能证明该公司规章制度中有"发表不当言论就应被解除劳动合同"的表述，而且该规章制度已经向张恩源公示，或者张恩源的言论被追究刑事责任，爱国者公司与张恩源解除劳动合同是不能被法律认可的。另外，解除劳动合同除了具备法定理由，还要符合法定程序，如通知工会等，绝不是几个高管开个电话会议就可以随意决定的。最高人民法院关于审理劳动争议案件适用法律若干问题的解释（四）中第十二条规定：建立了工会组织的用人单位解除劳动合同符合《劳动合同法》第三十九条、第四十条规定，但未按照《劳动合同法》第四十三条规定事先通知工会，劳动者以用人单位违法解除劳动合同为由请求用人单位支付赔偿金的，人民法院应予支持，但起诉前用人单位已经补正有关程序的除外。

对于违法解除劳动合同，《劳动合同法》有明确规定：劳动者要求继续履行劳动合同的，用人单位应当继续履行；劳动者不要求继续履行劳动合同或者劳动合同已经不能继续履行的，用人单位应当按照经济补偿金标准的二倍向劳动者支付赔偿金，赔偿金的计算年限自用工之日起计算。

张恩源作为中国公民，他有言论的自由。如果他的言论有侮辱、诽谤之嫌，侵犯了他人的人格尊严，受害人可依据治安管理处罚法、刑法、民法追究其相应的责任。但从网络资料来看，张恩源的行为只是道德方面的事情。公司的开除决定完全是为了迎合舆论的方向而置法律于不顾了。这样的做法是违法的。

如果张恩源还想在爱国者公司继续干下去，可申请仲裁确认其劳动关系的存在，要求继续履行劳动合同；如果张恩源不想再干下去，那么双方可以解除劳动合同，并可向公司要求违法解除劳动合同的赔偿金（即经济补偿金的二倍）并办理劳动关系的转移手续。爱国者公司作为用人单位必须承担起其违法解除劳动合同的法律后果。

延伸案例阅读二　大宝创始人因档案丢失无法办退休终审获赔 6 万元

作为国内知名化妆品"大宝"的创始人，72 岁的武先生退休 12 年却无法办理相关手续，原因是他的老东家——北京市民政工业总公司将其档案弄丢了，为此，武先生将北京市民政工业总公司诉至法院要求赔偿，北京市第一中级人民法院终审判决民政工业总公司赔偿武先生 6 万元损失。

武先生起诉称：1985 年 5 月，他从石家庄调入北京市民政工业总公司，负责组建北京市三露厂，并任三露厂厂长。1989 年 9 月起，出任中日合资大宝日化有限公司董事长。1990 年 10 月，武先生被公派出国。大约 1994 年或 1995 年，回国后武先生找民政工业总公司要求恢复工作，但是民政工业总公司未予安排。2000 年，武先生达到退休年龄，却发现北京市民政工业总公司将他的档案丢失，后武先生不断地查找档案，至今未果，故起诉要求北京市民政工业总公司赔偿损失 12 万元。

北京市民政工业总公司辩称：武先生被任命为北京三露厂厂长时档案在公司保存。1989 年 4 月，武先生被河北省委任命为保定地区行署副专员兼涿州经济开发区主任。1989 年 11 月，涿州市委组织部出具商调函，武先生持商调函办理了档案转移手续，后武先生创办了涿州森宝日化有限公司。现在，武先生要求民政工业公司赔偿损失，缺乏事实依据，且已过诉讼时效，不同意武先生的诉讼请求。

法院审理查明：2000 年武先生达到退休年龄后，发现档案下落不明，后武先生积极查找档案，至今未果。诉讼中，北京市民政工业总公司未向法院提供将武先生档案转出的有效证据。

一审法院判决认为：职工调动、辞职、解除劳动合同或被开除、辞退等，应由职工所在单位在一个月内将其档案转交其新的工作单位或其户口所在地的街道劳动部门。民政工业总公司作为用人单位，负有妥善保管和在劳动关系解除或终止后及时转移职工档案的义务。

现武先生档案下落不明，而北京市民政工业总公司未向法院提供将武先生档案转出的有效证据，故北京市民政工业总公司应赔偿武先生的损失。

武先生在发现档案丢失后，积极寻找档案，未放弃权利，故其诉讼请求未超过诉讼时效。

法院同时认为武先生所要求的数额过高，一审判决北京市民政工业总公司赔偿原告武先生 6 万元。北京市民政工业总公司不服原审判决，向北京市一中院提起上诉。

一中院审理后认为：公民的人事档案是公民取得就业资格、办理调动、聘用、核算工资标准、社会保险福利待遇乃至办理退休、退职手续以及享受养老保险福利待遇所应具备的重要凭证。作为用人单位的北京市民政工业总公司在武先生离职后，应按相关规定妥善将他的档案移交给新的用人单位，现武先生档案下落不明，民政工业总公司未提供证据将其档案移交给其他单位，因而对由此给武先生造成的损失应予赔偿。一中院终审判决驳回上诉，维持原判。

第二节　自测案例

【案例一】

2000 年 9 月，杨先生入职戴尔公司，并签订了劳动合同。2009 年 3 月 30 日，戴尔公司以"业务调整、岗位撤销"为由，以书面形式通知杨先生解除劳动合同。此后，戴尔公司屏蔽了杨先生的门卡。2009 年 4 月 30 日，戴尔公司通过银行转账向杨先生支付了经济补偿金等共计 268 378.63 元。杨先生表示确已收到上述款项，但认为该款项应为其销售提成和报销款项。

杨先生表示，其曾与公司签订 3 年的固定期限劳动合同，合同至 2011 年 9 月止，职位为销售高级客户经理。然而，戴尔公司提出解雇时，杨先生正处于医疗期内。杨先生认为该公司的真实目的就是要逃避签订无固定期限的劳动合同。要求撤销戴尔公司作出的解除劳动合同，同时要求戴尔公司支付工资损失 33 336 元及 25% 的赔偿金 8334 元，未报销的电话费、交通费、招待费 472 411.62 元。

庭审中，戴尔公司提交了戴尔公司经济情况恶化的新闻报道，表示由于客观经济情况发生重大变化，全球性经济危机给公司的经营带来困难，公司决定取消部分工作岗位。公司在通知杨先生解除劳动合同之前与其进行了协商，并试图通过协商与杨先生解除劳动合同，但杨先生拒绝。戴尔公司要求确认公司无需继续履行与杨先生的劳动合同。

朝阳法院经审理认为，杨先生与戴尔公司的劳动关系成立。2009 年 3 月 30 日，戴尔公司以"业务调整、岗位撤销"为由，书面通知杨先生解除劳动合同，但未就变更劳动合同与杨先生进行协商。同时戴尔公司未就其解除劳动合同的理由提供充分的证据，因此其单方提出解除劳动合同的行为构成了违法解除。故本案中，杨先生要求撤销戴尔公司作出的解除劳动合同通知，于法有据。因戴尔公司屏蔽了杨先生上班所使用之门卡，致使其不能正常工作，故戴尔公司应当依法向杨先生支付 2009 年 4 月和 5 月的工资 30 772 元，但鉴于戴尔公司已经通过银行转账方式向杨先生支付了 268 378.63 元，且该款项数额不低于法院依法确定的杨先生的工资数额，故予以折抵。

试分析：用人单位单方违法解除劳动合同应如何处理？

【案例二】

小金于 2004 年入职兴旺公司，双方连续签订了 5 次固定期限劳动合同，最后一份合同期限至 2010 年 12 月 24 日终止，在这份劳动合同中，小金与兴旺公司约定，小金的工作内容为"兴旺公司十里河店防损组组长"。该份劳动合同到期后，兴旺公司并未与小金就双方劳动关系作出任何处理，也未曾向小金支付经济补偿金。次日，也就是 2010 年 12 月 25 日，小金与发达公司签订了一份劳动合同，合同期限为两年，双方在劳动合同中约定小金的工作内容为"防损组组长"，在为两公司提供劳动的过程中，小金的工作内容与工作点均未发生变化。2011 年 7 月 29 日发达公司发出人员调动通知，对小金的工作岗位及工作地点进行了调整，并将小金的月工资由 3500 元降低为 2800 元。小金认为发达公司的行为违反了相关法律法规的规定，所以于 2011 年 9 月向甲乙两公司同时邮寄了解除劳动合同通知书，理由为：用人单位未经劳动者同意单方调整工作岗位并克扣工资。随后小金又以发达公司为被申请人向仲裁委提起仲裁，要求发达公司向其支付解除劳动合同经济补偿金。仲裁委支持了小金的请求，发达公司不服，向法院提起诉讼，并且称小金之前是在兴旺公司工作，其在兴旺公司的工龄不应当并入发达公司一并计算补偿金，但发达公司亦承认该公司是兴旺公司的子公司，二者之间存在关联关系。

试分析：该案应如何处理？为什么？

【案例三】

2008 年 1 月 18 日，某航空公司湖北分公司与张某签订无固定期限劳动合同，到法定退休年龄之日止。公司出资对张进行专业培训，先后将他送入北京航空航天大学飞行学院等单位进行培训，交费 172 万余元。2011 年 7 月 24 日，张某突然向航空公司提出辞职申请。4 天后，航空公司出具书面复函，认为张某提出的辞职原因及理由不充分，经公司研究决定不同意其辞职。此后，双方协商数次，未能达成一致，公司未安排张某飞行任务。8 月 25 日后，张某再未上班。航空公司提起诉讼，认为张某单方面终止合同违约，要求其支付违约金、培训费、损失共计 350 万余元。

试分析：航空公司要求张某赔偿培训费用的请求是否合法？

【案例四】

2007 年 5 月 1 日，李平进入某证券公司上海某营业部工作，双方签订最后一份劳动合同期限自 2008 年 7 月 1 日至 2011 年 6 月 30 日止,李平从事证券咨询工作。因李平与客户发生纠纷,遭到客户投诉,该证券营业部对李平作出"从 2010 年 5 月 8 日起待岗,每月工资按照上海市最低生活保障标准发放"的处理意见,社会保险费由营业部继续为李平缴纳。

2010 年 5 月 17 日,李平通过电子邮件向营业部提交辞职报告;次日,李平又以快递方式将书面辞职报告提交营业部。营业部不同意李平的辞职。6 月 21 日,李平向区劳动仲裁委申请仲裁,要求办理解除劳动合同的手续。该仲裁委于同年 7 月 19 日裁决,由该营业部为李平办理劳动合同解除手续。

2010 年 8 月 3 日,该证券营业部因不服仲裁裁决起诉到法院称,2010 年李平在担任证券咨询专家一职期间,私下接受委托替客户买卖股票,造成客户损失,导致客户投诉营业部要求解决。营业部认为,李平私下接受客户委托买卖股票的行为,违反了营业部的规章制度,给客户造成的损失应由李平自行解决。在纠纷未解决前,营业部不同意李平的辞职。还认为营业部依据公司内部规定,对李平处理属正当合理,表示不愿替李平办理劳动合同解除手续。

试分析:劳动者单方解除劳动合同的权利是否受限制?

【案例五】

邓小姐是某商场的售货员,丈夫是个体户,一天中午,丈夫给正在商场上班的邓小姐打去电话:"我今天晚上为了一笔生意,要请几个客人到饭店去吃饭,饭后还得请他们游泳。你得帮我买 4 条游泳裤送到饭店来。"下班时,邓小姐趁别的售货员不注意,悄悄从柜台里拿出几条游泳裤装进自己的手提包,带出了商场。

酒席宴间,4 个客户十分贪杯,不久便纷纷醉倒,原定的游泳计划只好取消了。第二天上班时,邓小姐把手提包里几件原封未动的游泳裤,又带回了商场,准备趁人不注意时,放回原处。但是就在她把泳裤从手提包里拿出,往柜台里放时,被本柜台的组长发现了。商场领导得知此事后,非常重视,认为邓小姐的行为,属于商场规章制度里规定的"私自将商品拿出商场"的行为。按规定此行为属严重违纪,应当给予其解除劳动合同的处罚。邓小姐在承认了错误以后,却坚持认为商场不能与自己解除劳动合同,原因是她现在怀有身孕,属于特殊保护时期。

试分析:用人单位能否单方解除怀孕女职工的劳动合同?

【案例六】

2006 年 7 月,百度企业软件事业部分布在北京、上海和深圳的员工突然接到辞退通知，被要求 4 个小时内离开百度公司，公司给予被裁员工"N+1"的经济补偿。

百度裁员，一开始是没有理由，后来说是经济性裁员，最后说是因软件事业部被撤销，劳动合同订立时的客观情况发生了重大变化而裁员。原属百度产品推广部门的穆亦飞于 2006 年 5 月 12 日被裁员，穆亦飞认为百度裁员程序不适当，同时自己目前持有的 2000 多股约百万元人民币期权被取消，向北京市劳动局提请仲裁，要求撤销百度的裁员决定，与百度恢复劳动关系。2006 年 7 月 31 日，北京市劳动争议仲裁委员会在穆亦飞和百度劳动仲裁案中裁决百度败诉。

试分析：是否用人单位提前一个月通知或支付解除劳动合同的通知金、经济补偿金等就可以解除劳动合同？

【案例七】

在北京某民办学校从事体育教师工作的王某，于 2008 年 7 月 20 日与学校签订了至 2013 年 7 月 20 日为期 5 年的教师聘用合同，两个月后，王某怀孕了，学校便与其重新签订了终止日期为 2009 年 1 月 20 日的职员聘用合同，并安排王某到女生楼值班室担任值班工作，王某按约履行。2009 年 1 月 15 日，王某产期临近，遂办理离职手续后离校，于 2009 年 3 月 3 日生育一子。9 月份产假期满后，王某多次向学校提出上班要求，学校答复等候通知。同年 12 月 2 日，学校明确告诉王某不能安排她上班。学校在 2009 年 1 月 20 日后没有支付王某任何工资或生活费，也没有给王某报销产前检查及住院生育所需的医疗费。王某认为学校的行为违反了《劳动法》的规定，于 2009 年 12 月到当地劳动争议仲裁委员会申诉，要求学校与其继续履行教师聘用合同、支付 2009 年 1 月 20 日至 2010 年 3 月 3 日期间的工资并报销产前检查及住院生育医疗费。

校方认为：王某怀孕后重新签订的职员聘用合同已于 2009 年 1 月 20 日到期终止，此后王某已不属于学校职员，学校没有义务支付医疗费和工资。

试分析：假定现在是 2010 年 3 月 5 日，该案应如何处理？为什么？

【案例八】

陈某是某集团下属 A 公司的业务一部副经理，分管行政工作。在工作中，陈某与 A 公司总经理产生矛盾，情绪对立。2007 年 12 月陈某与 A 公司签订的 2 年的劳动合同到期，续签的合同期限仍为 2 年，岗位仍是"A 公司的业务一部副经理"。

【第1次争议】

从 2008 年 1 月起 A 公司根据集团的统一部署，开始在公司中层管理人员中实行"末位淘汰制"。在公司中层管理人员考核测评中，陈某得分最低，尽管无犯错误记录，但公司负责人对陈某的评价是 "缺乏进取精神和创新思维，难与他人沟通，团队意识淡漠"。陈某被免去业务一部副经理职务，调业务 2 部任业务员。陈某认为考核不公，拒绝到新岗位报到，并找总经理理论，双方发生争执。2008 年 8 月，A 公司经研究并报请集团同意，以陈某拒不服从公司新岗位安排形成旷工，严重违反劳动纪律为由作出解除陈某劳动合同的决定。陈某不服，向劳动仲裁委申诉，要求撤销解除合同决定，恢复双方劳动关系，继续履行劳动合同。

【第2次争议】

2009 年 12 月陈某与 A 公司签订的劳动合同到期，续签的劳动合同期限仍为 2 年，岗位的约定与其他公司管理人员一样改为"相关岗位从事相关工作，公司可根据生产经营实际情况调整和安排陈某的岗位和工作内容"。2010 年 1 月 A 公司根据集团的统一部署，开始在中层管理人员中实行"竞聘上岗"。陈某在竞聘活动中落聘，不再担任业务一部副经理，A 公司将其调任业务 2 部任业务员。陈某不服，第 2 次向劳动仲裁委申诉，要求恢复其副经理职务。

【第3次争议】

2010 年 1 月后，陈某在业务 2 部任业务员。2010 年 12 月 A 公司根据集团的统一部署，实行组织结构调整，决定将效益一直不好的业务 2 部撤销，解除该部所有员工的劳动合同。2011 年 1 月 A 公司以"签订劳动合同时所依据的客观情况发生变化，双方就变更劳动合同不能协商达成一致"为由，解除了与陈某的劳动合同。陈某不服，第 3 次向劳动仲裁委申诉，撤销解除合同决定。

试分析：假设你是劳动仲裁委的仲裁员，这 3 次争议应如何处理？为什么？

【案例九】

2008 年 7 月，应届毕业生小王应聘到上海一家外贸公司 A 处工作，双方签订了为期 3 年的固定期限劳动合同，并约定了 6 个月的试用期。找到一份不错的工作，再加上薪水也不算低，小王原本很高兴，可是当他领到第一个月的工资时却有些失望，原来，在劳动合同中约定小王的正式工资为 3000 元，而在试用期内 A 公司每月只发给小王 1000 元的工资，尽管 1000 元钱高于上海市的最低工资，可毕竟与自己正式的工资差距很大，而且试用期长达 6 个月，这意味着在接下来的 5 个月小王每月都只能领到 1000 元的工资。

同时小王发现，A 公司中与自己相同岗位的最低档工资都有 2000 元。就此，小王多次与 A 公司领导沟通，但得到的答复是：公司一直是这样做的，试用期内员工工资当然比正式员工的工资低，公司历来的新员工都要经历这样一段时期，只要你努力工作，5 个月后工资就自然会升到 3000 元。小王感到很困惑，试用期内工资低一些这可以理解，但像自己这样与正式工资差距这么大，是不是不太公平？于是，2008 年 10 月小王向仲裁提出申诉，要求 A 公司提高自己试用期的待遇。

试分析：用人单位是否可以任意决定员工试用期内工资？

【案例十】

8 名准空姐诉称，2004 年 11 月，马来西亚航空公司（以下简称马航）委托北京外航服务公司（以下简称外航服务公司）在外航服务公司的网站上发布了马航在中国招聘中国籍空乘的招聘广告。原告根据招聘广告于 2004 年 12 月至 2005 年 2 月参加并通过了初试、复试和体检，并被确认录用。2005 年 2 月至 6 月间，原告应马航和外航服务公司的要求办理了相关政审手续，并将政审材料和办理马来西亚工作准证所需的材料寄给了外航服务公司。后原告多次询问马航和外航服务公司，两公司均称正在办理手续，要求原告在家耐心等待。直到 2006 年 9 月 8 日，在北京建国饭店，马航和外航服务公司告知原告，马来西亚航空公司放弃对原告的聘用，同时要求她们在其拟好的内容为"我自愿放弃马航的聘用，自愿放弃向马航索赔的权利"的中英文"放弃书"上签字，而且声称如果原告签署了"放弃书"，便可拿到 1.1 万元人民币的"礼物"，否则，便无法获得该"礼物"。因"放弃书"显失公平，8 名准空姐毅然拒绝签署。2007 年 9 月，8 名准空姐将马来西亚航空公司和北京外航服务公司告上法庭，要求二被告继续聘用，并连带赔偿经济损失 42 900 至 93 200 元不等。

庭审中，被告马航认为，该公司与 8 名准空姐之间尚未形成合同关系，因此该公司对 8 名准空姐也不承担任何合同义务。同时，马航表示，作为马来西亚注册企业，其在华办事处不能自行招聘中国员工，而只能接受中国特许的外事服务机构派遣的劳务人员。中国雇员与外事服务单位之间存在劳动合同关系，外事服务单位则与外企在华代表机构之间存在合同关系，因此，在这种情况下，即使 8 名原告已经由外事服务单位派遣到该公司工作，马航与 8 名原告之间仍然不存在任何合同关系。庭上，马航还称从未向 8 名原告和外事服务单位表示过招聘并同意录用 8 名原告的意思。

外航服务公司则表示，该公司作为有相关资质的劳务派遣机构，于 2004 年 9 月与马航建立了劳务派遣合作关系。基于此，应马航的要求该公司在网站上发布了此次招聘广告，并组织人员到马航安排的场所应聘。在招聘过程中，该公司未向马航和应聘者收取任何费用，并全面履行了与马航之间的合作协议和委托的相关义务，并为应聘者提供了准确的招聘信息和应聘服务，因此该公司不应承担赔偿责任。

试分析：

（1）原告要求二被告继续聘用的请求能获支持吗？为什么？

（2）二被告应赔偿原告的经济损失吗？为什么？

【案例十一】

刘某于 2000 年进入某集团公司的大海子公司工作。2005 年，刘某被安排到大海子公司工作。2008 年 1 月 1 日，大海子公司与刘某签订了劳动合同。2010 年 11 月，刘某与大海子公司的劳动合同即将到期，刘某认为其进入某集团公司工作已经超过 10 年，因此向大海子公司提出要求签订无固定期限劳动合同。大海子公司不同意签订并告知刘某 2010 年 12 月 31 日劳动合同到期后将不再与其续签劳动合同，双方发生争议，刘某遂提起劳动仲裁。仲裁审理阶段，认为刘某在大海子公司连续工作不足 10 年，不符合签订无固定期限劳动合同的条件，因此并未支持刘某的申请请求。刘某不服仲裁裁决结果，向法院提起诉讼。

试分析：法院会支持刘某的诉讼请求吗？为什么？

【案例十二】

小张研究生毕业后被一家从事软件开发的公司录用，双方签订了 3 年期的劳动合同，并约定试用期为 6 个月，试用期工资为 1.5 万元。小张工作 3 个月后，公司领导和小张谈话，提出他开发的软件客户不满意，小张不符合公司的录用条件，公司决定与小张解除劳动合同。小张认为公司解除劳动合同没有依据，是违法解除劳动合同。于是，小张向劳动争议仲裁委员会提出申请，要求软件公司支付违法解除劳动合同的赔偿金 1.5 万元。仲裁机关经过审理，认为软件公司没有提供证据证明小张在试用期内不符合录用条件，因此，解除劳动合同的决定是违反法律决定的，因此裁决软件公司支付小张违法解除劳动合同赔偿金 1.5 万元。

裁决作出后，软件公司没有提出异议。小张在离开软件公司后的 2 周内没有找到合适的工作，他想到法律规定，用人单位违法解除劳动合同，劳动者可以要求单位支付赔偿金也可以要求继续履行合同，现在仲裁裁决已认定单位是违法解除劳动合同，那么他还可以要求单位履行劳动合同。于是，小张在拿到裁决后的 15 天内向法院提起诉讼，要求软件公司继续履行劳动合同。

试分析：法院会支持小张的诉讼请求吗？为什么？

第四章　灵活用工管理

第一节　案例分析

案例一　劳务派遣员工劳动关系如何确定

[案情]

延先生在 KDJ 公司连续工作了 11 年，因其员工身份问题与 KDJ 公司引发劳动纠纷。

长年在 KDJ 公司冷藏库工作的山东小伙子延先生，因一时疏忽被 KDJ 公司辞退。令他意外的是，尽管自己在 KDJ 公司工作了 11 年，但他的身份并不是 KDJ 公司的员工，真正的雇主是一个自己连地址都不知在哪里的劳动咨询服务公司。为此，延先生将 KDJ 公司告上法庭，要求 KDJ 公司补发工资并承担其 11 年的经济补偿金 2 万余元。延先生是山东泰安市东平县人。延先生说，1994 年，他经人介绍，到北京 KDJ 公司打工，做仓储、搬运货物等体力工作。2004 年 4 月，北京 KDJ 公司通知全体员工，让他们都与北京桥石劳动事务咨询公司签订劳动合同，并由该公司为员工代发工资、上保险。通知还说，不签合同的员工公司将予以辞退。延先生说，"当时很多职工反对，认为自己一直在 KDJ 公司打工，为什么要与一个根本没听过名字的公司签合同？"

延先生说，在 KDJ 公司工作了 10 年多，从未签过劳动合同，这是签订的唯一一份劳动合同，而且还不是与 KDJ 公司签的。2005 年 5 月 11 日，延先生在一次配货过程中，由于过度劳累忘记贴标签，被公司以"违反拣货操作规程"为由辞退。长年在 KDJ 公司冷藏库工作的延先生患上了风湿病，延先生要求公司向他支付工作 11 年的经济补偿金，并要求公司为其补缴其社会保险费用。经多次协商未果，延先生向当地劳动部门申请仲裁。劳动争议仲裁委员会也认为延先生与 KDJ 公司之间的劳动关系无法认定，而与桥石劳动事务咨询公司之间却有书面合同，因此驳回了延先生的仲裁请求。随后，延先生诉至某区法院。同年 8 月 11 日，某区法院开庭审理此案。法庭上，KDJ 公司并不承认与延先生存在事实劳动关系，并称延先生是告错了对象。KDJ 公司认为，延先生只是以北京桥石劳动事务咨询公司员工的身份，受该公司派遣到 KDJ 公司工作的劳务员工，而 KDJ 公司已经向该公司支付了一定的费用，三方实际形成了劳务派遣关系，延先生被辞退，这种劳务派遣关系结束，因此，可能与延先生产生劳动争议的只能是北京桥石劳动事务咨询公司，而非 KDJ 公司。对于延先生提出的诉讼请求，也应由北京桥石劳动事务咨询公司承担。

2006 年 2 月，当地区法院一审判决认为，根据查明的事实，延先生与北京桥石公司签订有劳动合同，该劳动合同确立了其与桥石公司之间的劳动关系，后延先生作为北京桥石公司的职员被派遣到 KDJ 公司工作，所以延先生虽曾在 KDJ 公司工作，但双方并没有形成事实劳动关系。现延先生以与 KDJ 公司存在事实劳动关系为由主张权利，于法无据，法院不能认定。

对于延先生称其与桥石公司的劳动合同是受胁迫签订的，属无效合同，应另案解决。

[思考问题]

1. 延先生与 KDJ 公司是否存在劳动关系？
2. 延先生应如何主张自己的权利？

[分析]

一、延先生与 KDJ 公司不存在劳动关系

所谓的劳务派遣，又称劳动派遣、劳动力租赁，是指由派遣机构与派遣劳工订立劳动合同，由派遣劳工向要派企业给付劳务，劳动合同关系存在于派遣机构与派遣劳工之间，但劳动力给付的事实则发生于派遣劳工与要派企业之间。劳动派遣的最显著特征就是劳动力的雇用和使用分离。劳动派遣机构已经不同于职业介绍机构，它成为与劳动者签订劳动合同的一方当事人。因此，劳动者与其工作的单位不是劳动关系，而是与劳务派遣公司等专门单位形成劳动关系，再由该人才机构派到用人单位劳动，用人单位与劳务派遣公司签订派遣协议。

在本案中，延先生是由北京桥石劳动事务咨询公司派遣到 KDJ 公司的，因此，劳动关系双方主体应为延先生和桥石劳动事务咨询公司。

二、延先生应向桥石劳动事务咨询公司主张相关权利

在本案中，因为延先生是与北京桥石劳动事务咨询公司签订的劳动合同，按照我国《劳动合同法》关于劳务派遣的相关规定，延先生因职业病而主张的补偿金应向与之签订劳动合同的劳动派遣单位主张。

案例二　劳务派遣合同相关条款的合法性问题

[案情]

2004 年 2 月 17 日，王某与北京某劳务派遣公司（以下简称用人单位）建立劳动关系，同日被派遣至美国某公司驻北京办事处（以下简称用工单位）。2009 年 2 月 15 日，用人单位与王某再续签为期 3 年的劳动合同，劳动合同第 2 条的第 3 款约定："乙方（劳动者）同意，用工单位或甲方（用人单位）根据其工作表现和能力或经营需要而对其工作内容、工作岗位、工作地点进行调整。" 2009 年 7 月 8 日，用工单位以王某的工作岗位不复存在为由将王某退回至用人单位，王某认为用工单位单方退工违法，拒绝用人单位的待岗决定，争议由此发生。

王某请求仲裁：①确认 2009 年其与派遣公司所签订年劳动合同第 2 条的第 3 款的自由退工条款无效；②裁决用人单位立即无条件返还用工单位因为退工支付给申请人的经济补偿金及 50% 的额外经济补偿金；③请求确认用工单位作出的退工决定违法，支付违法退工二倍经济补偿金差额部分（以每月 22 112.15 元计）；④请求用人单位支付被迫解除劳动合同经济补偿金及 50% 的额外经济补偿金（以每月 22 112.15 元计）；⑤补发 2009 年 9 月 9 日至 2010 年 1 月 19 日的待遇及 25% 的经济补偿金（以每月 22 112.15 元计）。

[仲裁裁决]

经仲裁委主持调解，双方当事人自愿达成如下协议：①北京某劳务派遣公司自本调解书生效十日内一次性支付王某解除劳动合同经济补偿金、工资等共计 17.5 万元整，美国某驻北京办事处承担连带责任；②王某自愿放弃仲裁申请。

[思考问题]

1. 劳务派遣公司在与被劳务派遣劳动者的劳动合同中规定："劳动者本人同意，用工单位有权随时退工，劳务派遣单位有权随时调岗"，并经劳动者签字认可。请问，该劳动合同条款有效吗？

2. 劳务派遣协议中约定用工单位有权"随时将劳动者退回用人单位"有效吗？

[分析]

一、劳动合同中约定的"劳动者本人同意，用工单位有权随时退工，劳务派遣单位有权随时调岗" 条款无效

《劳动合同法》第三十五条规定，"用人单位与劳动者协商一致，可以变更劳动合同约定的内容。变更劳动合同，应当采用书面形式。变更后的劳动合同文本

由用人单位和劳动者各执一份"。《劳动合同法》第四十条规定，"有下列情形之一的，用人单位提前 30 日以书面形式通知劳动者本人或者额外支付劳动者一个月工资后，可以解除劳动合同：（一）劳动者患病或者非因工负伤，在规定的医疗期满后不能从事原工作，也不能从事由用人单位另行安排的工作的；（二）劳动者不能胜任工作，经过培训或者调整工作岗位，仍不能胜任工作的；（三）劳动合同订立时所依据的客观情况发生重大变化，致使劳动合同无法履行，经用人单位与劳动者协商，未能就变更劳动合同内容达成协议的"。

以上规定均可以看出，劳动合同法对变更劳动者工作岗位有特殊规定，变更应当与劳动者协商一致或者劳动者有符合《劳动合同法》第四十条的规定。本案中，劳务派遣单位在与被派遣劳动者签订劳动合同时，事先在合同里面约定"劳动者同意用人单位或者用工单位或者用人单位有权对劳动者工作岗位有自主调动"，该约定显然排除了劳动者在将来面对用工单位或者用人单位单方调岗时自己的选择权，减少了用人单位调动员工工作岗位时应当承担的法定义务。根据《劳动合同法》第二十六条之规定："下列劳动合同无效或者部分无效：……（二）用人单位免除自己的法定责任、排除劳动者权利的；（三）违反法律、行政法规强制性规定的。……"因此，这样的条款依法应当被认定为无效条款。

试想，如果这样的条款有效的话，势必造成用工单位和用人单位私自串通，随意将高薪劳动者退回用人单位，导致月薪几万元劳动者被合法地退回劳务派遣单位待岗，只能领取劳务派遣单位发放的每月 800 元的待岗工资。

二、劳务派遣协议中约定用工单位有权"随时将劳动者退回用人单位"无效

我国《劳动合同法》第五十九条、第六十条明确规定，劳务派遣单位派遣劳动者应当与用工单位订立劳务派遣协议，劳务派遣协议应当约定派遣岗位和人员数量、派遣期限、劳动报酬和社会保险费的数额与支付方式以及违反协议的责任，劳务派遣单位应将协议的内容告知被派遣劳动者。然而，一些不法的劳务派遣公司并不按照法律的规定将劳务派遣协议内容告知劳动者，并与用工单位私自约定用工单位随时有权将劳动者退回。实践中，一些理论观点也为劳务派遣公司这种做法提供理论依据。这些观点认为：用工单位和劳动者没有劳动关系，用工单位将劳动者退工是基于劳务派遣协议，而劳务派遣协议仅是用人单位和用工单位之间的民事合同，民事合同的双方没必要受劳动法关于调动劳动者工作岗位规定的约束，根据民事合同的意思自由原则，合同双方可以自由约定劳动者被退回的条件，而劳动者本人不是该协议的当事人，无权对该劳务派遣协议的约定提出异议。

然而，我国《民法通则》第五十八条和《合同法》第五十二条规定，恶意串通，损害国家、集体或者第三人利益的合同无效。由此可以看出，劳务派遣单位和用工单位的劳务派遣协议并不因为具有民事合同的性质而可以对所有的条款任意签订，如果该条款损害了第三人的利益，该合同条款无效。而劳务派遣单位与用工单位签订劳务派遣协议约定"用工单位有权随时将劳动者退回至用人单位"损害了第三人——被劳务派遣劳动者的利益——《劳动合同法》规定劳动者工作岗位不得被随意改变是法律赋予劳动者的一项权利。因此，该约定依法应当认定为无效，用工单位不能依据该无效约定退工。

案例三　劳务派遣中工伤如何处理

[案情]

李华由广州某派遣公司派遣至广州番禺某建筑公司做建筑工人。2010 年 7 月 10 日，她被从工地四楼滚下的圆柱形水泥块击中头部，导致当场受伤昏迷，经医院诊断为：重型颅脑损伤，广泛脑挫裂伤，双侧硬膜下血肿，多发性粉碎性开放性颅骨骨折，脑疝形成。入院后，截至 2010 年 11 月 29 日，李华的医疗费用已经达到 326 949.42 元，并欠下 10 多万元医疗费。前期，番禺某建筑公司还支付了部分医疗费，但自 2010 年 11 月 29 日以后，用工单位和派遣公司就互相推诿，拒不支付医疗费。

[思考问题]

李华应如何主张自己的权利？我国相关法律对此是如何规定的？

[分析]

李华的工伤医疗费及其他相关费用应该由广州某派遣公司和广州番禺某建筑公司承担连带责任。

用工单位和派遣单位对造成劳动者损害要承担相互"连带责任"，而这个"连带责任"应为"完全连带责任"，即指劳务派遣公司或用工单位都应当独立对派遣劳动者承担所有的赔偿责任，无论是由哪方导致劳动者受损害。即使被派遣劳动者只起诉一方，依据《最高人民法院关于审理劳动争议适用法律若干问题的解释（二）》第十条规定：劳动者因履行劳动力派遣合同产生劳动争议而起诉，以派遣单位为被告；争议内容涉及接受单位的，以派遣单位和接受单位为共同被告。即在劳务派遣争议中，法院是有权利直接追加另一方为被告。

案例四　用工单位裁员，派遣单位能否解约

[案情]

孙某于 2009 年 10 月与苍山县某劳务派遣公司签订了 3 年的劳动合同。2011

年10月，孙某被派去的用人单位因经营不善裁员，将其退回派遣公司。派遣公司因一时没有用工单位，故将孙某辞退，孙某不服，遂到当地劳动人事争议仲裁委员会提起申诉，要求派遣公司撤销辞退决定。

[仲裁裁决]

经劳动争议仲裁机构裁定，裁决支持了孙某的请求，要求派遣公司撤销辞退孙某的决定。

[思考问题]

用工单位裁员，派遣单位能否与被派遣人员解约？

[分析]

用工单位裁员，不能成为派遣单位与劳动者解除劳动合同的理由。

我国《劳动合同法》第五十八条规定，"劳务派遣单位应当与被派遣劳动者订立2年以上的固定期限劳动合同，按月支付劳动报酬；被派遣劳动者在无工作期间，劳务派遣单位应当按照所在地人民政府规定的最低工资标准，向其按月支付报酬"。《劳动合同法》第六十五条规定，派遣单位解聘员工应符合下列情形：①在试用期间被证明不符合录用条件的；②严重违反用人单位的规章制度的；③严重失职，营私舞弊，给用人单位造成重大损害的；④劳动者同时与其他用人单位建立劳动关系，对完成本单位的工作任务造成严重影响，或者经用人单位提出，拒不改正的；⑤以欺诈、胁迫的手段或者乘人之危，使对方在违背真实意思的情况下订立或者变更劳动合同致使劳动合同无效的；⑥用人单位免除自己的法定责任、排除劳动者权利致使合同无效的；⑦违反法律、行政法规强制性规定致使劳动合同无效的；⑧被依法追究刑事责任的；⑨劳动者患病或者非因工负伤，在规定的医疗期满后不能从事原工作，也不能从事由用人单位另行安排的工作的；⑩劳动者不能胜任工作，经过培训或者调整工作岗位，仍不能胜任工作的。本案例中，孙某的情况并不符合上述规定，故仲裁委依法裁决支持了孙某的请求。

案例五 非全日制用工，劳动者是否有权享受工伤待遇？

[案情]

王某为高级技工，专门维修数控机床。2008年5月，王某与甲公司订立口头协议。协议约定：王某每周一和周五上午各工作3小时，每周6小时，为公司维修机床，并约定了相应的报酬。同年 9 月，王某在甲公司维修机床时，不幸被扎伤，经住院治疗，花去医疗费 5000 余元。出院后王某要求享受工伤待遇，甲公司拒绝，辩称非全日制用工不享受工伤待遇。双方协商未果，提请劳动仲裁。

[思考问题]

王某作为非全日制用工人员，能否享受工伤相关待遇？

[分析]

非全日制用工，王某有权享受工伤待遇。

《劳动合同法》第六十九条规定，非全日制用工双方当事人可以订立口头协议。本案中王某与甲公司订立的是口头协议，属于非全日制用工。《关于非全日制用工若干问题的意见》第十二条规定，用人单位应当按照国家有关规定为建立劳动关系的非全日制劳动者缴纳工伤保险费。从事非全日制工作的劳动者发生工伤，依法享受工伤保险待遇。

本案中，王某为非全日制用工，甲公司应当为其缴纳工伤保险费，王某在维修机床时被扎伤，根据《工伤保险条例》第十四条规定，在工作时间和工作场所内，因工作原因受到事故伤害的，应当认定为工伤。王某应当认定为工伤，享受工伤待遇。

案例六　非全日制用工是劳务合同还是劳动合同

[案情]

张某多年前下岗，为了生计，后来在所居住地街道办事处介绍下，前往一家公司从事保洁工作。公司人力资源负责人与张某约定，其所从事的保洁工是非全日制的临时工，每天工作 8 小时，主要工作是保持工作环境整洁及主管安排的其他工作，不上保险，工资按月发放；在公司应当遵守公司的规章制度，服从主管人员的指挥。同时，要求张某签订一份劳务合同，并解释说，非全日制用工人员与公司是劳务关系，所以签劳务合同。

一天，张某在擦楼梯时，不小心踩空，从楼梯上摔了下来，造成骨折，花去医药费 8000 多元。伤愈后，张某回到公司上班，却被告知他与公司的劳务关系已经解除了，张某决定找到人力资源部的负责人理论。公司称其为非全日制用工，与公司是劳务关系，不能主张相关权利。张某非常气愤，遂向劳动争议仲裁机构提起仲裁申请。

[仲裁裁决]

劳动争议仲裁机构裁定，张某与该公司之间为劳动关系，公司应向张某支付医药费，并恢复劳动合同。

[思考问题]

1. 非全日制用工与全日制用工有什么区别?

2. 非全日制用工是劳务关系还是劳动关系? 其法律依据是什么?

[分析]

一、非全日制用工与全日制用工的区别

《劳动合同法》第六十八条的规定，"非全日制用工，是指以小时计酬为主，劳动者在同一用人单位一般平均每日工作不超过 4 小时，每周工作时间累计不超过 24 小时的用工形式"。非全日制用工是一种灵活的用工形式，与全日制用工的区别主要有以下几个方面。

（1）工作时间不同。标准的全日制用工实行每天工作不超过 8 小时，每周不超过 40 小时的标准工时制度。非全日制用工一般为每天 4 小时，每周工作时间不超过 24 小时。

（2）非全日制用工可以订立口头协议。全日制用工，用人单位与劳动者应当订立书面劳动合同。而非全日制用工，用人单位与劳动者不以书面形式订立劳动合同，职工的劳动权利以及用人单位对职工的要求，可以口头约定。

（3）非全日制用工的劳动关系可以随时终止且无需支付经济补偿金。全日制用工，劳动合同终止或解除的，除一些特别情况外，用人单位须向劳动者支付经济补偿金，而非全日制用工则没有明确的规定。

（4）非全日制用工一般只缴纳工伤保险。全日制用工的用人单位必须缴纳各种社会保险费用。但是，作为非全日制用工，用人单位必须为其缴纳工伤保险，其余可以不用缴纳。

（5）非全日制用工以小时计酬，结算支付周期最长不超过 15 日。全日制用工应当按月以货币形式定时向劳动者支付工资。非全日制用工，用人单位必须以货币形式向劳动者定时支付工资。但是，支付工资的周期比全日制用工短，即每半月至少支付一次。

从非全日制用工的定义和其与全日制用工的区别来看，张某是全日制用工。该用人单位的行为是以非全日制用工的形式恶意规避法定义务的违法行为。

二、非全日制用工是劳动关系而不是劳务关系

从法律关系的角度看，劳务关系与劳动关系的根本区别在于劳动过程的控制。

劳务关系是民事法律关系，依据合同约定履行，劳动者支出劳动的过程和形式不受用人单位的控制，即双方具有平等性，适用民法调整。劳动关系的劳动过程是由用人单位的控制来实现的，即劳动者应当在用人单位规章制度和主管人员的指挥下提供劳动。对于劳动者违纪行为，用人单位可以根据规定行使处罚权，双方当事人的权利和义务适用《劳动法》和《劳动合同法》的调整，享有《劳动法》上的权利，并履行相应的义务。

从上述分析可以看出，张某遵守公司的规章制度，根据用人单位主管人员的安排从事具体的工作，其劳动过程完全是在用人单位的控制中实现的。可见，张某与用人单位之间是典型的劳动关系。用人单位要求张某签订劳务合同是违法行为。

案例七　非全日制用工的认定及相关问题

[案情]

申请人王某于 2009 年 6 月 1 日进入被申请人某劳务服务公司任清洁工一职，双方约定申请人月工资为 600 元（6.25 元/小时）。市公安局（甲方）与被申请人签订的《××市公安局办公区卫生保洁承包合同书》，合同期限为 2010 年 8 月 1 日至 2012 年 8 月 1 日止，约定：甲方同意被申请人承包甲方所管理办公区域清洁综合服务业务，其中卫生保洁内容和质量要求有：办公区公共场所地面每天打扫不少于 2 次，楼梯每天打扫 1 次，电梯每天擦 1 次，电梯地毯每天更换 1 次（双休日除外），每天上班前必须将卫生清理完毕，如发现保洁人员责任心不强，保洁质量差，被申请人应调整更换保洁人员。市公安局交通警察支队于 2011 年 12 月 20 日向被申请人出具的证明，称申请人保洁工作达不到卫生标准，望被申请人调整申请人的工作。与申请人情况一样的其他保洁员月工资为 600~850 元，各保洁员负责一个楼层卫生。因交警支队认为达不到与被申请人约定的卫生标准，被申请人遂将申请人调到其他楼层工作，申请人不服，也未再提供劳动，被申请人于 2012 年 2 月 9 日将申请人辞退。

申请人诉求：认为被申请人一直未签订劳动合同、未为员工购买社保，节假日加班都未得到相应的补休或相应的报酬；被申请人无故辞退员工，未事先通知。故请求依法裁决：①被申请人支付申请人 2011 年 12 月至 2012 年 2 月的工资 3700 元；②被申请人支付申请人 2009 年 6 月至 2012 年 2 月的加班费 2060 元（延长工作时间加班费 500 元、休息日加班费 240 元、法定节假日加班费 1320 元）；③被申请人支付申请人赔偿金 57 600 元（经济补偿金二倍工资和未签订劳动合同另一倍工资）；④确认与被申请人存在劳动关系。

[仲裁裁决]

仲裁庭根据《劳动合同法》、《广东省工资支付条例》第二十条第3款、《最高人民法院关于民事诉讼证据的若干规定》第九条和《中华人民共和国劳动争议调解仲裁法》第四十二条、第四十八条、第五十条的规定，裁决如下。

1. 被申请人应在裁决书发生法律效力之日起3日内,向申请人支付:①2011年12月至2012年2月期间的工资3700元（劳动报酬，终局裁项）；②2010年2月9日至2012年2月9日法定节假日的加班工资1320元（劳动报酬，终局裁项）。

2. 确认申请人与被申请人2009年6月1日至2012年2月9日间存在非全日制用工关系。

3. 驳回申请人其他申诉请求（经济补偿金和未签订劳动合同另一倍工资，非终局裁项）。

[思考问题]

1. 本案非全日制用工是否成立？

2. 非全日制用工是否存在加班费？

3. 非全日制用工是否必须签订劳动合同？

4. 非全日制用工解除是否需要支付经济补偿金？

[分析]

本案申请人被派到作为国家机关的交警支队指挥中心从事办公室外的楼层过道、厕所、电梯保洁工作，在指挥中心工作人员上班前搞好保洁工作，根据仲裁庭实地了解，申请人所负责楼层有电梯一部、男女厕所不超过 6 个，按照日常生活经验法则和被申请人与交警支队签订的协议，申请人负责的卫生任务按正常情况下，可以在服务单位工作人员上班前 2 个小时内完成，申请人每日工作时间不会超过4个小时，一周不会超过 24 个小时，根据《劳动合同法》第六十八条的规定，申请人与被申请人符合非全日制用工特征。

关于非全日制用工是否存在加班费问题，目前，尚未有相关劳动法规规定非全日制用工小时工资制的劳动者在周六、周日提供劳动用工单位必须支付加班费，但申请人在市交警支队指挥中心法定节日正常上班期间提供了劳动，被申请人应按规定支付 300%的加班工资，而被申请人未提供已经向申请人支付加班费的证据，故被申请人应当向申请人支付法定节假日加班费。

关于非全日制用工是否需要签订劳动合同问题，基于《劳动合同法》第六十九条，双方当事人可以订立口头协议而无须签订劳动合同，申请人要求被申请人支付未签订劳动合同另一倍工资的请求没有事实依据，不予支持。

关于非全日制用工是否需要支付补偿金问题，按照《劳动合同法》的相关规定，非全日制用工双方当事人任何一方都可以随时通知对方终止用工，用人单位不向劳动者支付经济补偿，申请人要求被申请人支付经济补偿金的请求是没有法律依据的。

案例八　非全日制用工的认定

[案情]

张某和李某是同村老乡，2009 年 10 月两个人一起在本县的一家砖厂做工，但主要是以种地为主，打工为辅，在农忙时他们就回家，没事的时候就来砖厂做事，实行计件工资，未签订劳动合同，工资一般是每个月月底结清。2010 年 4 月 20 日二人离开厂子，在 2010 年 5 月二人到劳动局申请仲裁，要求砖厂支付其 2010 年 4 月份的工资、因未签订劳动合同而应支付的 2009 年 10 月至 2010 年 3 月的二倍工资以及经济补偿金共计 31 250 元。经过仲裁，劳动仲裁委员会支持了二人的主张。砖厂不服仲裁裁决，以二人是非全日制工为由提起诉讼。

[思考问题]

1. 区分全日制用工和非全日制用工对用人单位和劳动者双方意义何在？
2. 本案应如何处理？

[分析]

区分全日制工与非全日制工的意义在于，如果认定为是全日制工的话，由于二人与砖厂未签订书面劳动合同，根据法律规定，砖厂就应该按照仲裁裁决支付二人 2009 年 10 月至 2010 年 3 月的二倍工资以及经济补偿。如果认定为是非全日制工的话，那么根据法律之规定，砖厂是无需支付上述费用的。根据我国《劳动合同法》之规定：非全日制用工，是指以小时计酬为主，劳动者在同一用人单位一般平均每日工作时间不超过 4 个小时，每周工作时间累计不超过 24 个小时的用工形式，非全日制用工双方当事人可以订立口头协议。从事非全日制用工的劳动者可以与一个或者一个以上用人单位订立劳动合同，非全日制用工双方当事人任何一方都可以随时通知对方终止用工。终止用工，用人单位不向劳动者支付经济补偿。

本案例中，虽然砖厂实行计件工资，但是法律只是规定，非全日制用工以小时计酬为主，但不否认其他工资计算标准，也就是说砖厂采用计件工资也是为法律所认可的；同时，砖厂还出具了其他人的证言，证明"张某与李某主要是以种地为主，为了多挣点钱，在闲暇时才到砖厂打工，在砖厂打工只是副业，并且还证明二人如果有事可以随时离开厂子，砖厂并不限制他们的自由，张某和李某上班时间也是不固定的，有时一天工作 1～2 个小时，有时候一个月也不到砖厂做工"，这些都说明张某、李某二人以及砖厂都有权随时终止用工，而无需经过对方同意，这也符合我国法律关于非全日制工的规定。在劳动工资支付周期方面，虽然我国《劳动合同法》规定，非全日制用工劳动报酬结算支付周期最长不得超过 15 日。但是根据砖厂的工资支付习惯，总体来说，无论是什么样的用工方式都是每月月底结算，如果仅仅依据这条法律之规定而不考虑实际中的具体操作，无疑对用工方来说是不公平的，也不符合现代法律的精神，法律的制定在于平衡双方当事人的利益，既要照顾到工人的利益，也不能忽视了用人单位的合法权益。如果死死地扣住这条规定，那么就会有其他人争相效仿张某和李某的行为，如果这样放任下去，对于用工方是非常不利的，恶意诉讼也会随之越来越多，也不利于社会的稳定。综上，张某和李某是符合非全日制用工方式的，砖厂只需支付其二人 2010年 4 月份的工资，不必支付二倍工资以及给予经济补偿。

第二节 自测案例

【案例一】

符某，2008 年 3 月 10 日开始受北京某劳务派遣公司派遣在北京某综合加工有限公司广州分公司担任业务岗位工作。2008 年期间，两家公司都未与符某签订劳动合同，直到 2009 年 1 月 1 日，北京某劳务派遣公司才与其签订了劳动合同。合同约定劳动期限自 2009 年 1 月 1 日起至 2011 年 1 月 1 日止；试用期包含在劳动合同期限内，双方同意试用期从劳动合同开始日起至 2008 年 5 月 9 日止；北京某劳务派遣公司认同符某自 2008 年 3 月 10 日起至 2009 年 1 月 1 日的工作年限作为相关福利或补偿计算时的工作年限。

2009 年 5 月 13 日，北京某劳务派遣公司向符某发出了一份《协商解除劳动合同协议》，协议指出劳务派遣公司与符某的劳动合同自 2009 年 5 月 31 日起解除，北京某劳务派遣公司一次性给予符某 4559.31 元经济补偿。符某认为两公司在其工作的前 9 个月里一直未与之签订劳动合同，且合同期未满又无故辞退自己的做法违反了《劳动合同法》，严重侵害了自己的合法权益，因此在多次与两公司协商都无果的情况下，向广州市越秀区人民法院提起了诉讼。

诉讼请求：①请求确认原告于 2008 年 3 月至 2009 年 5 月在北京某综合加工有限公司广州分公司工作；②请求裁定两公司按照《劳动合同法》第四十六条、第四十七条和第八十条规定向原告支付赔偿金 4559.33×2=9118.66 元；③请求裁定两被告按照《劳动合同法》第八十二条规定向原告支付未签劳动合同工资 4559.33×10=45 593.3 元。

试分析：符某的上述诉讼请求能否得到支持？为什么？

【案例二】

钱林是广州一家劳务派遣公司员工，双方签订了劳动合同，其中约定在合同期内，钱林被派遣至广州某保洁公司当保洁员，工资为每月 2400 元。上班后，钱林被安排早中晚各打扫卫生一次，每次 3 小时。3 个月后，钱林发现其他保洁员都有加班工资，唯独她没有，于是多次与保洁公司交涉，但该公司认为其与公司没有劳动关系，所以不予支付加班费。最后钱林唯有通过劳动仲裁来解决。

试分析：

1. 钱林要求某保洁公司支付加班费的请求是否合法？
2.《劳动合同法》对于用工单位应当履行的义务作出了哪些规定？

【案例三】

2008 年 3 月 11 日，小王进入上海某 A 宾馆担任前台工作，工作时间为晚上 21 点至次日早晨 7 点，每月工资为 900 元。工作至 2009 年 4 月 10 日，小王从朋友处得知，2008 年上海市月最低工资是 960 元，其工资还不足最低工资，遂向单位提出要求补发工资差额，同时他认为自己每天工作 10 个小时，超过了标准工作时间 8 小时，属于超时加班，所以还要求单位补发 2008 年 3 月至今的加班费。A 宾馆则称，小王是在晚上上班，是非全日制员工，其工资不适用最低工资标准，同时也不存在加班。

试分析：

1. 本案中小王是否为非全日制用工？
2. 小王的主张能否得到法律支持？

【案例四】

张某于 2008 年 8 月以非全日员工的身份进入上海 X 公司工作，双方口头约定张某的工作时间为上午 8:00～11:30。工作至 2009 年 1 月 15 日，张某发现自己完全可以在规定的时间内完成工作任务，而且仍有余力，所以又到 Y 公司处应聘了一份工作，上班时间刚好为每天下午 14:00～17:00。2009 年 4 月 7 日，X 公司发现张某在 Y 公司上班，遂要求张某辞去 Y 公司工作。张某则认为自己在 X 公司每天只工作半天，且所有的工作任务都已经及时完成，其在 Y 公司工作并未影响到 X 公司，所以拒绝辞职。

试分析：

1. 非全日制员工是否可以与多家用人单位建立劳动关系？

2. X 公司要求张某辞职的做法有无法律依据？

【案例五】

李丽是一名音乐学院毕业的大学生，毕业后一直没有找到合适的工作，经朋友介绍到一家酒店（甲）餐厅演奏背景音乐，每天 3 小时，每小时 60 元。做了一段时间后，小红觉得这样工作也不错，比较自由，报酬也不错。此后，李丽又自己联系了另外一家酒店（乙），也是每天 3 小时，但报酬要高，每小时 100 元。由于酒店的高峰期基本相同，李丽经常在两个酒店之间赶场，有时候时间冲突了或延误了，李丽就尽量将就报酬高的酒店乙。由于李丽不断晚点或请假，酒店（甲）对此非常不满，在得知其是因为在酒店（乙）演奏而延误时，酒店甲就解除了与李丽的合同，并要求李丽赔偿因此而造成的损失。

试分析：

1. 李丽能否与两家酒店建立劳动关系？

2. 甲酒店解除与李丽的合同，并要求她赔偿损失的要求是否合理？

【案例六】

张秀云于 1998 年 7 月 30 日与蔡司公司前身香港卡尔·蔡司远东有限公司北京代表处签订有《临时工劳务合同书》。该合同约定工资数额为 500 元/月，工作时间为 8:30～11:30，工作内容为办公区域的卫生工作，劳动合同期限至 1999 年 8 月 5 日止。之后，双方未再签订书面劳动合同或协议，但工作内容一直未变动，张秀云的工作时间在 1998 年 7 月至 2004 年 7 月 30 日期间为每周正常工作日的上午 8:30～11:30，蔡司公司每月在 6 日前后以现金形式支付张秀云上个自然月的劳动报酬。2007 年 8 月至 2008 年 11 月 7 日，由于公司办公地点变动，张秀云的工作时间在每周正常工作日的上午 6:30～9:30，劳动报酬调整至 700 元/月，支付时间和方式不变。2008 年 11 月 7 日，蔡司公司以不再雇用个人为由提出解除与张秀云的劳动关系。对此，张秀云不同意，并提请劳动争议仲裁委员会进行仲裁。

张秀云提出下列仲裁请求：①请求支付解除劳动关系经济补偿金 6500 元；②请求支付自 2008 年 2-11 月未签订劳动合同的二倍工资差额 6300 元；③请求支付 2008 年未休年假工资 965 元。

卡尔·蔡司公司辩称：我公司与张秀云所建立的关系属于非全日制用工的劳动关系，故认为张秀云主张的解除劳动关系的经济补偿金、未签订劳动合同的二倍工资及带薪年休假工资事项无法律依据。

试分析：

1. 如何区分全日制用工与非全日制用工？

2. 张秀云的仲裁请求是否能得到法律支持？为什么？

第五章

劳动基准管理

劳动基准是关于工资、工作时间、职业安全卫生等劳动条件的最低标准，有关劳动报酬和劳动条件最低标准的法律规范的总称被称为劳动基准法。在劳动法体系中，劳动基准法处于最基础的地位，发挥着"奠基石"的作用，对于保障劳动者的生存利益意义重大。一般来讲，用人单位可以采用高于但不能低于劳动基准法所规定的劳动标准。我国的劳动基准主要体现在工作时间和休息休假、工资、劳动安全卫生、女职工和未成年工特殊保护等几个方面。

第一节　工作时间与休息休假

一、案例分析

案例一　三职工加班变值班　工会援手获得赔偿

[案情]

1999年1月至2014年4月，唐某等3人入职北京某物业公司，分别被安排在不同的小区，从事设备维修、门卫等工作。入职前，单位承诺他们每天工作8个小时，一周工作5天，节假日正常放假，包吃住等，月薪为2000元左右。

唐某等3人上班后才发现，每天不但要工作8小时，领导还会以接班人员未到岗、多干多得等借口，让他们每天多干两三个小时的工作。同时，他们每个月休息时间一般不超过4天，没享受过节假日，且没加班费。2014年4月，唐某等3人向单位提出支付加班费的要求，单位拒付。他们提起劳动仲裁申请，工会指派律师为3位职工提供法律援助。

仲裁委裁决物业公司向唐某等3人分别支付加班费；3人继续在单位工作。

[思考问题]

值班和加班有什么区别？

[分析]

本案讨论的案例中涉及加班和值班的区分。虽然加班和值班只有一字之差，但是二者在我国现行法上的法律意义却差别很大。加班是一个法律上的概念，相关制度在法律上有明文规定，而值班只是用人单位管理中的说法和做法，并不是一个法律上的用语。目前我国还没有法律对其进行规范。从司法实践中可以看出，劳动者和用人单位对加班和值班的概念容易产生混淆，用人单位往往也利用二者差异逃避应当承担的义务，因此正确区分加班和值班非常有必要。

从法律来看，目前我国并未对加班与值班进行区别，劳动法律规定的也仅是加班，没有明确规定值班。现实生活中，值班则非常流行，不少单位往往以值班为由让员工加班，发生争议后，劳动者的诉求很难得到支持。

加班是指劳动者在平时正常工作时间外，继续从事自己本职工作的情况。单位安排员工加班，应当严格按照法律规定发放加班工资。而值班是用人单位为防火、防盗或为处理突发事件等原因，安排本单位有关人员在夜间、休息日、法定节假日等非工作时间内从事的非本职工作的活动，如接听电话、看门等，其间可以休息。值班费的发放则是按照用人单位相应的规章制度、劳动合同或惯例等执行。因此，认定值班与加班，主要看劳动者是否继续在原来的岗位上工作，或者是否有具体的生产、经营任务，也就是要从劳动者工作的实质内容等方面区分。本案中，当唐某等3位职工要求单位支付加班费时，物业公司称属于值班而非加班。并表示值班与加班不一样，是不用支付加班费的，给一些补贴就行了。唐某等3位职工加班被单位说成值班，最终在工会援助律师的帮助下，获得了加班费。

案例二　员工探亲假待遇纠纷

[案情]

2003年黎某研究生毕业后，与北京某国有独资公司签订了5年的劳动合同，担任该公司的总工程师。其妻在杭州工作，二人两地分居。2005年春节前夕，黎某找到公司总经理说："我想回杭州和妻子一起过春节，顺便把今年的探亲假休完后，再回来上班"。公司总经理答复说："本公司只遵守《劳动法》的规定，因为《劳动法》中没有规定探亲假，所以本公司内没有探亲假"。黎某看到总经理态度非常坚决，也没敢再继续要求。打算回杭州休完7天春节假，就回来上班。大年初一，夫妻俩骑车一起去看望黎某的父母。在路上，妻子被一辆超速行驶的汽车撞倒，造成左腿骨折，住进了医院。

春节假期过后，黎某跟公司总经理通了电话，先把妻子受伤之事说了。然后，他又一次提出，他应该享受探亲假，并告诉总经理，他现在就要休30天的探亲假，为了在医院照顾妻子。总经理再一次重申，本公司没有探亲假。照顾妻子,只能按事假处理。

一个月后，黎某回到北京，发现公司对他按事假进行处理，停发一个月工资。无奈，黎某向劳动仲裁机构,提出了仲裁申请，主张自己有享受探亲假的权利。要求公司补发其一个月工资。

[思考问题]

公司的做法是否合法？为什么？

[分析]

从广义上讲，劳动法是各种劳动法律的总称，它既包括《劳动法》这一基本法，也包括各单项劳动法律、劳动行政法规、规章及地方性法规等。企业遵守劳动法的含义，不是指狭义地只遵守《劳动法》，而是指应广义地遵守各种劳动法律、法规及规章。公司总经理认为，既然《劳动法》中没有规定探亲假，企业就有权决定不给员工探亲假待遇。这种认识是不正确的。因为尽管《劳动法》中未对探亲假作出规定，但国务院在《关于职工探亲待遇的规定》这一劳动行政法规中规定：凡是在国家机关、人民团体和全民所有制企事业单位工作满一年的职工，与配偶不在一起，又不能在公休日团聚的，可以享受探亲假。职工探望配偶的，每年给予一方探亲假一次，假期30天，并根据实际需要给予路程假。本案例中的国有独资公司，属上述法规调整范围之列。所以，该公司应让员工享受探亲假待遇。又因为黎某完全符合法规中享受探亲待遇的条件，所以该公司剥夺他享受探亲假的权利，强行将其30天休假，按事假处理的做法就是非法的，也是一种侵权行为，仲裁机构应予纠正，并责令该公司向黎某补发探亲期间的工资。

延伸案例阅读一 不定时工作制到期后加班费的认定

2010 年，原告张悦与被告北京外企市场营销顾问有限公司（简称"北京外企公司"）签订劳动合同，约定合同期限为 2010 年 4 月 2 日至 2014 年 4 月 7 日，工作时间为不定时工作制。2009 年 9 月 10 日，被告北京外企公司实习特殊工时的审批获得通过，期限 3 年。2013 年 12 月 27 日，被告再次申请不定时工作制，同年 12 月 30 日审批通过，期限 3 年。原告认为 2012 年 9 月 10 日审批到期后，被告未及时审批，双方应按照标准工时处理。双方发生纠纷，原告申请仲裁，后原告不服仲裁裁决，诉至法院。

原告诉称，2010 年入职被告处，工作期间经常延时加班，被告未足额支付加班费，原告不服仲裁裁决，故诉请法院判令被告支付加班费 35395.8 元。

被告辩称，原告为不定时工时，依据法律规定不应支付加班费。

天津市和平区人民法院经审理认为，在劳动合同履行期间内，被告的特殊工时审批于 2012 年 9 月 10 日到期，但原告的工作岗位、工作内容均未发生变化，应当视为按原约定继续履行合同，被告未及时进行特殊工时审批，应承担相应的行政责任。原告以不定时工时超过审批期限为由，主张按标准工时计算工作时间并计付加班费，依据不足，故判决驳回原告的诉讼请求。

原告不服一审判决，提起上诉。天津市第一中级人民法院经审理认为，在合同履行过程中，该项审批虽已到期，但双方并未变更合同，仍按合同内容继续履行。被上诉人未能及时办理审批手续，应当承担相应的法律责任，但上诉人以此为由，要求直接按照标准工时认定双方权利义务关系并相应计付加班费，没有法律依据。故判决驳回上诉，维持原判。

本案是一起劳动争议纠纷案件，争议焦点是劳动者能否以不定时工作制超过审批期限为由，主张按标准工时制认定双方权利义务并相应计付加班费。

根据《劳动法》和有关法规的规定，我国现行工作时间种类分为标准工作时间和特殊工作时间。标准工作时间是由法律规定的，在正常情况下从事工作的时间。它是工时制度的主要形式，也是计算其他种类工作时间的依据。我国标准工作时间为每日工作 8 小时，每周工作 40 小时，依据是 1995 年国务院《关于修改〈国务院关于职工工作时间的规定〉的决定》。特殊工作时间与标准工作时间相对应，适用于特殊情形，并且工时和休息办法也不同于标准工作时间。《劳动法》第三十九条规定，企业因生产特点不能实行标准工时制度或不能保证劳动者每周至少休息一日的，经劳动行政部门批准，可以实行其他工作和休息办法。特殊工作时间包括缩短工作时间、不定时工作时间、综合计算工作时间、计件工作时间等。

《劳动部贯彻〈国务院关于职工工作时间的规定〉的实施办法》第五条规定，因工作性质或生产特点的限制，不能实行每日工作 8 小时、每周工作 40 小时标准工时制度的，可以实行不定时工作制，并按照劳动部门《关于企业实行不定时工作制和综合计算工时工作制的审批办法》执行。实行不定时工作制的企业应履行审判手续，经批准实行不定时工作制的职工，不受《劳动法》第四十一条规定的日延长工作时间标准和月延长工作时间标准的限制，不存在延长工作时间的情形。但是，不定时工作制并不意味着用人单位可以随意规定工作时间而不受任何限制。对于实行不定时工作制的劳动者，企业应当根据标准工时制度合理确定劳动者的劳动定额或其他考核标准，以便安排劳动者休息。

不定时工作制到期后，如何确定用人单位和劳动者双方的权利义务，法律没有明确规定。在这样的情况下，应依据双方合同约定及劳动者的实际工作情况进行认定。劳动行政部门关于不定时工时的批复系一种行政许可。行政许可是一种授益性行政行为，行政许可引起的法律后果是行政机关准予行政相对人从事某种特定的行为。根据行政法的基本理论，许可到期失效后，未及时停止许可的，行政相对人应当承担相应的行政责任或者刑事责任，但这并不意味着行政相对人和第三人依据该许可签订的有关工时制的合同条款就必然无效。对于企业，不定时工时批复到期失效后，未及时停止实行该制度或未及时按规定办理申请的，应当按照《劳动合同法》和《劳动保障监察条例》的规定承担行政责任；对于劳动者，则应根据其从事工作的实际情况及劳动合同来认定以何种工时制计付工资，如果劳动者的工作岗位、工作内容未发生变化，则不宜否定双方实行不定时工时的合同约定。

在本案中，原告 2010 年入职后即与被告约定为不定时工作制，对于该岗位的工时执行特殊工时也得到相关行政部门许可。在原告与被告的劳动合同履行期间内，该项审批虽已到期，但双方并未变更合同，双方有关不定时工作制的约定仍在，原合同仍在履行。被告未能及时办理审批手续，应承担相应的法律责任。原告以不定时工时已经超过审批期限为由，主张按标准工时计算工作时间依据不足。

二、自测案例

【案例一】

某市巴士公司是该市实业公司的下级单位，具有独立法人资格。2008 年 8 月，该市劳动局批准实业公司的司机、乘务员、修理工、调度员、安全员等工种实行不定时工作制。2009 年 3 月 1 日，朱某入职巴士公司任司机，并向巴士公司交纳了 1.5 万元安全风险金。2009 年 4 月 1 日，朱某与巴士公司签订劳动合同，约定实行不定时工作制。2009 年 5 月，朱某辞职，并提起仲裁，请求：①退还押金 1.5 万元；②支付 2009 年 3 月至 5 月的加班费 1910 元及 25%的赔偿金 477 元。

试分析：

1. 若你是劳动仲裁委的仲裁员，该案应如何处理？

2. 不定时工作制的使用范围和条件是什么？

【案例二】

某邮电部门的女工，因拒绝周日送报，被认定为旷工，遭到用人单位的违纪处罚。该女工向劳动仲裁委员会申诉，理由是：周日加班应与职工协商，职工有权拒绝，故自己并未违纪。仲裁机构调查情况如下：①该企业经劳动部门批准已实行以月为单位的综合计算工时制；②该企业实行轮休制度，该女工周日本应轮到休息，故其已有安排，但因其他职工病休，企业要求其顶班，遭到拒绝；③如果该日女工上班，该月的工作时间是 40 小时，该周的工作天数是 7 天；④按该企业的规章制度，旷工一天，除扣除当日工资外，还要扣除当月的部分奖金，企业按这一规定执行。

试分析：

1. 企业的处理是否正确？为什么？

2. 如果该企业执行的是标准工时制，这一处理是否正确？为什么？

【案例三】

丁某是某皮鞋厂机器维修工，他早就计划利用"十一"长假随未婚妻到岳父母家做第一次拜访。他们已买好礼品和车票。但 9 月 30 日,皮鞋厂通知维修工在"十一"假期期间进行设备检修,因为有一笔订单"十一"后要组织加班生产,假期期间必须进行设备检修.丁某认为加班必须经劳动者同意,自己有事不愿加班,厂子无权强迫自己加班。于是照原计划去岳父母家，皮鞋厂无奈,重金聘请外厂的维修工对设备进行检修，并决定，扣发丁某半年的奖金作为处罚。

问题：皮鞋厂的做法是否合法？法律依据是什么？

第二节　劳动安全卫生

一、案例分析

案例　江苏昆山中荣金属公司"8·2"特别重大爆炸事故

[案情]

2014 年 8 月 2 日 7 时 34 分，位于江苏省昆山市昆山经济技术开发区（以下简称"昆山开发区"）的昆山中荣金属制品有限公司（台商独资企业，以下简称中荣公司）抛光二车间（即 4 号厂房，以下简称"事故车间"）发生特别重大铝粉尘爆炸事故，当天造成 75 人死亡、185 人受伤。依照《生产安全事故报告和调查处理条例》（国务院令第 493 号）规定的事故发生后 30 日报告期，共有 97 人死亡、163 人受伤（事故报告期后，经全力抢救医治无效陆续死亡 49 人，尚有 95 名伤员在医院治疗，病情基本稳定），直接经济损失 3.51 亿元。

经调查，事故的直接原因是：事故车间除尘系统较长时间未按规定清理，铝粉尘集聚。除尘系统风机开启后，打磨过程产生的高温颗粒在集尘桶上方形成粉尘云。1 号除尘器集尘桶锈蚀破损，桶内铝粉受潮，发生氧化放热反应，达到粉尘云的引燃温度，引发除尘系统及车间的系列爆炸。因没有泄爆装置，爆炸产生的高温气体和燃烧物瞬间经除尘管道从各吸尘口喷出，导致全车间所有工位操作人员直接受到爆炸冲击，造成群死群伤。

管理原因是：中荣公司无视国家法律，违法违规组织项目建设和生产；苏州市、昆山市和昆山开发区对安全生产重视不够，安全监管责任不落实，对中荣公司违反国家安全生产法律法规、长期存在安全隐患治理不力等问题失察；负有安全生产监督管理责任的有关部门未认真履行职责，审批把关不严、监督检查不到位、专项治理工作不深入、不落实；江苏省淮安市建筑设计研究院、南京工业大学、江苏莱博环境检测技术有限公司和昆山菱正机电环保设备有限公司等单位，违法违规进行建筑设计、安全评价、粉尘检测、除尘系统改造。

事后，国务院对江苏昆山市中荣金属制品有限公司"8·2"特别重大铝粉尘爆炸事故调查报告作出批复，认定这是一起生产安全责任事故，同意对事故责任人员及责任单位的处理建议，依照有关法律法规，对涉嫌犯罪的18名责任人已移送司法机关处理，对其他35名责任人给予党纪、政纪处分。

[思考问题]

1. 中荣公司在哪些方面存在违法行为？

2. 哪些部门对企业安全生产和劳动卫生负有监督管理责任？它们承担什么样的法律责任？

3. 本案中，还有哪些单位应该承担相应的法律责任？

[分析]

中荣公司成立于1998年8月，是由台湾中允工业股份有限公司通过子公司英属维京银鹰国际有限公司在昆山开发区投资设立的台商独资企业。该公司于1998年8月取得土地使用权和企业法人营业执照。同年9月开始一期建设（电镀车间、前处理车间、宿舍）。2002年5月进行二期建设（2个抛铜车间）。2004年6月开始三期建设（4个厂房、办公楼及毛坯检验区），其中4号厂房为本次事故厂房，该厂房由江苏省淮安市建筑设计研究院设计，江苏省涟水县建筑安装工程公司承建，2005年投入使用。

（一）事故定性

江苏省昆山市中荣金属制品有限公司"8·2"特别重大爆炸事故是一起生产安全责任事故。其各方存在的违法行为分述如下。

1. 主要原因

中荣公司无视国家法律，违法违规组织项目建设和生产，是事故发生的主要原因。

（1）厂房设计与生产工艺布局违法违规。事故车间厂房原设计建设为戊类，而实际使用应为乙类，导致一层原设计泄爆面积不足，疏散楼梯未采用封闭楼梯间，贯通上下两层。事故车间生产工艺及布局未按规定规范设计，是由林伯昌根据自己经验非规范设计的。生产线布置过密，作业工位排列拥挤，在每层 1072.5 平方米车间内设置了 16 条生产线，在 13m 长的生产线上布置有 12 个工位，人员密集，有的生产线之间员工背靠背间距不到 1m，且通道中放置了轮毂，造成疏散通道不畅通，加重了人员伤害的危险。

（2）除尘系统设计、制造、安装、改造违规。事故车间除尘系统改造委托无设计安装资质的昆山菱正机电环保设备公司设计、制造、施工安装。除尘器本体及管道未设置导除静电的接地装置、未按《粉尘爆炸泄压指南》（GB/T 15605－2008）要求设置泄爆装置，集尘器未设置防水防潮设施，集尘桶底部破损后未及时修复，外部潮湿空气渗入集尘桶内，造成铝粉受潮，产生氧化放热反应。

（3）车间铝粉尘集聚严重。事故现场吸尘罩大小为 500mm×200mm，轮毂中心距离吸尘罩 500mm，每个吸尘罩的风量为 600m^3/h，每套除尘系统总风量为 28800 m^3/h，支管内平均风速为 20.8m/s。按照《铝镁粉加工粉尘防爆安全规程》（GB 17269－2003）规定的 238m/s 支管平均风速计算，该总风量应达到 31850 m^3/h，原始设计差额为 9.6%。因此，现场除尘系统吸风量不足，不能满足工位粉尘捕集要求，不能有效抽出除尘管道内粉尘。同时，企业未按规定及时清理粉尘，造成除尘管道内和作业现场残留铝粉尘多，加大了爆炸威力。

（4）安全生产管理混乱。中荣公司安全生产规章制度不健全、不规范，盲目组织生产，未建立岗位安全操作规程，现有的规章制度未落实到车间、班组。未建立隐患排查治理制度，无隐患排查治理台账。风险辨识不全面，对铝粉尘爆炸危险未进行辨识，缺乏预防措施。未开展粉尘爆炸专项教育培训和新员工三级安全培训，安全生产教育培训责任不落实，造成员工对铝粉尘存在爆炸危险没有认知。

（5）安全防护措施不落实。事故车间电气设施设备不符合《爆炸和火灾危险环境电力装置设计规范》（GB 50058－1992）规定，均不防爆，电缆、电线敷设方式违规，电气设备的金属外壳未作可靠接地。现场作业人员密集，岗位粉尘防护措施不完善，未按规定配备防静电工装等劳动保护用品，进一步加重了人员伤害的危险。

2. 主要责任

负有安全生产监督管理责任的有关部门未认真履行职责，审批把关不严，监督检查不到位，专项治理工作不深入、不落实，是事故发生的重要原因。

（1）安全监管部门。昆山开发区经济发展和环境保护局（下设安全生产科）

履行安全生产监管职责不到位，安全培训把关不严，专项检查不落实。工贸企业安全隐患排查治理工作不力，铝镁制品机加工企业安全生产专项治理工作落实不到位，对辖区涉及铝镁粉尘企业数量、安全生产基本现状等掌握不清、情况不明，未能认真吸取辖区内发生的多起金属粉尘燃爆事故教训并重点防范。对中荣公司安全管理、从业人员安全教育、隐患排查治理及应急管理等监管不力，未能及时发现和纠正中荣公司粉尘长期超标问题，未督促该企业对重大事故隐患进行整改消除，对中荣公司长期存在的事故隐患和安全管理混乱问题失察。

昆山市安全监管局铝镁制品机加工企业安全生产专项治理工作不深入、不彻底，未按照江苏省相关要求对本地区存在铝镁粉尘爆炸危险的工贸企业进行调查并摸清基本情况，未对各区（镇）铝镁制品机加工企业统计情况进行核实，致使中荣公司未被列入铝镁制品机加工厂企业名单、未按要求开展专项治理。安全生产检查工作流于形式，多次对中荣公司进行安全检查均未能发现该公司长期存在粉尘超标可能引起爆炸的重大隐患，对中荣公司长期存在的事故隐患和安全管理混乱问题失察。对辖区内区（镇）安全监管部门未认真履行监管职责的问题失察，对昆山开发区发生的多起金属粉尘燃爆事故失察，未认真吸取事故教训并重点防范。

苏州市安全监管局未按要求及时开展铝镁制品机加工企业安全生产专项治理，未制定专项治理方案，工作落实不到位，对各县区落实情况不掌握。督促各县区开展冶金等工商贸行业企业粉尘爆炸事故防范工作不认真、不扎实，指导检查不到位。

江苏省安全监管局督促指导苏州市、昆山市铝镁制品机加工企业安全生产专项治理工作不到位，没有按照要求督促、指导冶金等工商贸行业企业全面开展粉尘爆炸隐患排查治理工作。

（2）公安消防部门。昆山市公安消防大队在中荣公司事故车间建筑工程消防设计审核、验收中未按照《建筑设计防火规范》（GB J16—1987，2001年修订版）发现并纠正设计部门错误认定火灾危险等级的问题，简化审核、验收程序不严格。对中荣公司日常监管不到位，未对中荣公司进行检查。对江苏省公安厅消防局2013年部署的非法建筑消防安全专项整治工作落实不力，未排查出中荣公司存在的问题。

苏州市公安消防支队未落实江苏省公安厅消防局关于内部审核、验收审批的有关要求，未能及时发现和纠正昆山市消防大队在建筑消防设计审核、验收和日常监管工作中存在的问题，对昆山市公安消防大队消防监管责任不落实等问题失察。监督指导昆山市公安消防大队开展非法建筑消防安全专项整治工作不力。

（3）环境保护部门。昆山开发区经济发展和环境保护局环境影响评价工作不落实，未发现和纠正中荣公司事故车间、未按规定履行环境影响评价程序即开工建设、未按规定履行环保竣工验收程序即投产运行等问题。对中荣公司事故车间除尘系统技术改造未进行竣工验收、除尘系统设施设备不符合相关技术标准即投入运行等问题，监督检查不到位，未及时向上级环境保护部门报告组织验收，也未督促企业落实整改措施。对中荣公司事故车间的粉尘排放情况疏于检查，未对除尘设施设备是否符合相关技术标准及其运行情况进行检查。

昆山市环境保护局未发现并纠正中荣公司事故车间未按规定履行环境影响评价程序即开工建设、未按规定履行环保竣工验收程序即投产运行等问题。未履行环境保护设施竣工验收职责，未按规定对中荣公司新增两条表面处理轮圈生产线建设项目环保设施即除尘系统技术改造组织竣工验收。未按要求对被列为重点污染源的中荣公司除尘设施设备的运行及达标情况、铝粉尘排放情况进行检查监测。对昆山开发区环保工作监督检查不到位。

苏州市环境保护局未按规定对中荣公司新增两条表面处理轮圈生产线建设项目环保设施组织竣工验收，对被列为市级重点污染源的中荣公司铝粉尘排放情况抽查、检查不到位，对昆山市环保工作监督检查不到位。

（4）住房城乡建设部门。昆山开发区规划建设局对所属的利悦图审公司开发区办公室审查程序不规范、审查质量存在缺陷等问题失察，未按照《建筑设计防火规范》（GB J16—1987，2001 年修订版）将厂房火灾危险类别核准为乙类，而是核准为戊类，审查把关不严。

昆山市住房城乡建设局质量监督站在中荣公司事故车间竣工验收备案环节不认真履行职责，在备案前置条件不符合有关规定的情况下违规备案。

昆山市住房城乡建设局对下属单位工程建设项目审批工作监督指导不力，对中荣公司工程建设项目审查环节把关不严、违规备案等问题失察。

3. 设计施工方连带责任

江苏省淮安市建筑设计研究院、南京工业大学、江苏莱博环境检测技术有限公司和昆山菱正机电环保设备有限公司等单位，违法违规进行建筑设计、安全评价、粉尘检测、除尘系统改造，对事故发生负有重要责任。

江苏省淮安市建筑设计研究院在未认真了解各种金属粉尘危险性的情况下，仅凭中荣公司提供的"金属制品打磨车间"的厂房用途，违规将车间火灾危险性类别定义为戊类。

南京工业大学出具的《昆山中荣金属制品有限公司剧毒品使用、储存装置安全现状评价报告》，在安全管理和安全检测表方面存在内容与实际不符问题，且未能发现企业主要负责人无安全生产资格证书和一线生产工人无职业健康检测表等事实。

江苏莱博环境检测技术有限公司未按照《工作场所空气中有害物质监测的采样规范》（GBZ 159—2004）要求，未在正常生产状态下对中荣公司生产车间抛光岗位粉尘浓度进行检测即出具监测报告。

昆山菱正机电环保设备有限公司无设计和总承包资质，违规为中荣公司设计、制造、施工改造除尘系统，且除尘系统管道和除尘器均未设置泄爆口，未设置导除静电的接地装置，吸尘罩小、罩口多，通风除尘效果差。

二、各方的法律责任

（1）依照有关法律法规，对涉嫌犯罪的18名责任人已移送司法机关处理，对其他35名责任人给予党纪、政纪处分。

（2）依据《中华人民共和国安全生产法》（简称《安全生产法》）等有关法律法规，由江苏省人民政府责成江苏省安全监管局对中荣公司处以规定上限的经济处罚，并由相关部门依法对中荣公司予以取缔。

（3）由江苏省住房城乡建设、安全监管和环境保护部门对江苏省淮安市建筑设计研究院、南京工业大学、江苏莱博环境检测技术有限公司、昆山菱正机电环保设备有限公司等单位和有关人员的违法违规问题进行处罚，对构成犯罪的，依法追究刑事责任。

（4）对江苏省人民政府予以通报批评，并责成其向国务院作出深刻检查。

二、自测案例

【案例】

张某系1999年8月27日到谢某开办的塑料厂上班，但并未签订劳动合同，形成事实劳动关系。塑料厂对张某未进行上岗前培训就让其上岗操作。1999年10月1日晚7时，张某在当班加工塑料操作（没有任何安全防护措施）过程中，用手直接进料，右手被卷入机内压伤，造成中指关节离断，食指、无名指挫裂伤，被鉴定为十级伤残。事故发生后，福建省宁化安全办与当事人多次协调，被诉人谢某始终坚持张某违反操作规程造成伤残事故，所以应当由其本人负责，而拒绝赔偿。张某遂于2000年1月23日申诉至劳动争议仲裁委员会，要求被诉人按法律规定给予赔偿。

2000年3月23日，仲裁委依据有关法律规定和劳动鉴定委员会的十级伤残鉴定，裁决被诉人谢某一次性补偿申诉人张某伤残抚恤费22506元，案件处理费由被诉人谢某承担。裁决后被诉人谢某不服，向法院提起诉讼，称张某违反操作规程造成工伤事故由其本人负责，对张某的赔偿不应适用《福建省劳动安全卫生条例》而应适用《民法通则》有关人身损害赔偿的规定处理并不承担赔偿责任。法院依据《劳动法》、《福建省劳动安全卫生条例》的规定，依法驳回原告谢某不承担赔偿责任的诉讼请求，并判其一次性付给被告张某伤残抚恤费 22 506 元。

试分析：本案中张某违反操作程序导致伤害，塑料厂是否要给予补偿？

第三节　工资

一、案例分析

案例一　十年加班工资索赔案

[案情]

1998 年 9 月孙先生进入北京某物业公司工作，一直在公司做电梯维修工，其工作为综合计算工时制，按月综合计算工时，法定节假日和双休日赶上轮班也不能休息。据孙先生称，按照公司的规章制度以及电梯维修工的职责，其从事的工作全年无休，24 小时不间断在岗。但是进入公司工作 11 年来，公司却没支付过他任何加班费和经济补偿。2008 年《劳动合同法》实施后，孙先生依据该法起诉，要求公司支付其 1998 年 9 月 1 日至 2008 年 2 月 29 日的加班费及经济补偿金共计 17 万余元。北京市西城区法院判决某物业管理公司支付该公司员工孙先生 11 年的加班费和 25%的经济补偿金共计 6 万余元。物业公司不服，上诉至北京市第一中级人民法院（北京市一中院）。

在审理中，孙先生向法院提供了相关证据，向企业讨要 11 年内法定节假日和双休日的加班工资。该物业公司提出孙先生的起诉已经过了诉讼时效，请求驳回孙先生的诉讼请求。北京市一中院于 2009 年 4 月作出终审判决，维持原判，支持了孙先生索要 11 年加班费的诉讼请求。

[思考问题]

劳动报酬的诉讼时效如何计算？

[分析]

有关劳动报酬的诉讼时效问题，2008 年 5 月 1 日实施的《劳动争议调解仲裁法》第二十七条明确规定，劳动争议申请仲裁的时效期间为 1 年，劳动关系存续期间因拖欠劳动报酬发生争议的，劳动者申请仲裁不受 1 年时效的限制，但是，劳动关系终止的，应当自劳动关系终止之日起 1 年内提出。根据该法的规定，法院认为本案中孙某提起加班费的诉求未过诉讼时效，但是从举证责任的角度出发，根据原劳动部《工资支付暂行规定》的规定，用人单位对工资支付凭证、考勤凭证负有 2 年的保管义务，也就是说对于 2 年内的工资支付凭证由用人单位承担举证责任，两年之外的用人单位并不承担举证责任。再回到本案，孙某有权要求公司支付其所有年限的加班工资，但对于 2 年之外的加班工资，若孙某不能提供相关的加班证据，则其诉求将得不到法院的支持。本案中最终员工的胜诉也是基于其提交了相关加班证据。

《劳动争议调解仲裁法》规定了劳动报酬类争议的时效起算时间，但未规定往前追溯保护多长时间。有些地方考虑到追溯保护时间过长可能造成案件证据认定困难、用人单位压力过大等问题，从追溯保护时间、举证责任等方面作了一些实验性规定。比如，2002 年的上海高院《关于审理劳动争议案件若干问题的解答》指出鉴于劳动部《工资支付暂行规定》的明确规定，用人单位必须书面记录支付劳动者工资的数额、时间、领取者的姓名以及签字，并保存 2 年以上备查，其实体追索劳动报酬的保护时间以 2 年为限。又如 2009 年 7 月北京高院《关于劳动争议案件法律适用问题研讨会会议纪要》亦明确指出劳动者与用人单位因劳动报酬问题产生争议时，在 2 年保存期间内，由用人单位承担举证责任。超出这一期间的则应适用"谁主张，谁举证"的证明责任分配规则。

案例二　因工资扣除发生的劳资争议

[案情]

1997 年，某制鞋厂因准备不足、抢占市场失利，以及错误地估计了当年的流行趋势，而使其设计的凉鞋滞销。该厂因资金周转困难，奖金已停发 2 个月，工资发放也成问题。该厂厂长张某遂决定，以滞销的凉鞋顶替工资。为照顾职工情绪该厂采取了计算凉鞋价格时按成本价再打九折的做法，即职工实际领取的凉鞋价值为其工资额的 110%。该厂职工对该厂以鞋抵薪的做法极为不满，遂与厂方交涉。厂长称企业有权决定以何种方式发放工资，在企业面临困难时，职工应共同分担，而且职工领取的鞋的总价值比工资高 10%，厂方已对之中进行了让步。该厂职工李某等 20 人拒不领取凉鞋，并向劳资争议仲裁委员会提出申诉，要求该制鞋厂发放工资。

仲裁庭经调查认为，某制鞋厂因产品滞销而资金周转困难情况属实，但其应当按有关规定依法定程序采取延期支付工资的办法，而不能以实物顶替工资，事实上造成了拖欠职工工资，其行为违反了《劳动法》和《工资支付暂行规定》，故依法裁决如下：①制鞋厂按标准补发职工货币工资；②支付相应的经济补偿金。

[思考问题]

工资应当如何支付？

[分析]

处理本劳资争议的关键在于正确理解和把握劳动者的工资权和用人单位的工资自主权的内涵，充分了解我国工资保障制度的有关规定。

（一）劳动者的工资权和用人单位的工资自主权

劳动者因提供劳动而获得与其劳动给付义务相对应的工资权。工资权包括四个组成部分：工资取得权、工资支配权、工资保障权、工资分配参与权。

与劳动者的工资权相对应，企业因劳动者向其提供劳动，必须履行工资支付的义务，同时享有工资分配的自主权。工资分配自主权因其主体不同，享有的程度也不同。本案中的某制鞋厂作为企业，确实享有较大程度的工资分配自主权。但用人单位行使工资分配自主权时，应注意：首先，"自主"必须是"依法自主"，用人单位的"自主权"必须在法定范围内行使；其次，"自主"并不是指完全由用人单位单方决定工资分配，用人单位工资分配的制度和方案应当经由职代会（即"职工代表大会"）审议通过，或者经过与工会组织或职工代表协商一致，方能生效。

本案中，制鞋厂以拥有工资分配自主权为由，以实物顶替工资的行为，正是基于对"自主权"范围的错误认识，将"自主"绝对化和对劳动者工资权的忽视。

（二）工资保障制度

为保障劳动者的工资权，限定用人单位的工资分配自主，劳动法中规定了工资保障制度。主要包括：保障最低工资、保障工资支付、保障实行工资。

本案中，某制鞋厂的行为违反了工资保障制度中有关保障工资支付方面的规定。工资作为对劳动者的劳动报酬，主要有两种支付形式：一种是货币支付；另一种是实物支付。我国《劳动法》第五十条规定，工资应当以货币形式按月支付给劳动者本人。而《工资支付暂行规定》第 5 条明确规定，"工资应当以法定货币支付。不得以实物及有价证券替代货币支付"。

本案中，制鞋厂以用人单位有工资自主权为借口，不依照法律规定和合同约定的形式支付工资，而以厂里滞销的产品代替货币发放工资，已超越了其工资自主权的法定范围，侵犯了劳动者的工资权，事实上造成了拖欠工资。如果用人单位确因生产经营困难，资金周转受到影响，可以延期支付劳动者工资，但前提是必须征得本单位工会同意，而且延期的时间应按当地劳动行政部门的规定执行，否则仍属无故拖欠。本案中，制鞋厂资金周转困难的情况虽然属实，但其未依法定的方式和程序采取延期支付的办法妥善解决工资支付问题，而是违反法律法规的规定，以实物顶替工资的行为符合无故拖欠的要件。

案例三 违纪应当给处罚 工资扣除须依法

[案情]

某企业职工沈某负责该厂供销工作。随着业务量的扩大，企业增派职工李某协助工作。李某从事供销工作的第一天，正遇一客户来厂要求送货，企业安排沈、李两人一起去送货，沈某拒不答应，坚持自己一人送货，并拦住汽车，不让开出，企业领导再三劝说无效，致使客户送货拖延达 4 小时之多，为此企业增加支付借用汽车费 300 元，并影响了企业的声誉。企业根据规章制度，扣发了沈某当月的全部工资报酬，沈某不服，向劳动争议仲裁委员会提起仲裁。

在仲裁中，申诉人沈某认为，自己要求一人随车送货并无过错，是企业硬将一可以完成的工作安排两人完成，才造成了损失，该损失只应由企业自负。自己作为工薪阶层，工资是活命钱，企业的扣罚，已使自己生活发生困难，企业应当承担责任。

被诉人企业方认为，为加强供销业务力量指派李某随车熟悉业务，并无不当；沈某作为职工应当服从企业安排，遵守劳动纪律，由于违纪企业有权依据规章制度予以处罚。

仲裁委员会经调解无法达成协议，作出裁决：①职工沈某违纪，已给企业造成损失，企业可以依据规章制度予以处罚；②扣发当月全部工资不符合国家规定，不予支持。

[思考问题]

仲裁委员会的裁决是否合理合法？

[分析]

《劳动法》第四条规定，"用人单位应当依法建立和完善规章制度，保障劳动者享有劳动权利和履行劳动义务。"为加强供销业务力量，企业指派新手随车熟悉业务，本是一项正常的工作安排，沈某作为职工应当服从，沈某的无理阻挠已构成违纪，而且给企业造成了经济损失。企业有权依据规章制度进行处罚。

但是，用人单位对劳动者工资的扣除不得违反我国法规和规章的规定。原劳动部在《工资支付暂行规定》中规定，因劳动者本人原因给用人单位造成经济损失的，用人单位也可按照劳动合同的约定要求其赔偿经济损失。经济损失的赔偿，也可从劳动者本人的工资中扣除。但每月扣除的部分不得超过劳动者当月工资的20%。因此企业扣除沈某全部工资的做法，显然是不妥的，应予以纠正。

延伸案例阅读　综合计算工时背景下加班工资索赔案

2008年2月，现年37岁的李林来到沈阳某公司从事保安工作。2010年5月1日，李林与公司签订了最后一份劳动合同，合同约定工作至次年4月30日，执行综合计算工时工作制，月工资为1060元。工作时间为值24小时班、休24小时，两班倒。保安人员值班期间，夜间可在指定地点轮流休息，严禁空岗或在岗位上睡觉。

李林一直工作到2011年4月20日。公司因搬迁改造需要搬到抚顺，安排部分员工串休10天，公司按全额考勤支付工资。劳动合同期满后，因上班路远，李林没再与公司续签劳动合同。按照相关规定，公司应该给付李林一定的经济补偿金，李林提出要求希望公司将过去一年加班近两个月的费用一并计算入内。公司认为合同约定李林每月的工资只有1060元，但实际上李林每月拿到的工资都达到了1700余元。这多出来的钱款就是公司给予李林的加班费用，加班两月只给不到400元。公司不同意再支付加班费给李林，双方就终止劳动合同补偿未能达成协议。

随后，李林拿着考勤表、工资条等证明材料，来到沈阳市劳动人事争议仲裁委员会申请仲裁。劳动仲裁庭确认，公司已支付李林加班费近400元。此外，公司未安排李林休年假共计6天，延长工作时间51天，法定假日加班84小时。

劳动仲裁裁定公司按照有关法律规定支付相应加班工资和终止劳动合同经济补偿金。公司不服从仲裁决定，向铁西区人民法院提起诉讼，要求改判仅支付终止劳动合同经济补偿金。法院审理认定劳动仲裁有效。用人单位应严格执行劳动定额标准，不得强迫或变相强迫劳动者加班。用人单位安排劳动者加班，应按国家有关规定向劳动者支付加班费。因劳动合同期满终止劳动合同的，用人单位应支付经济补偿金。

根据我国相关法律规定，实行综合计算工时工作制的用人单位，在综合计算周期内总实际工作时间超过总法定标准工作时间的部分，视为延长工作时间，应按照不低于本人小时工资的150%支付加班工资；法定休假日安排劳动者工作的，应按照不低于本人日或小时工资的300%支付加班工资。未安排休年假的，应按不低于本人日或小时工资的300%支付工资。

法院判决，除扣除已先期支付近400元加班费外，沈阳某公司还需要赔偿李林延长工作时间加班费11181元，法定休假日加班工资1434元，未安排休年假加班费584元。此外，沈阳某公司还要赔偿李林终止劳动合同经济补偿金6310元。

二、自测案例

【案例一】

2010年9月，某造纸厂从农村招收了一批工人(共35人)，并签订了为期2年的劳动合同。合同约定月工资为1100元。2011年1月，工人们得知该地区最低工资标准为1280元，要求企业增加工资。企业认为，工人每月的工资加上加班工资和伙食补贴超过了1400元，已经超过了最低工资标准许多，于是，造纸厂拒绝了工人们的要求。工人们为此向当地劳动争议仲裁委员会提出申诉。

试分析：

1. 企业支付的工资是否符合国家规定？为什么？

2. 本案应如何处理？

【案例二】

1998年1月，甲公司聘请王某担任推销员，双方签订承包合同，约定王某完成承包任务，每月基本工资1000元，超额部分按40%提成。若完不成任务，可由公司扣减工资。该承包合同签订后，王某总是超额完成承包任务。但1998年8月，由于王某怀孕，身体健康状况欠佳，未能完成承包任务。为此，公司按合同约定扣发工资，只发生活费，每月280元，低于当地的最低工资标准320元。其后，王某又有两个月均未完成承包任务。因此，甲公司作出决定，解除与王某的劳动合同，王某不服，向当地劳动争议仲裁委员会提出申诉，要求补发所扣工资，并继续履行劳动合同。

试分析：甲公司扣发工资是否正确？理由是什么？

第四节 女职工和未成年工特殊保护

一、案例分析

案例一 女职工在产假期间被降低工资案

[案情]

郑某于2010年1月1日入职某公司，担任财务部长一职，双方签有劳动合同，期限自2010年1月1日至2010年12月31日，双方约定工资标准为5000元/月，分两部分支付：第一部分每月支付郑某基本工资4000元；第二部分每半年支付郑某工资补助6000元，即每月1000元。2010年12月15日郑某向公司提交了怀孕诊断证明，于 2011 年 5 月 4 日向公司递交了产假申请，其产假期为 2011 年 5 月 11 日至 9 月 8 日。2011 年 6 月 27 日该单位发布通知将郑某从财务部调入管理部并从 6 月起工资调整为 2400 元/月，郑某 9 月 8 日休完产假回单位工作时以用人单位单方面降低其工资待遇为由解除劳动合同，并提起仲裁请求要求支付工资差额和解除劳动合同的经济补偿金，即：①支付申请人 2010 年 7 月 1 日至 2011 年 9 月 15 日所拖欠的工资 21398.5 元；②支付申请人解除劳动合同经济补偿金 10742 元。

[仲裁裁决]

某公司支付郑某 2010 年 7 月 1 日至 2011 年 9 月 8 日工资差额 19517.24 元；支付郑某解除劳动合同经济补偿金 1 万元。

[分析]

本案中郑某在怀孕之前每月工资标准为 5000 元，在其休产假期间，用人单位通过单方面发布公告变更其工作部门并降低其工资标准，其行为违反了我国《女职工劳动保护规定》①中第四条之规定，"不得在女职工怀孕期、产期、哺乳期降低其基本工资，或者解除劳动合同。"因此，郑某每月工资应为 5000 元，支付方式为每月 4000 元，半年支付 6000 元，但自 2011 年 6 月开始，该用人单位仅每月支付郑某 2400 元。《劳动合同法》第三十条规定，"用人单位应当按照劳动合同约定和国家规定，向劳动者及时足额支付劳动报酬。"因此对郑某请求用人单位支付其工资差额之请求应予以支持。另外，用人单位未足额支付工资报酬，属于《劳动合同法》第三十八条第 2 款规定的劳动者可解除劳动合同的情形。根据《劳动合同法》第四十六条第 1 款规定，劳动者依照本法第三十八条规定解除劳动合同的，用人单位应当向劳动者支付经济补偿金。本案当中，郑某依法解除劳动合同，其要求用人单位支付经济补偿金的请求应当予以支持。《劳动合同法》第四十七条规定，经济补偿按劳动者在本单位工作的年限，每满 1 年支付 1 个月工资的标准向劳动者支付。六个月以上不满 1 年的，按 1 年计算；不满 6 个月的，向劳动者支付半个月工资的经济补偿。郑某入职时间为 2010 年 1 月 1 日，2011 年 9 月 15 日以单位未足额支付劳动报酬为由与单位解除劳动合同，用人单位应当支付郑某两个月工资的经济补偿金。

---

① 需要特别说明的是：2012 年 4 月 28 日公布实施的《女职工劳动保护特别规定》已经取代 1988 年 7 月 21 日国务院发布的《女职工劳动保护规定》，在新的《女职工劳动保护特别规定》第五条也明确规定："用人单位不得因女职工怀孕、生育、哺乳降低其工资、予以辞退、与其解除劳动或者聘用合同"，新旧法律规定的精神完全一致。本案适用的是旧的法律规定。

由于女职工的特殊生理特点和身体条件，需要在法律上对女职工给予特殊保护，特殊保护制度具有高度的法律强制性。这一法律特征，决定着用人单位在与女职工签订劳动合同时，双方不能就国家关于对女职工保护的规定进行约定，凡是不符合国家规定的女职工特殊保护的条款，不论其是否经过该女职工同意，一律无效。所以用人单位应严格遵守《劳动合同法》及《女职工劳动保护规定》等法律规范，在优化本单位人力资源配备的同时，保护女职工的合法权益。

延伸案例阅读一 "三期"内的女职工被退回派遣公司，工资应维持不变

张小姐与某人才派遣公司签订了为期 2 年的劳动合同，由该人才派遣公司派往某外资公司在上海的办事处担任翻译，约定月工资 9000 元。2011 年 5 月，也就是张小姐工作了一年多后，外资公司调整上海办事处的组织架构，撤销了翻译这个岗位。根据与人才派遣公司的约定，外资公司以张小姐与公司不存在劳动关系，且目前没有其他岗位供张小姐工作为由，将张小姐退回派遣公司，公司的做法没有违反法律，被退回人才派遣公司后，派遣公司一时无法安排张小姐工作，于是根据劳动合同约定，每月按上海市最低工资标准 1280 元支付张小姐工资。张小姐不服，认为被退回派遣公司不是自己的过错，何况在怀孕期间，国家有相关法律规定公司不能降低自己工资。而派遣公司称，因为张小姐是被派遣员工，双方在劳动合同上已经约定了：如果张小姐在没有工作期间，派遣公司只需按最低工资标准支付工资。这也是《劳动合同法》所允许的。

"劳务派遣单位应当与被派遣劳动者订立 2 年以上的固定期限劳动合同，按月支付劳动报酬；被派遣劳动者在无工作期间，劳务派遣单位应当按照所在地人民政府规定的最低工资标准，向其按月支付报酬"，这是《劳动合同法》第五十八条第 2 款明确规定的。可见，派遣员工在无工作期间，派遣公司以最低工资标准支付其工资显然有法可据。然而上述这个案例是比较特殊的情况，被退回派遣公司的是处于"三期"内的女职工，这期间的工资支付标准如何确定？

在处理这类情况时，不能单一地、机械地照搬某一部法律的条文，应该结合其他法律、规章等综合考虑。《中华人民共和国妇女权益保障法》（以下简称《妇女权益保障法》）第二十七条规定，"任何单位不得因结婚、怀孕、产假、哺乳等情形，降低女职工的工资……"；《上海市实施中华人民共和国妇女权益保障法办法》也规定，"女职工在孕期或者不适应原工作岗位的，可以与用人单位协商调整该期间的工作岗位或者改善相应的工作条件。用人单位不得降低其原工资性收入。"国家对处于"三期"期间的女职工实施特殊保护，明确不得降低其工资待遇，哪怕因不适应原工作岗位需要调整的，岗位可以调整，但工资不得降低。由此可

见，处于"三期"期间的女职工被用工单位退回劳务派遣单位后，劳务派遣单位应当按照不低于原约定的工资标准向女职工支付工资。因此，上述案例中派遣公司以最低工资标准支付张小姐工资，乍一看并无过错，但是却违反了对女职工特殊保护的规定。张小姐原工资为每月 9000 元，派遣公司就应当仍然以每月 9000 元标准支付给张小姐工资。

张小姐是在"三期"内被退回派遣公司的，因此工资不得降低。相反，如果女职工在被退回劳务派遣公司后才出现"三期"情形的，其工资又该如何支付呢？由于女职工被退回派遣公司时并未产生法律规定的不得降低工资的情形，且《劳动合同法》已经规定了派遣员工在无工作期间可以按本市企业职工月最低工资标准支付，故派遣公司可以仅支付最低工资。

延伸案例阅读二　劳动合同在"三期"顺延期后，可以不签订无固定期限劳动合同

小马高职毕业后经熟人介绍进入一家公司担任仓库保管员，一干就是好几年。公司最近与她续签的劳动合同是从 2008 年 9 月 1 日至 2010 年 8 月 31 日为期 2 年的劳动合同。2010 年 8 月上旬，公司通知小马，本次劳动合同期满后，公司决定不再与其续签，公司会按规定支付经济补偿金。突如其来的决定让小马不知所措。正当小马无奈地准备着工作移交的时候，她发现自己怀孕了。这一消息不禁让小马欣喜万分，她立刻把医院的诊断证明交给了公司人事部。公司人事部随即也通知小马，本次劳动合同顺延至小马生育后哺乳期结束。小马自然很高兴，至少还能再公司呆上将近 2 年的时间，可以先安心地把孩子生下来，生完孩子再找工作也方便很多。2011 年 6 月，生完孩子在休产假的小马在一次和朋友聊天中，突然发觉到 9 月份，自己在公司工作的年限已经满 10 年，按规定是可以签订无固定期限劳动合同了。于是产假结束后，小马回到公司工作更加放心了。谁料，在她哺乳期结束前一周，公司又通知小马，她的劳动合同将随着她的哺乳期结束而终止。于是，小马以自己在公司工作已经超过 10 年为由，要求公司与其签订无固定期限劳动合同，公司不同意，双方产生了纠纷。

女职工在"三期"内，用人单位不得解除或终止劳动合同，如果要解除或终止，也必须顺延至女职工"三期"情形结束，这是人人都熟知的法律规定。同一单位工作满 10 年应当签订无固定期限劳动合同，这也是法律规定的劳动者可以享受的权利，用人单位必须遵循的法定义务。当这两者情形发生重叠竞合，用人单位应该如何操作？比较《劳动合同法》与《劳动法》关于签订无固定期限劳动合同的法定情形，前者规定范围比后者要更宽泛。其中，"同一单位连续工作满 10 年"的前提条件在两部法律中都有所规定。但《劳动法》规定，在该前提下，只

有当事人双方都同意续延劳动合同的，劳动者提出签订无固定期限劳动合同，应当订立无固定期限劳动合同。除了连续工作满10年，劳动者和用人单位都同意续订的，也是一个必要的前提条件。上述案例中，小马要求公司与其签订无固定期限劳动合同。小马认为自己尚在劳动合同履行期间，而且在公司工作已超过10年，按法律规定，她一旦向公司提出要求签订无固定期限劳动合同，公司必须同意。

如果单纯从小马工作年限来说，她的理由有法可依。但这个案例的特殊性在于小马的劳动合同原本是在工作未满10年时到期终止，公司不再与其续约。然而在合同到期前，小马进入了"三期"。而此时，根据《劳动合同法》第四十五条的规定："劳动合同期满，有本法第四十二条规定情形之一的，劳动合同应当延续至相应的情形消失时终止。"而恰恰小马的劳动合同也就暂时无法到期终止了，而正是在合同顺延期间，小马在公司的连续工作年限超过了10年。当《劳动合同法》第十四条与第四十五条出现部分重叠时，也就出现了类似小马这样的情况。因法定顺延事由，使得劳动者在同一单位工作时间超过10年的，是否作为签订无固定期限劳动合同的理由？法律明确规定，劳动合同期满，合同可以自然终止。合同期限的延续只是为了照顾劳动者的特殊情况，对合同终止时间进行了相应的延长，劳动合同在特殊情况下只是暂时不终止，而非不得终止，一旦法定的延续事由消失，合同随即消失，这也是用人单位的法定权利。在法律没有对终止的情况作出特别固定的情况下，不能违反法律关于合同终止的有关规定随意扩大解释，将订立无固定期限合同的后果纳入其中。因此，公司不与小马签订无固定期限劳动合同的做法与《劳动合同法》相关规定并无相悖。

二、自测案例

【案例一】

朱某是某图片社的职工，2009年9月生育一女。产假期满后，由于要哺乳小孩，经图片社经理批准，朱某由冲卷员改做收银员，直到"五一"节前，朱某都能每日只工作7小时。但"五一"节后突然大幅增加的业务量让经理有些不知所措，由于图片社人手少，经理不得不要求所有职工都要加班。朱某因需要有更多时间照顾小孩，不同意经理的安排，坚持每天只上7个小时的班，拒绝加班和上夜班。经理对朱某不服从工作安排非常恼火，两人为此争辩起来。经理表示要处理朱某，而朱某则表示，如果敢处理她，她就要去有关部门讨个"说法"。经理见无法安排朱某加班，就对其作出了扣发工资的处理。朱某于是去区劳动保障行政部门投诉，请求依法处理图片社的违法行为。区劳动保障行政部门经过调查后，依据《劳动保障监察条例》第23条的规定，对图片社安排女职工在哺乳未满1周岁的婴儿期间延长其工作时间的行为，作出了责令改正并处罚款的决定。

试分析：

劳动保障行政部门对女职工朱某的投诉所进行的处理是否符合法律规定？

【案例二】

某乡镇服装厂聘用的职工中80%为女性，为了企业生产的正常进行，1996年，经与部分职工协商，并征求了半数职工的意见，制定了该厂的有关劳动规章。该规章规定，本厂职工带薪产假为60天，双胞胎假期延长10天。同年10月6日，女工周某产下一对双胞胎，国庆节开始一直休假。产后身体恢复较慢，到该厂规定的产假期满也没有上班。为此，该厂从12月10日起停发了周某的工资。周某不服，向当地劳动争议仲裁委员会申请仲裁。

试分析：

1. 该厂规章是否合法？为什么？
2. 仲裁委员会应如何裁决？

【案例三】

1994年8月27日，年仅16周岁的邓某接替其父的班，被某煤矿招为合同制工人，双方签订了为期5年的劳动合同，并安排邓某在矿办公室当通信员。在办理接班手续时，经过了当地劳动部门审批，并对邓某进行了体格检查。1995年5月9日，该矿因精简机构，压缩非生产部门工作人员，安排邓某下井到采掘面工作，邓某当即拒绝，并说明缘由。矿方也认为安排邓某从事井下工作不妥，并于当月12日安排邓某到锅炉房干司炉工作，也被邓某拒绝。事后，一些工人反映，邓某不到一线工作，他们也不去一线。这样一来，矿方认为，邓某不服从分配，已经给矿上的工作造成不良影响。于是，1995年5月22日，经矿长办公室决定对邓某辞退，并于第二天张贴了公告并向邓某送达了辞退通知书。邓某不服，认为煤矿对其调整的工作，属于国家规定禁止未成年工从事的范围。因此，对煤矿的做法不服，向当地劳动争议仲裁委员会提出申诉，要求撤销对其辞退决定，安排力所能及的工作。

试分析：该煤矿的做法是否合法？

第六章 集体谈判和集体合同法

第一节 案例分析

案例一 与劳动者约定的劳动报酬低于集体合同约定的报酬

[案情]

贾先生在一家公司工作了 9 年。2008 年 1 月 1 日，劳动合同法开始实施。这时，贾先生与公司签订的劳动合同还有 3 年尚未履行。公司为规避劳动合同法关于支付经济补偿金和订立无固定期限劳动合同的规定，强行要求与贾先生解除劳动合同，但同时承诺，2008 年元旦后重新安排贾先生上岗。因公司拒绝向贾先生支付经济补偿金，双方发生争议。贾先生打算申请劳动仲裁。他聘请的律师在核算经济补偿基数时发现，该公司支付贾先生的工资低于该公司的集体合同标准。该公司集体合同规定，公司的最低工资标准为 920 元，公司与其贾先生在劳动合同中约定的工资却是 850 元。而当地政府制定的最低工资标准则为 680 元。

律师认为，以低于集体合同标准支付工资属于严重违法行为，如果该公司要解除贾先生劳动合同，首先要按照集体合同规定的最低工资标准，把以前少支的那部分工资补给贾先生，同时还要按照有关规定给予贾先生经济赔偿；另外，还要按照集体合同约定的最低工资标准计算支付贾先生的经济补偿金。

但该公司却认为，公司支付给贾先生的工资没有低于当地最低工资标准，不存在违法行为；而且，贾先生不是该公司正式职工，不受劳动合同法约束。公司还认为，当时签订集体合同的首席代表是党委书记兼工会主席，主体并不合法，所以，集体合同亦属于无效；因此，以集体合同为标准要求支付贾先生的工资于法无据。

[思考问题]

1. 劳动合同尚未到期，用人单位能否与贾先生解除劳动合同？

2. 用人单位按照高于当地人民政府规定最低工资标准支付劳动者劳动报酬是否一定合法？

3. 集体合同是否有效？对贾先生是否适用？

[分析]

贾先生与该公司的劳动合同尚未到期，用人单位无正当理由要求劳动者提出解除劳动合同显然是一种违反法律的行为。只要劳动者不同意辞职，用人单位就不能强行解除劳动合同。

法律规定，用人单位支付给劳动者的工资不得低于集体合同规定的标准。因此，用人单位以高于当地政府规定的最低工资标准但低于本单位集体合同约定的标准，向劳动者支付工资，属于违法行为。

关于本案中集体合同的效力问题，合同的无效须经劳动仲裁机构或人民法院予以确认，且我国法律、法规等都没有规定党委书记兼工会主席者代表职工签订的集体合同属于无效。因此上述集体合同应该合法有效，并适用于贾先生。自《劳动法》实施开始，我国从法律上就不再有正式职工非正式职工之别;与用人单位依法订立劳动合同者均属于职工。所以，以非正式职工为由规避集体合同的事显然于法无据。

案例二 集体合同的认定

[案情]

小王等人跟随一个同乡的包工头李某外出打工，他们未直接与建筑公司签订劳动合同而是由李某一人代签。但该公司表示，李某一人签订的协议不能代表小王等人，该协议不具有集体合同的法律约束力，不同意按照该协议工资标准支付小王等人工资。最后，劳动仲裁委员会裁决，因双方对工资未有约定，参照该公司所在地相同或者相近岗位劳动者的劳动报酬确定小王等人的工资标准。

[思考问题]

1. 集体合同的签订程序有哪些?
2. 本案中，李某与建筑公司代签的劳动合同是否应认定为集体合同?

[分析]

《劳动合同法》规定，集体合同草案应当提交职工代表大会或者全体职工讨论通过。集体合同由工会代表企业职工一方与用人单位订立;尚未建立工会的用人单位，由上级工会指导劳动者推举的代表与用人单位订立。集体合同订立后，应当报送劳动行政部门;劳动行政部门自收到集体合同文本之日起 15 日内未提出异议的，集体合同即行生效。因此，集体协议是职工代表大会或者全体职工讨论通过并由工会或上级工会指导劳动者推举的代表来代表职工与用人单位签订的协议，该协议需经劳动部门审查备案，向职工予以公布。

从上述分析中可以看出，集体合同具有其自身特点，且集体合同的签订必须经过法定程序，因此包工头李某代签的协议虽然也对劳动者与用人单位之间的权利义务予以规范，但不能仅此认定该协议就为集体合同。

案例三　集体合同与劳动合同的关系

[案情]

于某曾任职于某企业，担任质检员一职，月工资为 2500 元，双方未签订劳动合同。一年后，企业将于某的月工资增至 2700 元。但于某仍以工资太低为由申请辞职。经协商，企业同意于某的辞职申请，但未与其结清离职前最后两个月的工资。后于某向劳动争议仲裁委员会提出申诉，要求企业支付拖欠的工资、加班费，及因未与之签订劳动合同应支付的二倍工资等各项费用。仲裁委作出裁决，支持于某关于要求企业支付拖欠工资以及未订立劳动合同的二倍工资请求。企业认为于某所称的未与之签订劳动合同的事实不成立，遂向法院提起诉讼。企业称，在其管理制度中，已明确规定了实行集体劳动合同制度，新入职员工应遵守集体劳动合同，且于某也参加过相关会议，学习、了解了企业的管理制度。因此，企业与工会签订的集体劳动合同，亦适用于于某。对此，于某向法庭提交了企业另一名质检员的劳动合同，认为企业应当与其签订具体的劳动合同而不能以集体合同代替。企业却称根据管理制度的相关规定，企业原则上不与职工签订劳动合同，如职工要求签订的，企业也可以考虑与其签订。

[思考问题]

1. 集体合同与劳动合同存在哪些区别？
2. 有集体合同能否不签订劳动合同？

[分析]

一、集体合同与劳动合同的区别

1. 合同的主体不同

劳动合同的主体一方必然是单个劳动者，即自然人，另一方是用人单位。而集体合同的主体一方形式上是工会或者是由劳动者推举的代表，实际上是全体劳动者，即职工一方；另一方是用人单位。在行业性或地区性的集体合同中，一方是某一行业或区域的劳动者，另一方是某一个行业或地区内的用人单位。

2. 合同的内容不同

劳动合同的内容应符合《劳动合同法》上规定的必备条款，主要规定劳动者个人与用人单位的权利与义务;而相形之下，集体合同的内容则比较灵活，其内容很多取决于用人单位与劳动者双方协商的结果，既可以涉及劳动关系的各个方面，也可以只涉及劳动关系的一个或者几个方面，如，可以仅就劳动报酬或者劳动条件订立集体合同。

3. 合同的法律效力不同

劳动合同与集体合同对用人单位的约束力是相同的，但对劳动者来说，劳动合同只约束劳动者本人，而集体合同则对签订集体合同的全体劳动者有效，且集体合同的效力要高于劳动合同。如《劳动合同法》在第 55 条规定，用人单位与劳动者订立的劳动合同中劳动报酬和劳动条件等标准不得低于集体合同规定的标准。县级以下区域内，建筑业、采矿业、餐饮服务业等行业可以由工会与企业方面代表订立行业性集体合同，或者订立区域性集体合同。行业性、区域性集体合同对当地本行业、本区域的用人单位和劳动者具有约束力。

4 合同的订立程序不同

集体合同与劳动合同的订立程序不同：劳动合同经过劳动者与用人单位协商一致、依法订立即具有法律约束力；而集体合同的订立在程序上要严格得多，如集体合同草案应当提交职工代表大会或者全体职工讨论通过，集体合同签订后应当报送劳动行政部门;劳动行政部门自收到集体合同文本之日起 15 日内未提出异议的，集体合同即行生效。

5. 合同的期限不同

劳动合同的期限有固定期限、无固定期限、以完成一定任务为期限 3 种类型，而集体合同一般都是有固定期限的。

二、有集体合同也应该签订劳动合同

《劳动合同法》第七条、第十条规定，用人单位自用工之日起即与劳动者建立劳动关系，建立劳动关系应当订立劳动合同。因此，集体合同是全体职工与用人单位协商的最低保障标准，但用工单位不能以集体合同取代个人劳动合同的签订。

案例四　劳动合同、集体合同与规章制度规定不统一时的处理

[案情]

张某 2009 年 6 月入职北京 A 公司，与公司签订了为期 3 年的劳动合同，合同约定张某从事文员工作，月工资标准为 2000 元，并约定张某若一年内被顾客投诉

3 次，即构成严重违反公司的规章制度，公司可以与其解除劳动关系。2009 年 7 月，A 公司被北京 B 公司合并，新制定的规章制度规定，员工一年内被顾客投诉 2 次即构成严重违反公司的规章制度，公司可以立即解除劳动关系，同时，B 公司的工会于 2010 年 6 月与公司签订了集体合同，约定与公司员工的劳动报酬不得低于 2500 元。张某于 2010 年 8 月连续被顾客投诉 2 次，B 公司据此与其解除劳动关系。张某不服，认为应该优先适用劳动合同的规定，并认为自己与 B 公司签订了集体合同，工资标准不得低于 2500 元，但是公司每月仅发放 2000 元，公司应该补足相应的差额。

[思考问题]

1. B 公司按照规章制度规定与张某解除劳动关系是否有法律依据？

2. 2010 年 6 月后，公司每月发放张某 2000 元，是否合法？公司是否应该补足差额？

[分析]

依据《劳动合同法》第三条第 2 款的规定："依法订立的劳动合同具有约束力，用人单位与劳动者应当履行劳动合同约定的义务。"同时，依据《劳动合同法》第四条、第三十九条及《最高人民法院关于审理劳动争议案件适用法律若干问题的解释》（法释〔2001〕14 号）第十九条的规定："用人单位根据《劳动法》第四条之规定，通过民主程序制定的规章制度，不违反国家法律、行政法规及政策规定，并已向劳动者公示的，可以作为人民法院审理劳动争议案件的依据。用人单位可以依法制定相应的规章制度，并作为管理员工的依据。"本案中，公司的劳动合同与公司的规章制度不一致，若按照《劳动合同法》的规定，公司尚不能与张某解除劳动关系，因为张某仅被投诉两次，还不构成严重违反公司的规章制度，不符合解除劳动合同的条件，若公司据此解除，则可能构成违法解除劳动合同。若按照规章制度的规定，因张某被顾客已投诉 2 次，符合严重违反公司规章制度的规定，则张某符合解决劳动合同的规定，公司属于合法解除。本案中，虽然 A 公司被 B 公司合并，但依据《劳动合同法》第三十四条的规定："用人单位发生合并或者分立等情况，原劳动合同继续有效，劳动合同由承继其权利和义务的用人单位继续履行。"故张某与 A 公司签订的劳动合同继续有效，B 公司仍应继续按照合同的约定履行；同时，依据《最高人民法院关于审理劳动争议案件适用法律若干问题的解释（二）》第十六条的规定："用人单位制定的内部规章制度与集体合同或者劳动合同约定的内容不一致，劳动者请求优先适用合同约定的，人民法院应予以支持。"按照最高人民法院的司法解释，当发生劳动合同与规章制度规定内容不一致时，如果劳动者请求优先适用合同约定的，人民法院应予发支持。

依据《劳动合同法》第五十五条的规定："集体合同中劳动报酬和劳动条件等标准不得低于当地人民政府规定的最低标准；用人单位与劳动者订立的劳动合同中劳动报酬和劳动条件等标准不得低于集体合同规定的标准。"所以，案例中B公司与张某签订了集体合同，则对于劳动报酬和劳动条件的标准不得低于集体合同的规定标准。张某劳动合同中约定标准为每月2000元，但集体合同为不得低于2500元，张某的工资标准低于集体合同的标准，因此公司还需要补足差额。

案例五　劳动合同与集体合同条款约定不同时的适用

[案情]

谷先生与某企业签订有为期3年的劳动合同。合同中约定：谷先生的工资每月计发一次。合同履行期间，企业工会与企业经协商签订了一份集体合同。该份集体合同中约定：企业所有员工每年年终可获得一次第13个月的工资。根据这份集体合同的具体规定，谷先生属于可以享受第13个月工资的员工范围。该企业的集体合同获得企业职代会的通过并经当地劳动行政部门审核后开始生效实施。但年终过后，谷先生没有得到企业支付的第13个月工资。于是，谷先生即向企业提出补发第13个月工资的要求。但企业表示，谷先生和企业签订的劳动合同中约定了劳动报酬的支付次数，双方应当严格按照劳动合同的约定履行，对谷先生提出的要求不予同意，双方由此产生争议。

[思考问题]

劳动者和企业签订的劳动合同内容与企业工会和企业签订的集体合同内容不一致时如何处理？

[分析]

《劳动法》第三十三条第1款规定："企业职工一方与企业可以就劳动报酬、工作时间、休息休假、劳动安全卫生、保险福利等事项，签订集体合同。集体合同草案应当提交职工代表大会或全体职工讨论通过。"根据该条规定，企业职工一方（一般由工会代表）与企业可以就劳动报酬、工作时间、休息休假、劳动安全卫生、保险福利等事项签订集体合同，集体合同依法签订后也会产生法律约束力，当事人也应履行集体合同规定的义务，否则也将承担违约的责任。那么，当劳动合同的内容与集体合同的内容不一致时如何处理？《劳动法》第三十五条规定："依法签订的集体合同对企业和企业全体职工具有约束力；职工个人与企业订立的劳动合同中劳动条件和劳动报酬等标准不得低于集体合同规定"。根据上述规定，当劳动合同的内容与集体合同的内容不一致时，劳动合同中有关劳动条件和劳动报酬等标准不得低于集体合同的规定，如低于集体合同规定的，适用集体合同标准，即按集体合同标准处理。谷先生与企业签订的劳动合同中虽然没有约定可以享受第 13 个月工资，但工会与企业签订的集体合同中规定了第 13 个月工资的有关内容。根据《劳动法》的有关规定，企业应当按照集体合同的规定补发谷先生年终第 13 个月工资。

案例六　新老员工适用集体合同能否差别对待

[案情]

2010 年 3 月，王锋应聘到一家建筑公司工作，与同事张伟从事的工种完全一样。2008 年 1 月，该公司工会代表职工与企业签订了集体合同，约定他们所在工作岗位的月工资标准不低于 3500 元。张伟当时已在此工作，所以至今沿用此工资标准。而王锋作为公司新招的员工，入职时公司与他单独约定了工作岗位、劳动报酬、休息休假等事项，并签订劳动合同。这份合同，比之前工会代表职工签订的集体合同薪酬低 1000 元。

因此，同样的工作，因公司分别签订合同，月薪相差 1000 元。王锋找公司询问，得到的答复是："张伟是公司的'老人'，按集体合同约定其工资就是这么多。你是新招的，工资低。这是历史遗留问题，是实行'老人'老办法，'新人'新办法。"

这种解释让王锋无法理解。当他发现还有十几名新进员工存在同样情况后，便开始申请劳动仲裁。

公司方认为，企业能够给王锋等人提供就业岗位，并且按不低于最低工资标准为其发放工资，就已经做到了仁至义尽。之前签订的集体合同不适用于新聘员工，应当分别按集体合同和新员工劳动合同给新老员工发工资。据此，公司坚持现有做法不变，并拒绝王锋等人提出的补偿工资差额、按集体合同发放工资的要求。

而北京劳动仲裁委仲裁认为，该公司将新聘员工列为临时工、不将其登记在册的做法不正确。作为公司员工，公司应该按照集体合同为新聘员工发工资。裁决该公司一次性补发所欠新聘员工的工资，并在剩余合同期内按集体合同规定的标准为新聘员工发工资。

[思考问题]

集体合同对新老员工差别适用是否合法？

[分析]

集体合同是指工会或者职工推举的职工代表与用人单位依照法律规定就劳动报酬、工作条件、工作时间、休息休假、劳动安全卫生和社会保险福利等事项，在平等协商的基础上进行协商谈判所缔结的书面协议。《劳动法》第三十五条规定："依法签订的集体合同对企业和企业全体职工具有约束力，职工个人与企业订立的劳动合同中劳动条件和劳动报酬等标准不得低于集体合同的规定。"据此推定，王锋等人虽不是公司的老员工，但他们肯定属于公司的劳动者。正式工与临时工不过是企业用工形式的变化，不能以此否认王锋等的公司员工身份。因此，公司与其签订的个人劳动合同条款不能违背集体合同。

案例七　农民工是否适用集体合同

[案情]

小王等 20 人在 2008 年 6 月 1 日 入职某制衣公司，并分别签订了书面劳动合同，约定每月工资为 900 元。小王等人均来自农村，属于农民工。 小王干了 3 个月，到了当年 9 月份，制衣公司工会代表全体职工与公司签订了集体合同。集体合同对员工的劳动报酬、工作时间、 休息休假等内容作了明确约定。其中，在劳动报酬的条款中约定:员工的工资不得低于 1000 元。可是，直到 11 月份，公司发放给小王等 20 位员工的工资仍然是 900 元/月。小王等人认为，他们得到的工资明显低于集体合同中约定的 1000 元，于是多次与公司进行交涉。制衣公司人力资源部长回复：劳动合同已经明确小王等人的工资是 900 元/月，这一约定并无违反广州市的最低工资标准，并无不妥。并且认为小王等人是农民工，跟工会的其他会员不一样，不能与其他员工一样享受平等工资标准。小王等人不服，于是向劳动争议仲裁，要求公司按照集体合同的规定支付劳动报酬。

[思考问题]

1. 本案例中的人力资源部长认为："农民工跟工会的其他会员不一样"，这种观点是否正确？农民工与一般职工在签订劳动合同时是否有区别？

2. 劳动者与企业签订的劳动合同与集体合同在关于劳动报酬问题上不一致时，应该按照哪种合同来履行？

[分析]

1. 本案中该公司人力资源部长观点是错误的

在我国现行劳动立法中，涉及集体合同中的内容并未区分城镇职工和农民工。

作为劳动者只要主体适合并与用人单位签订劳动合同、建立劳动关系的，都应享有集体合同中相应的权利。因此农民工与一般职工在签订劳动合同时并没有区别。

2. 法律规定

根据《劳动法》第三十五条："职工个人与企业订立的劳动合同中，劳动条件和劳动报酬等标准不得低于集体合同的规定"，当两者出现不一致时，应按集体合同的约定执行。据此，在本案中，劳动争议仲裁委员会应支持劳动者的仲裁申请，裁决某制衣公司应当自集体合同生效之日起，将王某等人工资至少增至 1000 元/月。

案例八　集体合同的解除

[案情]

小刘是一家公司的销售经理，该公司集体合同因公司兼并与行业发展而继续履行显失公平，小刘等人要求公司解除合同，公司强硬拒绝，并表示该集体合同已报送劳动行政部门备案，对企业和全体职工都具有法律约束力，不能予以解除。小刘向工会反映，工会代表与公司协商不成依法申请仲裁解除集体合同，劳动仲裁委员会支持了工会的申请请求。

[思考问题]

集体合同是否可以变更、解除？法律对此如何规定？

[分析]

集体合同与劳动合同一样可以变更、解除。集体合同的变更，主要指双方于合同签订后履行完毕之前，因订立合同条件发生变化依法对合同部分内容进行修改、补充的法律行为。集体合同的解除是指在集体合同签订后未履行完毕前，因某种原因致使一方或双方提前终止合同的法律行为。如果订立集体合同双方意思表示一致即可对其进行变更与解除。

对于出现以下客观情形的，可以依法变更或解除集体合同：①用人单位出现兼并、破产、解散、分立等，致使集体合同无法履行或者内容无法全部履行的；②因不可抗力致使不能实现合同目的；③在集体合同履行期限届满之前，当事人一方明确表示或者以自己的行为表明不履行合同；④集体约定的变更或解除条件出现；⑤法律法规规定的其他情形。

案例九 集体合同的效力

[案情]

2007年3月5日，某纺织公司工会代表全体职工与公司签订了集体合同。合同规定：职工工作时间为每日8小时，每周40小时，周六、周日为公休日。如果在周六、周日安排职工加班，便在加班后的一周内安排补休；在上午和下午连续工作4个小时期间内安排工间操各一次，每次时间为20分钟，此20分钟计入工作时间之内；职工的工资报酬不低于每月1500元，加班加点的工资及其他实物性福利不包括在内；工资于每月5日前支付；合同的有效期为2007年4月1日至2008年4月1日，双方对于集体合同都要严格遵守，任何一方都不得违反，否则要赔偿对方所造成的损失。

此合同于2007年3月20日被劳动行政部门确认。2007年8月1日，纺织公司从人才市场上招聘了一批女工，去充实新建立的一个纺织分厂。2007年8月3日纺织公司与这批女工签订了劳动合同。其内容包括：本合同有效期为1年，为2007年8月5日至2008年8月5日；工人工作时间为每周40小时，每天8个小时，上下午各4个小时；没有工间休息时间；工作实行每月1600元的工资制度。

双方签字盖章后合同生效。当2007年8月1日招聘的工人到纺织公司下属的纺织分厂上班后，发现车间细尘很多，连续工作4小时头昏脑涨，以陶某为首的分厂职工向分厂领导提出工作期间休息一会儿，换换空气。分厂领导答复说，在上班时间不休息是劳动合同中已经规定了的，集体合同中规定职工报酬是每月1500元，你们的报酬是每月1600元，就是因为取消了20分钟的中间休息时间。集体合同中规定职工的中间休息20分钟是与其报酬数量少相对应的；在公司与你们签订的劳动合同中把工资提高到1600元/月，所以，取消了20分钟的工间休息；并且认为，陶某等人在集体合同生效后进入某纺织公司的，公司的集体合同不适用于她们。同时，某纺织公司认为纺织公司工会与公司签订集体合同中，纺织公司还没有设立分厂，因此集体合同只对公司总部的职工有效，分厂职工不应适用集体合同。

[思考问题]

1. 本案中的集体合同是否适用于陶某等人？
2. 本案劳动合同中关于劳动报酬和劳动条件等条款的约定是否符合法律规定？

[分析]

1. 依法签订的集体合同对企业和企业的全体职工都有约束力

只要属于企业的职工，不管其是在集体合同签订业还是在集体合同签订后进入企业的，均应适用集体合同约定的劳动条件和劳动报酬等的保护。本案中，虽然陶某等人是在集体合同签订后被公司招用的，仍应适用集体合同；同时，虽然陶某等人是在纺织分厂上班工作，但仍属于纺织公司的职工，因此应适用集体合同。

另外，集体合同的法律效力一直保持在集体合同的约定期限之内，即在集体合同签订时双方约定的合同期限之内，当事人均不得违背合同的规定。集体合同期满以后，如果双方同意延长合同的有效期限，则集体合同继续具有法律效力。

2. 根据《劳动法》第 35 条的规定，集体合同对本企业具有约束力

劳动合同当事人一方是企业，另一方作为劳动者中的一员，必须遵守并履行集体合同，集体合同中有的约定在劳动合同中未涉及的，这些内容对劳动者和企业同样具有约束力，要按集体合同的规定执行。另外，劳动合同中劳动条件和劳动标准不得低于集体合同的规定，否则认为无效，总之集体合同的法律效力高于劳动合同，劳动合同不得违反集体合同。

本案中，陶某等人与纺织公司签订的劳动合同中关于工间休息的规定低于集体合同中劳动条件的标准，因而无效。纺织公司应按照集体合同的规定给予陶某等工人 20 分钟的工间休息时间无疑是正确的。

特别值得注意的是，集体合同对劳动合同的效力体现在劳动劳动条件和劳动报酬等标准不得低于集体合同的规定，但劳动合同中可以约定高于集体合同规定的劳动条件报酬等标准。本案中，纺织公司与陶某约定的劳动报酬高于集体合同的规定，仍是有效的。

案例十　集体合同期限内，一般劳动合同到期能否终止

[案情]

老张是大禹服装有限公司的仓库保管员，在公司已经工作 5 年了。由于工作性质的原因，老张每周需要上 3 个夜班。最近老张身体不太好，血压有点偏高，老张眼看自己与公司签的劳动合同年底就要到期了，所以非常担心，公司会不与他续签劳动合同。10 月份的时候，大禹服装有限公司发布公告并通知老张，公司的工会已经代表全体职工与公司签订了为期 3 年的集体合同，这下老张一颗悬着的心落地了，自己终于不再担心公司会辞退他了。但令老张意想不到的是，到了 12 月份，公司的人事部门通知老张，由于与老张的劳动合同 12 月底到期，考虑到老张的身体原因，公司决定不再与老张续签劳动合同。老张认为，明明工会代表老张在内的全体职工与公司签订了为期 3 年的集体合同，就不应以与老张的劳动合同到期为由不再续签劳动合同。

[思考问题]

集体合同与劳动合同有何区别？本案应如何处理？

[分析]

集体合同是指由工会代表劳动者与企业根据法律、法规的规定就劳动报酬、工作时间、休息休假、劳动安全卫生、职业培训、保险福利等事项在平等自愿，协商一致基础上签订的书面协议。劳动合同是劳动者与用人单位之间关于确立、变更和终止劳动权利和义务的协议。集体合同与劳动合同的相同点是二者都是用来调整劳动关系的合同形式；不同点是前者是通过集体协商由双方代表根据法律、法规的规定就劳动报酬、工作时间、休息休假、劳动安全卫生、职业培训、保险福利等事项在平等协商一致的基础上而签订的书面协议。而后者是指单个劳动者与用人单位确定劳动关系、明确双方权利和义务的协议。集体合同与劳动合同不能相互替代，有了集体合同与劳动合同的双重保护，才能更好地维护用人单位的用工秩序。

本案中，工会代表全体职工签订的集体合同，是从全体职工利益出发、以整体利益为标准、对所有职工具有约束力的劳动合同。而老张与公司签订的劳动合同是以劳动者个人为标准、仅涉及职工个人利益的劳动合同，一般劳动合同是集体合同的补充，因此，集体合同的签订并不影响一般劳动合同的效力与履行，因此大禹服装有限公司有权不再与老张续签劳动合同。

案例十一　能否以集体合同否定劳动合同

[案情]

王某从某名牌大学毕业后，应聘到一家国有企业经销部门工作。在工作来往中，某外资企业看其工作能力，以高薪、高职位将王某从原国企"挖"来，任命其为公司经销部门经理，薪水相当于原企业的 5 倍。为此，王某同公司签订了为期 3 年的劳动合同，合同中约定"未经乙方（王某）同意，甲方不得任意变更乙方的工作岗位、降低工资"。后来，公司对经销部门经理一职有了新的人选，提出以企业职工代表大会通过的集体合同中有关"企业可以随时调整员工工作岗位和工作报酬"的条款规定来否定与王某的劳动合同，调整王某的工作岗位，降低其工资。对此，王某提出异议。

[思考问题]

签订集体合同的目的是什么？本案中公司的做法是否正确？

[分析]

《劳动合同法》第十一条规定，用人单位未在用工的同时订立书面劳动合同，与劳动者约定的劳动报酬不明确的，新招用的劳动者的劳动报酬按照集体合同规定的标准执行；没有集体合同或者集体合同未规定的，实行同工同酬。集体合同的签订目的是为了协调劳动关系，更好地保护劳动者权益。

第十八条规定，劳动合同对劳动报酬和劳动条件等标准约定不明确，引发争议的，用人单位与劳动者可以重新协商。协商不成的，适用集体合同规定；没有集体合同或者集体合同未规定劳动报酬的，用人单位应当对劳动者实行同工同酬；没有集体合同或者集体合同未规定劳动条件等标准的，适用国家有关规定。

因此，签订集体合同的目的是协调过去关系，更好地保护劳动者的利益。从这一立法目的考虑，如果劳动合同相对于集体合同更有利于劳动者的，应该执行劳动合同的规定。因此在本案中，公司不能以集体合同的规定来否认劳动合同，强行调整王某的劳动岗位，降低王某的工资。

案例十二　集体合同的生效与效力

[案情]

2007年2月1日，甲公司与工会经过协商签订了集体合同，规定职工的月工资不低于1000元。2007年2月8日，甲公司将集体合同文本送劳动行政部门审查，但劳动行政部门一直未予答复。2008年1月，甲公司招聘李某为销售经理，双方签订了为期2年的合同，月工资5000元。几个月过去了，李某业绩不佳，公司渐渐地对他失去信心。2008年6月，公司降低了李某的工资，只发给李某800元工资。李某就此事与公司协商未果，2008年7月，李某解除了与公司的合同。

[思考问题]

1. 集体合同是否生效？为什么？
2. 李某业绩不佳，公司可否只发其800元的工资？为什么？

[分析]

根据《劳动合同法》第五十四条规定，集体合同签订后应当报送劳动行政部门；劳动行政部门自收到集体合同文本之日起15日内未提出异议的，集体合同即行生效。依法订立的集体合同对用人单位和劳动者具有约束力。因此，可以认定为甲公司与工会签订的集体合同有效。

根据《劳动合同法》第五十五条的规定，用人单位与劳动者订立的劳动合同中劳动报酬和劳动条件等标准不得低于集体合同规定的标准。在案例中，公司因李某的业绩不佳，而把工资降低，并低于集体合同的最低工资约定。同时，按照《劳动合同法》第三十五条的规定，用人单位与劳动者协商一致，可以变更劳动合同约定的内容。因此，公司降低李某的工资，是单方变更劳动合同中劳动报酬的行为，且其支付的劳动报酬低于集体合同规定，因此违反了法律的规定。

案例十三　集体合同的签订方式与程序

[案情]

张某是一家公司的职工，2006年初，其所在公司300多名职工要求与单位签订一份集体合同。由于企业刚成立尚未组建工会，部分职工就委托本企业的 5 名职工以及当地商会的朱某作为代表，向企业提出就工资标准、工资支付办法、工时制度等内容进行集体协商的要求。企业经过考虑，同意了职工的要求。2006年2月21日，各方代表就集体合同的具体约定进行协商。商会的朱某和 5 名职工作为职工方的代表，公司一位副总经理、人事部门经理和律师 3 人作为企业代表，双方经过认真热烈的讨论，就协商内容基本达成一致。朱某作为职工方的首席代表在集体合同草案上签了字，副总经理作为企业方的首席代表也签字认可。随后，朱某等职工代表将集体合同草案向全体职工进行了公布，但一些职工对合同协商内容及朱某的代表资格却表示不满，因此发生了争议。

[思考问题]

1. 企业和职工双方的代表是否符合规定?关于集体协商双方的代表人数、产生办法及资格条件有何限制性规定?

2. 集体协商应经过哪些程序（含劳动保障部门审查）？本案中双方集体协商过程是否规范?

[分析]

集体合同，是指用人单位与本单位职工根据法律、法规、规章的规定，就劳动报酬、工作时间、休息休假、劳动安全卫生、职业培训、保险福利等事项，通过集体协商签订的书面协议。根据我国劳动和社会保障部 2004 年颁布的《集体合同规定》，集体协商双方的代表人数应当对等，各方至少 3 人，并各确定 1 名首席代表。职工一方的协商代表由本单位工会选派。未建立工会的，由本单位职工民主推荐，并经本单位半数以上职工同意。首席代表不得由非本单位人员代理。

经双方代表协商一致的集体合同草案或专项集体合同草案应当提交职工代表大会或者全体职工讨论。职工代表大会或者全体职工讨论集体合同草案或专项集体合同草案，应当有 2/3 以上职工代表或者职工出席，且须经全体职工代表半数以上或者全体职工半数以上同意， 集体合同草案或专项集体合同草案方获通过。集体合同或专项集体合同期限一般为 1~3 年，期满或双方约定的终止条件出现，即行终止。

在本案中，职工代表 6 人，企业只有 3 人，人数不对等；且朱某不属于本单位职工，不能担任首席代表，因此双方集体协商的过程是不规范的。

案例十四 集体合同未约定工作时间

[案情]

2010 年 1 月 1 日，李某、王某二人作为公司 60 名职工推举的代表与公司签订了集体劳动合同。但合同草案事先并未让大家讨论并通过。合同签订后，也未报送劳动行政部门备案。不久，大家发现，公司的上班时间并无规律，甚至绝大多数情况下一天要超过 10 个小时。陈虹等 6 名职工遂要求公司明确工作时间，加班则应另付加班工资。但职工的要求遭到公司拒绝，理由是：依法订立的集体合同对用人单位和劳动者具有约束力，集体合同并没有限定工作时间，公司自然有权支配，职工们也必须无条件服从。

[思考问题]

职工要求公司明确加班工作时间、加班另付加班工资的要求有无法律依据？

[分析]

本案中职工有权要求公司明确劳动时间及加班工资。一方面，劳动时间、加班工资当属集体合同的内容。《劳动法》第三十三条规定："企业职工一方与企业可以就劳动报酬、工作时间、休息休假、劳动安全卫生、保险福利等事项，签订集体合同。"《劳动合同法》第 51 条也指出："企业职工一方与用人单位通过平等协商，可以就劳动报酬、工作时间、休息休假、劳动安全卫生、保险福利等事项订立集体合同。"无论是《劳动法》还是《劳动合同法》都已规定："集体合同草案应当提交职工代表大会或者全体职工讨论通过"。本案却未能如此，其有损劳动者利益的部分当然也就无效。另一方面，《劳动合同法》第五十四条规定："集体合同订立后，应当报送劳动行政部门；劳动行政部门自收到集体合同文本之日起15 日内未提出异议的，集体合同即行生效。"鉴于本案并未报送劳动行政部门备案，决定了合同尚未生效，也就没有法律约束力。

案例十五　已生效的集体合同对员工的约束力

[案情]

天天乐商场为了统一规范化管理商场，经过民主程序，与工会签订了集体合同，并报劳动保障部门登记备案。集体合同中约定了劳动报酬、劳动纪律等内容，其中有一条规定如下：在周末与节日的商场经营活动中，员工需要延长一个小时工作时间，商场向员工支付加班费。

公司职工程某是摄影爱好者，利用业余时间报名参加一个摄影培训班。2007年"五一"期间，天天乐商场要求所有员工每天加班一个小时。程某认为，全体职工讨论、表决集体合同当天，自己投了反对票，因此程某以自己不同意签署集体合同、集体合同条款对自己无效和自己需要上摄影培训班为由，拒绝公司的加班安排。天天乐商场对于程某不听从商场安排的行为处以 100 元的罚款，程某不服，向劳动争议仲裁委员会提起劳动争议仲裁，要求撤销天天乐商场的处罚决定。

[思考问题]

已经生效的集体合同对于不赞成集体合同条款的职工是否有约束力？

[分析]

根据我国相关法律规定，集体合同是企业、事业单位作为一方和代表职工的一方即工会组织（或职工代表）之间订立的就企业、事业单位有关内部劳动关系问题达成的协议。集体合同的内容是以规定集体合同的当事人应承担的义务的方式来实现的。

集体合同在双方签字后还需要报请劳动行政主管部门和企业主管部门、上级工会组织登记备案。劳动行政部门有审查集体合同内容是否合法的责任，如果发现集体合同中的项目或条款有违法、失实等情况，应当发回让企业进行修改。只有在劳动行政部门收到集体合同文本之日起 15 日内没有提出意见的，集体合同即发生法律效力。集体合同自签订生效之日起，即对企业和企业全体劳动者都具有约束力。

本案中，天天乐商场的集体合同是经过民主程序由全体职工讨论、表决通过，并由工会与商场签订的，自其生效之日起，即对天天乐商场所有员工都具有约束力。因此天天乐商场依据天天乐商场的集体合同对程某作出的处分决定并无违法之处。

案例十六 南海本田工资集体协商案例

2011年3月1日下午，广东南海本田汽车零部件制造有限公司（下称南海本田）举行第三次工资集体协商会议，经过劳资双方三轮（前两轮分别在2月15日、25日举行）谈判、五次协商，就2011年度的工资涨幅额度作出最终决定：在去年增长500元的基础上，今年再上调611元，其中工资部分增加561元，奖金增加50元。

2010年5月，南海本田工人因不满薪酬而停工，后经多方协调而平息事态，工人每人涨薪500元，在上级工会的协助下完善了工会组织网络；2011年，在上级工会的参与指导与斡旋下，南海本田劳资双方最终协商的年度工资涨幅额度超过了上一年度。

2011年南海本田工人停工事件平息后，广东省各级工会干部多次下到该公司，帮助完善工会组织网络，并建立起了劳资双方的协商机制。这次的工资涨幅额度协商过程曲折复杂，30多位职工代表和工会干部都从中收益良多。

据悉，2月15日首轮谈判时，资方提出的方案是加薪431元，涨幅为22.4%，工会和职工方代表并没有表态。经广泛征求职工意见，并在企业周边作了比较深入的调查研究后，2月25日第二轮谈判时，职工方代表提出的方案是加薪880元，涨幅达46.4%，双方方案的差距很大，互不接受。在3月1日第三轮谈判中，资方代表提出了总体工资上调561元，奖金增加33元的方案，并强硬地表示此为最终方案，如果工会不赞成，前期所有谈判成果将清零，最终将提交政府有关部门进行仲裁。

面对僵局，工会代表提醒劳资双方：协商中要寻找和明确共同点，在此基础上逐步化解分歧。并分析双方至少有四个共同点：一是双方都有构建和谐劳动关系的愿望；二是双方都明确要打造有魅力的南海本田的目标；三是都追求稳定职工队伍、留住高素质员工的局面；四是都认可2013年一线工人月收入3500元的目标。工会代表明确表示反对"最后方案"的提法，要求劳资双方都应从和谐的大局出发，相互尊重、互相让步以达成最终方案。

南海本田这次成功的工资集体协商，具有标志性的意义。当前，劳动关系领域的焦点问题就是加薪，企业的经营者一定要转变过去以低成本扩张发展的思路，充分考虑职工的诉求和社会和谐发展的大局，与工会和职工代表协商加薪的幅度。工会和职工代表也要充分认识到：采取停工，甚至不理智的方式来争取权益，不是最好的选择，协商才是构建和谐劳动关系、增加职工收入的主要途径。南海本田就提供了一个鲜活的范例。

案例十七　江苏盐城汇达医疗器械有限公司工资集体协商

江苏盐城汇达医疗器械有限公司成立于 2003 年 8 月，是一家生产显微镜用载玻片、盖玻片系列，血球化验板，实验室用玻璃仪器、手术用缝合线等产品的专业厂家。现有工人 176 人。2013 年，公司实行"按岗计酬"和"按岗补助"效益决定工资的分配制度。工资分配和职工享有政策成为职工关注的焦点。在这一背景下，汇达公司的职工们在工会的组织引导和公司的支持下，认真学习《江苏省劳动合同条例》《江苏省工资支付条例》和《江苏省集体合同条例》等法规，并召开了职工会员代表大会，针对新形势下影响企业劳动关系稳定、职工普遍关注的工资分配和享有权利的问题，继续拓展、延伸平等协商，签订集体合同机制，大胆进行了探索，确定了公司推行工资集体协商制度的目标。

为了实现职工代表大会确定的建立工资集体协商制度的目标，工会开展了工资集体协商制度建立探讨活动，与公司董事长、总经理等股东代表探讨工资分配方案改进的办法，逐渐探索出了一条新形势下建立和谐劳动关系的新路子。

在确定"推动工资集体协商制度在公司的实质性进展"是公司工会的头等大事这个目标。工会起草了《盐城汇达医疗器械有限公司工资集体协商实施细则（讨论稿）》，并经公司职工代表大会审议通过。受职工代表大会委托，公司工会向公司行政方和股东会递交了《工资集体协商建议书》，并在当天得到正式回复：公司董事长李刚代表公司股东会和行政方签字答复，确认 2013 年 12 月 16 日与公司劳动方代表展开集体协商，并在此日之前商讨出协商人选向全厂公示。

2013 年 12 月 16 日，公司的职工代表和股东代表分别以劳动方协商代表和行政方协商代表的身份，正式开始 2013 年公司工资集体合同的协商过程，监督小组列席会议。上午 9:00~11:00，以工会副主席李成忠同志为首的劳动方代表与公司董事长李刚进行了沟通、协商。协商的主要内容如下。

①希望将公司最低工资标准提高至 1800 元；②希望改善绩效工资的计算方法，并提高计酬标准；③产品的工价作适当调整；④加班加点工资严格按照劳动法加倍计酬的做法。

下午 14:00~15:00 是行政方代表进行答复，董事长作为行政方代表作出了正式回应：首先，公司肯定延续上年度严格按照《劳动法》对加班加点劳动计酬的做法；其次，2014 年工资总额的增幅行政方确认为 5%；最后，工资标准按照新发布工资标准计算，并随该数值的变化调整。

随后，双方代表进行了协商。劳动方表示对行政方严格按照劳动法计算工资的做法进行了肯定，但根据社会最低工资标准，每月只有 1600 元，并不符合公司的经营状况，明显偏低，绩效工资的计算方法是 3 年前确定的，也已经不符合现实情况，而且每月两次发放工资对不少员工造成了不便，例如有员工需要还房贷，有员工需要每月支付老人的赡养费用，这都是实际情况。行政方对此表示理解，并且在发放工资形式和调高工资总额及绩效工资标准上作出让步。

劳资双方经过充分讨论，由工资协商监督小组组长作出了协调，在工资方面的支撑能力达不到10%的增幅，但是也不止行政方提出的5%。另外，盐城市亭湖区社会最低工资标准是针对整个社会的，按照公司的发展趋势和经济实力，1600元/月的确偏低，希望行政方结合实际情况考虑适当调高。

最终在工会努力争取和监督小组的协调下，双方达成协议，2014年工资总额较上一年增长7.3%（约41.7万元），最低工资标准确认为1800元/月。

通过这次工资集体协商，职工每月工资基本达到2800～4300元不等，这次的协商不仅促进了公司劳动关系的稳定和谐，增强了公司的凝聚力和向心力，也维护了职工的合法权益，调动了职工的积极性和创造性，还提高了企业的经济效益，促进了企业发展工资集体协商工作的开展，还使职工认识到，工资收入的增长是建立在提高企业效益的基础上的，企业有了效益，职工的工资收入才会提高，从而又增强了职工为企业多作贡献、多得报酬的主动性和积极性，收到了职工不断创收、企业持续快速发展的双赢效果。

第二节 自测案例

【案例一】

章某一直在一家制衣厂打工，收入颇丰。2010年3月1日"元宵节"刚过，沈微等12个小姐妹便吵着嚷着要跟随章某一同外出打工，并称章某为她们的"包工头"，同意其从沈微等12人工资中适度提成作为回报。

次日，章某以"包工头"的身份代沈微等12人与制衣厂签订了劳动合同。一个月后，沈微等12人发现自己的工资低于当地政府规定的最低标准，遂要求增加。制衣厂则以其和沈微等12人的集体劳动合同中，对工资已有明确约定为由予以拒绝，此案最终导致一起劳动争议案件。

试分析：

1. 本案中所涉及的劳动合同是否属于集体合同？签订集体合同需要经过哪些法定程序？

2. 此案中沈微等人要求增加工资的主张能否得到支持？

【案例二】

2009 年 6 月 1 日，赵某所在公司的工会代表全体员工，与公司签订了为期两年的劳动合同。2010 年 1 月，赵某觉得自己在该公司难于施展且潜力不大，收入也不高，遂向公司提交了辞呈，表明将在一个月后离开公司。由于赵某是公司的骨干和中坚力量，其辞呈被公司断然拒绝。

试分析：

签订集体合同后，劳动者能否单方解除集体合同？

【案例三】

李某于 2007 年 12 月退伍转业后被安置在蒙阴县某企业工作。2008 年 1 月 1 日，双方签订了为期 2 年的劳动合同，合同约定月工资 1200 元，每月计发 1 次。2008 年 4 月，在合同履行期间，该企业工会与企业经协商签订了 1 份为期 3 年的集体合同。为提高职工的积极性，该集体合同约定，企业所有员工每年年终可获得 1 次第 13 个月的奖金工资。该集体合同经企业职代会通过，并报当地劳动行政部门审核后开始生效。2009 年 1 月，由于李某没有得到第 13 个月的工资，遂向企业负责人提出应补发第 13 个月工资的要求。但该企业负责人称，李某与企业签订的劳动合同中已明确约定了支付劳动报酬的次数，双方应严格按劳动合同的约定履行。无奈之下，李某遂向当地劳动保障监察部门反映情况。

试分析：

1. 集体合同与劳动合同之间的关系如何？
2. 李某要求补发第 13 个月工资的请求能否得到支持？

【案例四】

小刘是一家公司的销售经理，2009 年 1 月公司工会代表职工与该公司签订了为期 3 年的集体合同。2010 年 4 月，因公司兼并与行业发展出现各一系列情况，使集体合同继续履行对职工来说显失公平，小刘等人要求公司解除合同，公司强硬拒绝，并表示该集体合同已报送劳动行政部门备案，对企业和全体职工都具有法律约束力，不能予以解除。小刘向工会反映，工会代表与公司协商不成依法申请劳动仲裁委员会裁决解除集体合同。

试分析：

1. 履行期限未满，集体合同是否可以解除？
2. 解除集体合同需要有哪些法定情形？

【案例五】

上海市某中外合资企业在签订集体合同时，面临一个问题是该企业没有设立工会。因此企业认为应当选取了解企业状况的职工参与，于是企业提出 7 名职工代表名单供职工表决通过。职工认为集体合同中的职工代表应当由职工选出，于是有许多工人不参与表决，并进行联合怠工。但是这个名单还是获得了参与表决的工人的半数同意，于是这 7 名职工代表与企业的 7 名代表双方开始谈判。为了防止出现反对和赞成同等票数情况的发生，企业决定由企业方的一名代表作为谈判的总决定人，在意见难以通过时行使决定票。谈判中的议案是企业预先拟订的，职工代表一开始反对；但是企业一方威胁说可能会解雇代表，因此企业拟订方案最后通过。随即全体代表签订了集体合同，并交当地劳动行政部门审查备案。

试分析：

1. 上述案例中签订集体合同的程序是否合法？
2. 集体合同的签订有哪些法定程序？

【案例六】

某钢铁制造集团现有职工 3246 人，先后与企业签订了劳动合同。2005 年 8 月 5 日，钢铁制造集团与工会签订集体合同，并于 8 月 29 日经劳动行政部门审查。该集体合同规定："公司根据国家有关规定，为员工办理社会统筹保险，并按时足额缴纳养老、工伤、生育、失业等保险费。工会有权监督，并向职工定期公开。"钢铁制造集团每月从职工工资中按规定扣缴了个人应缴的社会保险费，却没有及时上缴职工已缴给企业部分和企业应缴的社保费。截至 2007 年 2 月底，该企业累计欠缴社会保险费 5 219 828.71 元，其中养老保险费 49 551 40.34 元、工伤保险费 132 397.22 元、生育保险费 284 21.39 元、失业保险费 103 869.76 元。2009 年 4 月，钢铁制造集团工会委员会向劳动争议仲裁委员会申请仲裁，要求钢铁制造集团补缴拖欠的社会保险费。

试分析：

1. 本案是否属于履行集体合同发生的争议？
2. 劳动仲裁委员会对申诉人要求补缴社会保险费的请求是否应予以支持？

【案例七】

某公司的第三车间有 20 名工人，都是该公司工会会员。2007 年 10 月，公司工会代表职工与公司签订了集体合同。集体合同生效后，第三车间的车间主任和工会小组长与全体车间员工开会，讨论第三车间与公司单独签订集体合同的问题。

原来第三车间在公司内是一个比较特殊的车间，工人需要经常加班。而公司的集体合同规定每周工作 40 小时，不符合车间的实际情况。因此，工会小组长建议，本车间的工作时间改成每周 50 小时，同时工资和福利都进行相应的调整。经过充分讨论，在车间主任和工会小组长的相互协调下，终于拟订了本车间的集体合同，车间主任和工会小组长在合同上签字，车间全体职工鼓掌通过。

试分析：

1. 本案中车间主任和工会小组长为代表签订的集体合同是否有效？

2. 相关法律对签订集体合同的主体是如何规定的？

【案例八】

得利公司是一家新成立的私营公司，有职工 200 多人。有职工听说集体合同的重大意义，要求与本公司也签订集体合同。但是得利公司没有工会，一小部分职工推选了 5 名职工，并从公司所在地街道聘请了一名退休干部徐某作为代表，于 2008 年 1 月 3 日向公司提出书面要求，要求就工资标准、工资支付方法、工时制度、劳动定额标准、休息休假、劳动条件、劳动安全技术措施及各项保险、福利等内容进行集体协商。

公司经过讨论，于 3 月 12 日书面同意进行集体协商，并决定由公司总经理（法定代表人）、人力资源部经理及聘请的两名律师作为公司方面的代表。双方于 3 月 16 日召开协商会议，但公司总经理因出差未到协商现场。经过认真热烈的讨论，双方就协商内容基本达成一致意见。徐某作为职工一方的首席代表在集体合同草案上签字，人力资源部经理作为公司方代表在草案上签字。会议结束后，职工代表就将集体合同中的内容向职工公布，但一些职工表示刚知道此事，对职工代表的资格表示了质疑。公司对于职工的质疑毫不理会，称只要总经理回来审查集体合同草案后，觉得没什么问题，签字批准后，该集体合同就生效了。

试分析：

1. 得利公司和职工双方代表的产生是否符合法律规定？为什么？

2. 得利公司签订集体合同的程序是否有违反法律规定的地方？

【案例九】

陈师傅与某企业签订有为期 3 年的劳动合同。合同中约定：陈师傅的工资每月计发一次。合同履行期间，企业工会与企业经协商签订了一份集体合同。该份集体合同中约定：企业所有员工每年年终可获得一次第 13 个月的工资。年终过后，陈师傅没有得到企业支付的第 13 个月工资。陈师傅即向企业提出补发第 13 个月工资的要求。但企业表示，陈师傅和企业签订的劳动合同中约定了劳动报酬的支付次数，双方应当严格按照劳动合同的约定履行，对陈师傅提出的要求不予同意，双方由此产生争议。

试分析：

1. 集体合同与劳动合同的关系如何？
2. 陈师傅要求企业支付第 13 个月工资的请求能否得到法律支持？

【案例十】

某市一国有制鞋企业一直以来效益较好，2005 年以后因市场变化、管理者更换等原因导致经济效益下滑。为了调动职工的积极性，2005 年 4 月企业决定与职工签订集体合同，企业工会代表全体职工与企业签订了该集体合同。集体合同中约定：为了提高经济效益，企业职工每天需工作 9 小时，每周工作 6 天，合计每周工作 54 小时，周日为休息日。职工的基本工资为每月 1800 元，加班工资及其他实物性福利不计算在内；此外，根据职工的不同业绩给予不同的奖金份额；工资为每月 15 日支付；合同期限为 4 年，2005 年 4 月 16 日至 2009 年 4 月 16 日。此外，合同还就劳动安全与卫生、变更、解除和终止合同的协商程序，双方的权利义务，履行合同中争议的解决方法以及违反合同的责任等内容进行了约定。此合同于 2006 年 1 月 3 日报送劳动保障行政部门进行审查，劳动行政部门经过审查后，发现合同中一些条款违反了法律法规的规定，于是向双方出具了《集体合同审查意见书》，要求合同双方当事人对合同的相关条款进行修改。

试分析：

1. 本案中哪些条款不符合法律法规的相关规定？
2. 结合本案谈谈集体合同的签订程序和集体合同的内容。

【案例十一】

2006 年 4 月，刘某应聘于 A 公司，因符合公司用人条件故被聘用。公司于 5 月 18 日与刘某签订了劳动合同，合同中规定刘某的月工资为 1500 元，每天工作 6 小时。一个多月后，刘某与同事聊天中偶然得知，工会代表员工与公司签订过集体合同，约定员工工资不低于 2000 元。刘某认为自己的工资标准低于集体合同的规定，便与公司交涉，要求提高工资，但公司始终不同意。刘某不服，于 2006 年 7 月向当地劳动争议仲裁机关提出申诉，要求 A 公司按照集体合同中约定的 2000 元工资标准来向自己支付劳动报酬，并补足于 2006 年 5 月到 2006 年 7 月低于集体合同中约定的劳动报酬标准部分的工资。劳动争议仲裁委员会受理了此案，A 公司答辩时辩称，集体合同是 A 公司与工会于 2006 年 3 月签订，4 月 2 日正式生效的，只适用于当时在职的正式员工，而刘某是 5 月与公司签订的劳动合同，故不适用于此集体合同适用的员工范围之内；并且，集体合同规定的员工每天工作 8 小时，才能得到不低于 2000 元的月工资，而刘某每天工作仅为 6 小时，所以不能给予同等待遇。而刘某称集体合同是工会与公司签订，而自己属于公司员工，因此，劳动合同也同样适用于集体合同。

试分析：

1. 刘某的诉求能否得到劳动争议仲裁委员会的支持？

2. 集体合同条款与劳动合同条款规定不一时，应该如何处理？

【案例十二】

2005 年 12 月 1 日，某中外合资企业为了稳定、协调劳动关系，与该中外合资企业的工会组织就职工的劳动报酬、工作时间、休息休假、各种福利待遇等事项签订了集体合同，该集体合同的期限为 2006 年 1 月 1 日至 2008 年 12 月 31 日。其中，集体合同规定职工的月工资不低于 1500 元。2005 年 12 月 25 日，双方将集体合同提交当地劳动与社会保障部门审查。截至 2006 年 3 月 25 日，劳动与社会保障部门仍未给予答复，该中外合资企业认为该集体合同没有被劳动与社会保障部门批准，因此，该集体合同未生效。于是，该中外合资企业于 2007 年 10 月，分别同每个职工签订劳动合同，职工的月工资标准为 1200～1400 元不等。

试分析：

1. 工会代表职工签订集体合同的主体资格是否合法？为什么？

2. 该中外合资企业签订的集体合同是否已经生效？为什么？

3. 该中外合资企业与职工签订的劳动合同中关于工资报酬条款是否合法？为什么？

4. 集体合同与劳动合同之间在签订的目的、内容方面有什么区别？

【案例十三】

2000 年，美国某投资企业与中国一家信托投资公司共同出资成立 A 企业。2004 年，经过协商，工会与企业签订了为期 3 年的集体合同。同时，该企业又根据具体情况分别与每位员工签订了劳动合同。后来 A 企业经济效益持续下滑，美方同意将所持 A 企业股份转让给德国一家企业。2005 年，德国企业提出停止履行集体合同的要求，并解除与现在企业职工的劳动合同。企业董事长认为企业不破产的唯一希望就是降低成本，因此同意德国方面的要求。对此员工不满，经协商未果后，工会将企业诉至劳动争议仲裁委员会，请求撤销停止履行、解除与现在企业职工劳动合同的决定。

试分析：

1. 工会的主张能否得到支持？

2. 股东的变更是否影响集体合同和劳动合同的效力？

第七章　企业民主管理制度

第一节　案例分析

案例一　唐山港集团股份有限公司企业民主管理实践

[案情]

唐山市职工民主参与工程经验交流暨表彰大会在石油宾馆召开，隆重表彰了全市 2007 年职工民主参与工程的先进单位和先进个人。京唐港股份有限公司荣获"唐山市职工民主参与工程模范单位"荣誉称号，获得此荣誉的还有开滦集团、唐钢、三友等 8 家大型企业。

职工民主参与工程是企业推进职工民主管理的有效载体。近年来，京唐港股份有限公司工会按照市总工会统一部署，结合自身工作实际，积极推进职工民主参与工程，实现了公司民主管理工作在巩固中发展、在发展中创新，为保障职工民主权利、协调稳定劳动关系，维护职工合法权益，促进公司和谐发展发挥了重要作用。

一是夯实基础，规范运作，畅通职工民主参与工程管道。规范了民主管理的各项规章制度，实行了公司职工代表大会制度，开设了董事长总经理接待日制度等一系列制度。工会、党委工作部等相关部门定期征集职工意见，畅通了民主管理管道，职工参与公司民主管理热情高涨。

二是结合实际，扎实推进，不断完善职工民主参与工程的内容。结合公司发展实际，开展了职代会星级创建活动。依据《河北省职工代表大会条例》建立健全职代会制度，坚持每年召开职代会，完善职代会程序，涉及职工切身利益的问题坚持经职代会讨论通过。坚持企务公开制度，让广大职工知港情，参港政。在企务公开形式上力求创新，在橱窗、《唐山港新闻》和公司局域网等载体上开设专栏进行广泛公开，使重大事项透明化、公开化。

三是创新形式，有的放矢，力求职工民主参与工程的实效。本着"源头参与"的原则，工会积极做好职工维权工作，积极参与劳动合同修改订立工作，代表职工与公司签订了《集体劳动合同》，起草并代表女职工与公司签订了《女职工特殊保护协议》。建立了职工董事和职工监事制度，健全了职工董事监事的备案、培训制度，职工董事和职工监事工作切实有效，发挥了应有的作用。

[思考问题]

职工民主管理有哪些具体形式？唐山港具体有哪些做法？

[分析]

职工民主参与又称职工民主管理、劳动参与，是指劳动者有权参与企业的管理活动并对和自身利益有关的管理信息有知情权，是企业职工通过职工大会、职工代表大会或其他形式，审议企业重大决策、监督企业行政领导，维护企业和职工合法权益，体现劳动者当家做主的企业管理制度。职工代表大会是企业实行民主管理的基本形式，是职工行使民主管理权利的机构。

在职工民主管理方面，唐山港集团股份有限公司相继出台了《职工代表管理办法（暂行）》、《职工代表巡视制度（试行）》、《职工代表提案管理办法》等一系列规章制度，进一步规范职工代表的管理，对公司推进民主管理进程、规范职工代表大会制度建设发挥了积极的作用。

近年以来，唐山港集团股份有限公司在抓好运营生产的同时，不断推进和完善以职代会为主要形式的企业民主管理，在重点职工代表的管理上下工夫，充分发挥职工代表的作用，使企业民主管理进一步规范。

一是从源头抓起，严把入口关。在职代表换届过程中，工会坚持严格按照民主程序产生职代表，全公司划分了 26 个选区，公司领导全部参加各自选区的选举，工会在各个选区安排了工作人员监督选举过程，保证了选举程序合法，杜绝了领导指定，将真正能代表基层职工意愿的代表选出来。165 名代表全部按照民主选举程序产生，经过资格审查，全部符合代表条件。

二是逐步规范职工代表管理，充分发挥职工代表的作用。公司相继出台了《职工代表管理办法》、《职工代表巡视制度》，明确了职工代表的权利和义务，为职工代表参加民主管理活动提供了制度保证。建立了职工代表档案，对于调岗或调离的职工代表及时进行改选或更换。职工代表持证上岗，增强了使命感。

三是加强职工代表的培训，确保职工代表更好地履行职责。工会坚持每年对职工代表进行轮训，采取外聘教师或组织外出学习等形式，每两年轮训一次，使职工代表的综合素质得到了不断提高。

四是坚持重大问题经职代会讨论通过，涉及公司改革、重大决策及职工切身利益的问题，公司坚持职代会讨论通过。尽管受到金融危机的影响，但公司还是通过工资集体协商为职工增资 9%。

由于该公司在民主管理方面动真招、求实效，因此，公司民主氛围更加浓厚，民主管道更加畅通，和谐发展的步伐更加强劲。

案例二　企业职工代表资格的产生

[案情]

河北省某国有企业在册职工 3000 人，企业规定职工代表大会代表为 100 人，其中，70 名企业领导和中层管理人员，30 名一线职工代表。2014 年，该企业职工代表李某在职工代表任期未满时，达到退休年龄，企业工会主席不让他继续担任职工代表，参加职工代表大会的活动。某名牌高校博士研究生王某，于 2012 年与该企业签订了 8 年劳动合同，业务精湛、品行良好、表现出色，企业总经理按照优中选优的原则，指定王某为企业职工代表。但企业工会主席认为，王某不是工会会员，不同意王某担任职工代表。

[思考问题]

1. 试分析该企业的做法是否合法?
2. 试分析该企业总经理的做法是否合法?
3. 试分析该企业工会主席的做法是否合法?

[分析]

首先，分析职工代表大会职工代表的人数。根据《河北省企业职工代表大会条例》规定，"1000 人以上的企业，职工代表按职工人数的 10% 左右确定，一般不超过 400 人。"该国有企业在册职工 3000 人，按照上述规定，企业职工代表大会的代表应在 300 人左右，而该企业职工代表大会的代表仅 100 人，不符合条例规定。另外，分析职工代表大会代表的构成。按照《河北省企业职工代表大会条例》规定，职工代表中一线职工、科技人员和一般管理人员的比例应当不低于 50%。也就是说，中层以上领导人员不得超过职工代表总数的 50%，对该企业而言，就是不能超过 50 人，职工代表的结构不符合规定。

其次，分析企业总经理的做法。根据《河北省企业职工代表大会条例》和中共中央组织部、国务院国有资产监督管理委员会、监察部、中华全国总工会、中华全国工商业联合会和中共中央纪委（以下简称国家六部委）2012 年 2 月 13 日发布实施的《企业民主管理规定》，"职工代表必须由职工民主选举产生"，不可指定，因此，企业总经理的做法显然是不合适的。

最后，分析工会主席的做法。根据《河北省企业职工代表大会条例》规定："依法与企业建立劳动关系的职工均可当选职工代表。"也就是说，与企业没有劳动关系的人员不能担任该企业职工代表。退休人员已与用人单位终止劳动关系，退出劳动领域，不能再作为原企业的职工代表，参加职工代表大会行使表决权。国家六部委《企业民主管理规定》也明确指出，"依法终止或者解除劳动关系的职工代表，其代表资格自行终止。"在这一点，企业工会主席的做法是正确的。同时，根据上述规定，依法与企业建立劳动关系的职工，均有选举和被选举为职工代表大会代表的权利，是否为工会会员并排职工代表的必要条件。在这一点上，企业工会主席的做法是没有法律依据的。

第二节　自测案例

【案例一】

山东兖矿集团唐村实业有限公司的前身是唐村煤矿，始建于1958年。1997年改制为职工相对持大股的有限公司，成为集煤炭开采、橡塑产品生产、液压支柱维修和多种经营于一体、门类齐全的中型煤炭企业，现有职工2100多人。

近年来，唐村实业公司针对新形势下影响企业劳动关系稳定、职工普遍关注的工资分配问题，继续拓展、延伸平等协商签订集体合同机制，大胆探索并推行了工资集体协商制度。这一制度的推行，进一步落实了职工当家做主的民主权利，稳定了企业劳动关系，促进了企业两个文明建设的全面发展。公司荣获山东省"省级文明单位"等称号，公司工会继续保持了省级"模范职工之家"等荣誉称号。

一、基本做法

2000年8月，唐村实业公司对所属子公司、承包单位实行了"一厂一策"和效益决定工资的分配制度。这样，每个单位的工资分配政策愈发成为职工关注的焦点，也是关系企业稳定、影响职工积极性的关键因素。在这种背景下，这些单位通过学习国家劳动和社会保障部《工资集体协商试行办法》、山东省煤管局和山东煤矿工会《关于在全省煤炭企业贯彻实施〈工资集体协商试行办法〉的意见》等，从实践"三个代表"、维护企业改革发展和稳定大局的高度，探索出了一条新形势下和谐企业劳动关系的新路子。

第一，制定《工资集体协商实施细则》规范化。唐村实业公司结合实际起草了《工资集体协商实施细则》（以下简称《细则》），并经公司职工代表大会审议通过，在《细则》中就工资集体协商的指导思想、内容、原则等作出了规定。

第一，明确工资集体协商的指导思想。唐村实业公司推行工资集体协商制度的指导思想是：以邓小平理论和党的路线、方针、政策为指导，以全国劳动和社会保障部制定的《工资集体协商试行办法》等有关规定为依据，以加强企业民主管理、推进工资分配制度改革为核心，以解决职工工资收入分配的具体事项为重点，依法开展工资集体协商，签订工资集体协议。

第二，明确工资集体协商内容。根据工资集体协商的有关规定，结合公司的实际情况，确定工资集体协商的内容为工资分配制度、工资标准、工资分配形式、协议期限、年度工资收入水平及调整幅度、协议变更、解除、终止条件等。同时规定，协商双方签订的《工资集体协议》作为公司集体合同的附件，是专项集体合同，与公司集体合同具有同等法律效力。

第三，明确工资集体协商的原则。在工资集体协商的过程中坚持以下原则：一是合法原则，工资集体协商要遵循国家有关法律法规和集团公司的有关规定；二是平等原则，协商双方人数对等，具有平等的法律地位；三是利益兼顾原则，要兼顾公司长远发展和职工具体利益；四是保持稳定的原则，协商双方要相互沟通、谅解，维护和谐的协商气氛；五是效率优先、兼顾公平原则。

第四，协商双方代表的选举民主化。按照工资协商的有关规定，公司确定了协商双方的代表人数为 7 人。行政方协商代表由公司法定代表人指定，经总经理办公会讨论通过，公司法定代表人为行政方首席代表；职工方协商代表由公司工会委员会在广泛征求职工意见、建议的基础上提出协商代表建议名单，经职工代表团长联席会议讨论通过，工会主席为职工方首席代表，充分体现了代表的群众性和先进性。此外，协商双方代表享有平等的陈述权、辩论权、建议权和否决权等。

第五，起草工资协定文本化。在工资协议文本的起草上，协商双方经过协商决定，工资协议草案由公司行政责成劳资科负责起草，公司劳资科按照工资集体协商的有关规定，在组织有关人员认真调研、分析、测算的基础上起草协定草案。在起草协议过程中，工会先后多次召开职工代表参加的座谈会，广泛征求职工的意见和建议。在与公司进行磋商中，针对工资分配形式、工资标准、工资增长幅度等涉及职工切身利益事项，及时提出意见和建议，经过多次反复讨论、修改，制订出了符合公司实际、较为规范的工资协议文本草案。协议草案首先提交公司党政联席会议讨论、修改，经职工代表团联席会议讨论、通过，确保了工资协议文本的规范化。

第六，协商会议召开程序化。唐村实业公司在召开协商会议的过程中，严把"四个环节"。

一是会前预审环节。提前一周将工资协议文本发给协商代表，广泛征求职工群众的意见和建议。

二是会议召集环节。按照工资集体协商的有关规定，公司行政方提前一个月向职工方提出协商意向书，工会在接到公司意向书后的 3 日内，以书面形式作出同意召开工资集体协商会议的答复，并将双方代表名单提前告知对方。

三是正式协商环节。在会前多次沟通的基础上，召开工资集体协商会议，按照协商双方首席代表轮流担任执行主席的规定，本次协商会议由公司法定代表人主持。会上，协商双方代表站在各自的立场上，就工资协议的内容展开认真讨论和充分协商。如行政方代表提出当前企业应收账款较多，流动资金紧张，职工工资按时发放有困难的问题，职工方代表就会以《劳动法》等有关法律法规为依据，进行有理、有节的协商。经过充分讨论协商，双方代表对工资标准、工资增长幅度等有异议的协议内容全部达成一致意见。

四是签字环节。经过协商双方达成一致后，将协议文本提交代表团长联席会议审议。审议通过后，双方首席代表正式在文本上签字。

第七，工资协定的报批、公布制度化。严格按规定履行民主程序和报批、公布手续。首先，工资协议草案在公司党政联席会议上进行讨论、修改，提交公司代表团长联席会议讨论，原则通过；其次，将协议草案提前一周下发给协商双方代表，使协商代表有充足的时间学习协议内容、收集数据等，以便在协商会上发表意见和建议；再次，召开正式协商会议，在会议上讨论、协商，达成一致后，按规定上报集团公司和工会；最后，经审查同意后，公司利用厂务公开栏、宣传栏、广播、电视等形式向全体职工进行公布，并正式实施。

第八，协议的监督检查严格化。为确保工资集体协商协议的认真履行，公司成立了由党政主要领导任组长，公司工会、劳资、财务、纪监、企管等部门负责人为成员的监督检查领导小组，每半年对协议的履行情况进行一次监督检查，对认真履行协议的单位和个人年终进行表彰奖励；对协议履行不力的单位和个人，按工资协议规定给予处理；工资集体协商协议的履行情况每半年向公司职代会报告一次，接受职代会和职工群众的监督。

二、取得的效果

工资集体协商制度作为工资分配制度的一种创新和发展，在唐村实业公司推行以来表现出较强的生命力，产生了一些积极效应。主要表现在如下几个方面。

一是促进企业劳动关系的稳定和谐，增强了企业凝聚力和向心力。工资集体协商制度的实行，使职工直接参与企业分配，充分享受到了企业发展的成果，对于提高职工对企业的关切度，理顺企业劳动关系，建立企业职工利益共同体，增强企业的凝聚力起到了极大的推动作用。实行工资集体协商制度以来，公司没有发生一例劳动争议事件，企业改革和生产经营稳步发展。

二是维护了职工合法权益，调动了职工的积极性和创造性。实行工资集体协商以来，职工的工资收入有了不同程度的增长。2001年，公司工资协商双方达成了年人均工资收入最高增长4%，实际职工年人均工资收入比上年增长4.68%。工资集体协商制度的建立，使职工的民主权利得到了落实，进一步激发了职工的积极性和创造性，职工关心企业生产经营的多了，为公司发展出点子、提建议的多了。近年来，职工提合理化建议140条，采纳重大建议57条，创直接经济效益320多万元。

三是拓展了平等协商签订集体合同机制，提高了企业的民主管理水平。工资集体协商既是平等协商、签订集体合同制度的重要内容，又是集体合同的深化和拓展。工资集体协商这一新机制的建立，巩固和发展了以"四项机制"为主要内容的民主管理制度，丰富和完善了集体合同的形式和内容，把企业民主管理工作提高到了一个新水平。唐村实业公司推行工资集体协商制度的做法先后在济宁市总工会、山东煤矿工会、山东省总工会的有关会议上介绍了经验。

四是提高了企业的经济效益，促进了企业发展。工资集体协商工作的开展，使职工认识到了工资收入的增长是建立在提高企业效益的基础上，企业有了效益，职工的工资收入才会提高，极大地调动了职工群众的生产积极性，促进了企业的持续快速发展。2002年，唐村实业公司实现销售收入1.68亿元，职工实际工资收入比上年增长8%，全年人均达14 600多元。

试分析：
1. 工资集体协商制度有什么作用？
2. 工资集体协商制度如何具体推行？

【案例二】

小叶从大学毕业以后，通过社会招聘进入本市一家合资企业，从事部门的核算工作，企业与小叶签订了为期2年的劳动合同，合同期满后企业又与其续签2年。2006年初企业工会改选，由于小叶平时为人正直，愿意为职工做好事，所以被职工选举为企业工会主席，任期为5年。小叶上任以后，几次为了维护职工的正当利益与企业老板谈判。2007年2月底人事部门书面通知小叶合同期满与其终止劳动关系，并要求其办理离职手续。于是小叶就去人事部门，要求企业不能与其终止劳动合同，人事部门说明这是董事会的决定，无法更改，并将退工通知单交于小叶，退工的原因是合同期满终止劳动关系。小叶当即表示自己尚在工会主席任职期间，企业不能与其终止劳动关系。虽然经过多次找企业交涉，最终无果。小叶只能将企业告到劳动仲裁委员会，要求劳动仲裁委撤销企业与其终止劳动合同的决定，恢复劳动关系，劳动仲裁委员会经审查后予以受理。

在劳动仲裁委员会开庭时审理时小叶认为，自己虽然劳动合同期满，但是现在自己还是企业的工会主席，尚在任期之内，按照《中华人民共和国工会法》（简称《工会法》）规定，本人在任职期间，即使合同期满企业也不能与其终止劳动关系，除非本人有严重过失。企业这种做法是违法的，所以要求仲裁委撤销企业与其终止劳动合同的决定，立即与本人恢复劳动关系。企业则认为，因为小叶的劳动合同期满，按照《劳动法》的规定，企业不与其续签劳动合同，不存在违法。

试分析：企业能否与小叶终止劳动合同？

第八章　用人单位劳动规章制度

第一节　案例分析

案例一　用规章制度处理违纪员工需依法进行

[案情]

因微博评论"飞机餐难吃"，两名原维珍航空公司的空姐被炒了鱿鱼。为此，两名空姐状告上海外航服务公司人力资源分公司、英国维珍航空公司上海办事处（以下简称"维珍航空"），要求恢复劳动关系，并分别支付工资和加班费 14 万元和 12 万余元。

该事件源于 2012 年 2 月 7 日，维珍航空公司在其官方微博上宣布：该公司计划用 3 年斥资 1 亿英镑提升豪华商务舱产品，这是该公司有史以来对商务舱最大规模的投入。3 月 1 日起，上海起飞的航班启用全新的"精致餐食"服务。在好莱坞黄金时代著称的高脚香槟杯将用来盛装迎宾酒，还有经典的英式下午茶，每份还配有装满点心的迷你糕点架。

当天，两名空姐转发并评论称："东西少，又难吃，光改餐具有什么用？"2012年 2 月 29 日，维珍航空因此事将两名空姐停飞。3 月 7 日空姐在被公司人事经理约谈两次后，公司方面以其所发表的微博内容影响恶劣、对公司造成损害、两人严重违反公司规章制度为由将其解雇。两名空姐向劳动人事争议仲裁委员会申请仲裁被驳回后，向长宁区法院提起诉讼。

两名空姐的代理律师认为，维珍航空解除劳动合同不符合法律规定。两名空姐在私人时间用微博发表评论，不应受到公司规章制度的制约，且微博为匿名微博，并未表露维珍航空员工身份。且原告也多次以乘客身份搭乘维珍航空，从消费者角度可以就供餐服务发表意见。所以，她们在微博上所作之评论，既对维珍航空无影响，也不应受维珍航空规章制度的约束。且两名空姐所作评论并非不实言论，在被停飞后她们也进行了删除。两空姐虽曾签收《员工手册和公司政策及程序》，但其中仅有"纪律处分政策"，并无"纪律处分程序"。维珍航空以两人违反规章制度解除劳动关系，缺乏依据。所以，她们要求恢复双方的劳动关系并支付恢复期间的工资等。

维珍航空代理律师则称，公司的员工手册和纪律政策规定，员工不得在互联网上制作、发送、转发攻击性的或不体面的内容，同时还规定，严重违纪将被立即解雇。纪律处分程序为纪律处分政策的其中一项内容，两空姐签收并知晓该规定。但她们却违反规定在微博上发表对公司不利的评论，事后本人亦在公司调查中予以确认，同时通过微博的链接可查询到两空姐在微博账户资料中表明其所在公司为维珍航空，她们的行为给维珍航空造成负面影响，应属严重违纪，维珍航空以此解除劳动关系符合法律规定。另外，因她们原担任岗位已被替代，已无恢复劳动关系的可能。

[判决]

法院审理后认为，空姐身为员工未能尽到对航空公司的忠诚义务，严重违反公司的规章制度规定，因此公司与空姐解除劳动合同符合法律规定。2013 年 6 月，长宁区法院对此案作出一审判决，驳回了两空姐的全部诉请。

[思考问题]

企业依规章制度处理违纪员工，需要符合什么条件？

[分析]

企业规章制度在劳动关系的调整体系中发挥着重要作用。企业依规章制度处理违纪员工是经营管理的需要。企业管理需要有奖有罚，才能提高企业的绩效。但企业不适当的处理往往导致不良的后果，甚至要承担败诉的苦果。人力资源实践工作中，依规章制度处理违纪员工已逐渐成为企业人力资源管理工作中的热点和难点问题。下面将详尽探讨企业如何有效处理违纪员工，从而提高人力资源管理效率。同时，将从法律的角度进行详细解析，帮助企业有效处理违纪员工，减少劳动争议，以节省企业在处理劳动争议上投入的大量人力和财力，降低违纪处理成本，创造和谐稳定的劳动关系，构建节约型社会及和谐社会。

企业依规章制度处理违纪员工，需要符合一定的条件，遵循一定的程序与步骤。

一、建立完备的规章制度

规章制度是用人单位单方制定并用于规范其生产经营秩序的一种内部规则。属于用人单位依法享有的经营管理自主权的范畴。国家的劳动法律、法规的概括性、抽象性强，可操作性较差。企业在劳动力的使用、管理过程中需要规章制度加以补充和细化。合法有效的企业规章制度可以作为处理劳动争议的依据。《劳动合同法》第 39 条规定：劳动者严重违反用人单位规章制度的，用人单位可以解除劳动合同。《最高人民法院关于审理劳动争议案件适用法律若干问题的解释》第 19 条明文规定：用人单位根据《劳动法》第 4 条之规定，通过民主程序制定的规章制度，不违反国家法律、行政法规及政策规定，并已向劳动者公示的，可以作为人民法院审理劳动争议案件的依据。即：企业只要确保规章制度制定程序的民主、内容的合法和劳动者的知情权，一旦发生劳动争议，法院在作出判决时，除了遵循法律、法规、规章的规定外，也可以依据企业依法制定的规章制度，作为判断是非的一个依据。

此时需要考虑以下几个必须符合的条件。

1. 规章制度的内容要合法有效，不得违反国家法律、法规及政策的规定

由于有些企业的管理人员法制观念的淡漠或劳动法律知识的缺乏，企业的规章制度内容违法的情况不胜枚举。例如：有的企业规定劳动者在劳动合同期内不许结婚或生育；在同一企业工作的夫妻，若骨干一方要求调离，另一方也要限期强制调离，否则予以辞退。有些企业忽视国家对劳动者医疗期的规定，与医疗期不满的生病劳动者强行解除劳动合同。与国家法律、法规及政策相冲突的规章制度自然无效。企业以无效的规章制度处理职工，引发劳动争议，败诉的肯定是企业。

2. 规章制度的制定程序要完备

规章制度应该经民主程序制定（如职工代表大会通过、集体谈判确认等），并向劳动者公示，才能生效。有些企业规章制度没有经过民主程序，仅仅由公司各个部门主要负责人组成的管理人联席会议讨论并通过。有的企业为了处理问题，事后制定相关的规章制度；以这样的规章制度为依据处理劳动者，发生劳动争议，仲裁和诉讼的结果必然对企业不利。

规章制度不向劳动者公示不能生效。有这样一起案例：小求是某公司的业务员，他偷偷配置了一把公司车辆的钥匙，中午乘司机师傅不在，开车出去，被公司的领导发现，小求遭到公司的罚款处理。一个月后他又开着公司的车出去兜风，恰恰碰上了公司的一个副总经理。公司以小求偷开公司车辆，且屡教不改为由，与小求解除了劳动合同。小求对此很不满意，于是就以公司从未向他宣传过规章制度、处理过重为由，向仲裁委员会提出申诉。公司在答辩中称：我们企业有严格的管理制度，除劳动合同之外还有《业务规定》。除进公司培训时明确告诉外，在平时也郑重告诫每位员工，非司机人员不得驾驶公司的车辆。但是小求却屡屡违反。根据《中华人民共和国劳动合同法》第 39 条之规定，我们解除了与他的劳动合同。

那么这个案件应当怎样处理呢？显然小求私配公司车辆的钥匙，在管理人员

不知情的情况下开车外出办私事的行为，在任何一个单位都是不允许的，已经违反了劳动纪律，这是毋庸置疑的。但是这种违纪行为是否就一定要引起解除劳动合同的后果呢？这需要公司就这种处罚后果有一个事先的公示，也就是要告诉职工这种行为可能带来的处罚后果。是否履行了公示程序，成了本案的争议焦点。公司为了证明它履行了公示程序，找来了一位证人，该证人与小求一样也是公司的业务员，他证明在他来公司之初，公司人事部门的人曾在与他谈话时讲过，公司使用的车辆不允许非司机人员驾驶，否则将被公司解除劳动合同，当时办公室里只有他和那位人事部门的负责人。此外公司一方再没有其他证据证明曾向小求明示过私开公司车辆属严重违纪要解除劳动合同的规定。仲裁委员会认为：首先，证人现在仍是公司的职工，公司有可能对证人施加压力影响他客观作证，该名证人属于与本案有利害关系；其次，即便是证人所陈述的都是事实，那也只能证明公司向证人本人宣讲过有关规定，而不能证明公司向其他员工宣讲过规定，更不能证明向小求本人明示过有关规定，所以对公司这方明的证据不够充分，由于公司不能证明向小求明示过有关的规定，只能够裁决公司败诉。在实践中，用人单位不能证明就有关的规章制度已向劳动者明示，从而导致败诉的案例俯拾皆是，究其根本原因一方面是对有关的法律不够了解，而另一方面则是不知道如何向劳动者明示，实际上履行明示义务并不难，比如：将公司的规章制度作为劳动合同的附件，明确地写在劳动合同当中，或者在给职工送达规章制度时让职工签字，或者组织职工学习规章制度并写出学习心得留档等等，都是向职工履行了明示的义务。

3. 规章制度的内容规定要具体，企业处理违纪问题时切实有据可依

《劳动合同法》第39条作了原则规定：劳动者严重违反用人单位规章制度的，严重失职、营私舞弊，对用人单位利益造成重大损害的；用人单位可以解除劳动合同。但什么情形下构成"严重违反规章制度"，什么是"严重失职"，什么程度是"对用人单位利益造成重大损害"；法律法规不可能一一详细列举，企业的规章制度就须对法律、法规的这一空白，进行补充和量化、细化。所谓细化，指全面列举违纪行为的具体表现，最后使用兜底条款，如"企业认定的其他违纪行为"。所谓量化，指在程度上尽量使用客观的数字说明、描述相应的行为。如不要使用"经常迟到早退"，而应使用"迟到或早退累计达三次"；不要使用"凡给公司造成严重经济损失的行为"、而应使用"给公司造成经济损失达5000元以上者"等表述。

总之，规章制度的内容一定要具体，明确区分一般违纪、较重违纪、严重违纪，分别给予口头警告、书面警告、解除合同的处理。否则其就失去存在的价值，也易导致企业败诉的劳动争议的发生。例：某企业的职工因连续旷工3天被解除劳动合同。这位职工不服，申诉到劳动争议仲裁委员会。该企业认为，这位职工

连续旷工 3 天，严重违反了劳动纪律，根据《劳动合同法》第 39 条的规定，企业有权解除劳动合同。但是该企业拿不出规定有"连续旷工 3 天，属严重违纪"内容的规章制度，最后承担败诉的后果。

4. 规章制度不能变更劳动合同的内容

用人单位与劳动者签订的劳动合同一般都会与本单位的规章制度相一致，发生冲突的可能性较小。但劳动合同签订后，随着情况的变化，用人单位会不断的修改规章制度。这样难免会发生在某个问题上规章制度与劳动合同相冲突的现象。哪一个效力优先呢？

劳动合同是用人单位与劳动者就个别劳动关系所做的约定，而用人单位的规章制度是对用人单位内全体劳动者的规定。根据法律"特别法优先于普通法"的原则可以得出这样的结论：特定人之间的约定，只要不违反法律法规的规定，则优于其他针对群体人之间的约定。所以，用人单位不得以规章制度单方面变更劳动合同。即所谓"规章不破合同"。如果用人单位确需变更劳动合同的某些内容，其可以与劳动者在平等、自愿，协商一致的基础上对劳动合同作变更。用人单位以规章制度单方变更劳动合同是无效的。

二、严格进行调查与取证

劳动法律关系有其特殊性，虽然劳动者在劳动合同的订立、变更过程中，双方处于平等的法律地位，但在履行劳动合同过程中受用人单位的领导与指挥，双方存在管理与服从的纵向准行政关系，所以在用人单位处理违纪职工诉讼问题上，我国法律规定了类似行政诉讼的原则：即被告对作出的行为负有举证责任。《最高人民法院关于审理劳动争议案件适用法律若干问题的解释》第 13 条明文规定：因用人单位作出的开除、除名、辞退、解除劳动合同、减少劳动报酬、计算劳动者工作年限等决定而发生的劳动争议，用人单位负举证责任。由此，用人单位处理违纪职工应建立在事实清楚、证据确凿的基础上。要有证据证明劳动者存在违纪行为的事实，该违纪行为与规章制度的规定相吻合。凡是违纪处罚，一定要有书面记录，即使是口头警告，最好也要有书面记录，并要求违纪员工签字认可，还要在员工档案中保存完好。用人单位不但要避免对员工进行草率惩罚，更不能在惩罚员工之后，再去收集、寻找相关证据。用人单位应当尽可能在违纪事实发生后立刻获得对方当事人即劳动者的书面陈述。一旦因违纪处理发生劳动争议，用人单位能较好完成举证责任。在职员工为单位作证，因仲裁员、法官通常会认为该员工与企业有利害关系，其证言效力较低，用人单位应当使员工证言与相关书证、物证互相印证；否则，如果用人单位提供的证据只有在职员工的证人证言，通常该证据不被采信。最后因用人单位提供的证据不足以认定被惩罚劳动者的违纪事实，败诉的后果由用人单位承担。

下面的案例中，企业在收集证据、参与诉讼过程中做得比较好。N公司的一名员工被提前解除劳动合同，理由是上班玩游戏，连续两次批评无效。该员工申诉至劳动争议仲裁委员会，要求撤销对她的处罚，继续履行劳动合同。案件的整个审理过程中，对于事实部分的认定非常清楚，原因在于N公司的人事经理当庭出示了一整套关于该员工的违纪证据，其中包括证明该员工3次玩游戏的证人证言、当时游戏接口的拍照、桌面上的游戏快捷方式（公司计算机内禁止安装游戏），以及前两次玩游戏被抓住后主管人员与之谈话的证人证言及本人亲笔书写的对玩游戏的认识等。以上证据环环相扣，非常清晰。N公司胜诉的结果不言而喻。

案例二　百安居陷"奖金门"案

[案情]

世界500强企业之一——英国翠丰集团的百安居，2013年深陷员工"奖金门"。8月22日，百安居的单方面奖金方案出台。按照百安居的《2013年奖金方案》，将提高员工整体福利薪酬待遇，让每一名员工分享公司的业绩增长，增长越多，奖金就越多，而且上不封顶。

此举引起百安居装潢部门员工质疑。有员工称，整体福利薪酬并未如方案所说的有所提高，新的奖金方案实为降薪手段，员工奖金收入将减少超过四成。除了设计师享有原方案中每月奖金的60%以外，所有装潢中心的员工每月一发的奖金变为每年发放两次，这两笔奖金的发放和销售同比增长、商店贡献同比增长、商店贡献以及营业费用节约4个指标相关。其中，商店贡献同比增长是奖金发放的"门槛"，如果商店贡献比去年同期下降，则奖金为零；同时，其他3个指标如果出现负数，奖金也将为零。员工猜测公司此举是为了变相裁员。8月底，百安居装潢中心员工在收到工资时发现，7月、8月根据工作量产生的提成已经按照新方案施行，造成了奖金的骤减。

9月2日，包括深圳、成都、上海、广州等地的百安居门店一夜之间均爆发有组织的大规模停工行动。要求公司7月和8月的奖金按照2012年奖金政策发放，应属员工的奖金要足额发放，同时依法向离职员工支付经济补偿，且不得为难留在公司的员工。

[思考问题]

涉及劳动者切身利益的企业规章制度要合法有效必须具备什么条件？

[分析]

奖金是薪酬的重要部分。薪酬是劳动关系中最重要的权利义务内容，一般通过用人单位和劳动者签订"劳动合同"未予以约定，或者由用人单位规章制度规定。

用人单位制定、修改关系劳动者切身利益的薪酬制度时，其过程要符合法律的要求，应当经员工代表大会或者全体员工讨论，提出方案和意见，与工会或者员工代表平等协商确定。在规章制度和重大事项决定实施过程中，工会或者员工认为不适当的，有权向用人单位提出，通过协商予以修改完善。用人单位应当将直接涉及劳动者切身利益的规章制度和重大事项决定公示，或者告知劳动者。也即，用人单位的薪酬制度应当更加民主化、透明化，不能单位领导开个会就作决定或修改。

涉及劳动者切身利益的企业规章制度（包括薪酬制度）要合法有效必须具备 3 个条件：①民主协商程序；②内容合法；③有效公示。

《劳动合同法》第四条规定，用人单位应当依法建立和完善劳动规章制度，保障劳动者享有劳动权利、履行劳动义务。用人单位在制定、修改或者决定有关劳动报酬、工作时间、休息休假、劳动安全卫生、保险福利、职工培训、劳动纪律以及劳动定额管理等直接涉及劳动者切身利益的规章制度或者重大事项时，应当经职工代表大会或者全体职工讨论，提出方案和意见，与工会或者职工代表平等协商确定。在规章制度和重大事项决定实施过程中，工会或者职工认为不适当的，有权向用人单位提出，通过协商予以修改完善。用人单位应当将直接涉及劳动者切身利益的规章制度和重大事项决定公示，或者告知劳动者。

1. 民主协商程序

可以通过会议形式征求意见（表 8-1）或分别向全体员工征求意见。这两种形式都需员工签名。注意：法律要求协商的过程，不强制要求达成一致意见。用人单位有最终决定权。

表 8-1 规章制度 征求员工意见表

讨论事项			
讨论时间		讨论地点	
赞成员工签名处	同意实施上述规章制度		
异议员工签名处	请说出自己的意见并签名		

2. 有效公示

在实践中，用人单位不能证明就有关的规章制度已向劳动者公示，从而导致败诉的案例比比皆是。究其根本原因：一方面是对有关的法律不够了解，而另一方面则是不知道如何向劳动者公示，实际上履行公示义务并不难。比如：将公司的规章制度作为劳动合同的附件，明确地写在劳动合同当中（如果采用这种方式向职工公示，公司的规章制的修改在将来比较困难），或者在给职工送达规章制度时让职工签字，或者组织职工学习规章制度并让其签字留档（表 8-2）等，都是对职工履行了公示的义务。

表 8-2　规章制度培训会议签到表

会议事项			
会议时间		会议地点	
员工签名处	部门	工号	姓名

案例三　单位对职工所作除名决定程序违法被判无效

[案情]

1983 年 3 月，安徽省滁州市居民刘某某经招工到该省原嘉山县（现为明光市）某林场为学徒工，并于次年 6 月经该林场及当地劳动局批准转为全民职工，成为该林场的正式职工。1996 年 5 月刘某某申请办理了停薪留职手续后即未到单位上班。1999 年 11 月，该林场依据国家政策为刘某某办理了调资审批手续。2010 年 10 月 15 日，该林场以刘某某等 4 名职工自动离职、长期脱岗，虽经林场电视通告，责令 4 人回场上班或者补签合同，但 4 人均未回场上班或补签停薪合同为由，作出对刘某某等 4 名职工除名的处理决定。2013 年 6 月，刘某某为申请办理养老保险到单位寻找档案时，方才得知自己已经被单位除名。刘某某认为自己系停薪留职，且单位将自己除名，未履行向自己告知的义务，要求单位撤销对自己的除名决定。刘某某与林场协商未果，随即申请劳动人事仲裁，当地劳动人事争议仲裁委员会以已经超过仲裁时效为由不予受理。刘某某即向法院提起诉讼。要求依法判令单位对自己所作的除名决定无效，确认自己与单位之间仍然存在劳动关系。

法院审理后认为，被告未提供证据证明已书面通知原告其已被除名，即其除名处理决定程序不合法，其处理决定不应当对原告发生效力且其也未能证明与刘某某的停薪留职约定已经解除或者终止，应当承担举证不能的后果。原告不属于知道或者应当知道其权利被侵害而未依法及时主张的情况，其于 2013 年 6 月申请劳动人事仲裁，未超过仲裁时效。2013年12月，安徽省明光市人民法院对此案作出一审判决，以该单位所作除名决定程序不合法等为由，判决对刘某某的除名处理决定未生效且确认其与刘某某之间的人事关系存在。

[思考问题]

违纪处理决定的送达程序是什么?

[分析]

用人单位作出违纪处理决定是否有义务送达员工的问题，在我国《劳动法》中没有明确规定。只在20世纪80年代，先后出台《企业职工奖惩条例》和《国有企业辞退违纪职工暂行规定》，陆续出现了对违纪职工进行开除、除名和辞退等处罚方式和处罚程序。《企业职工奖惩条例》、《国有企业辞退违纪职工暂行规定》已经作废，因而在企业自主权扩大的进程中，在市场经济主体多元化的今天，出现了用人单位作出违纪处理决定是否有义务送达员工的新问题。

原劳动部的规章和司法实践中要求，违纪处分通知必须送达到劳动者本人，否则，企业的处分决定无效。有这样一个案例：某集团公司1996年派其员工刘某到下属公司工作。1998年因该下属公司被撤销，集团公司通知刘某回集团公司述职并等待重新安排工作。刘某没有从命，而是到别处任职。该集团公司于1999年作出对刘某按自动离职处理的决定，因管理制度不完善，该处理决定未送达刘某本人，刘某的档案也一直在该集团公司存放。2009年，该集团公司清理本单位的"死档"，把刘某的档案转到刘某户口所在地的街道存放。刘某提起劳动争议仲裁，要求撤销对其按自动离职处理的决定，恢复其与集团公司的劳动关系，集团公司为其补缴社会保险金。仲裁机构认为，虽然刘某违纪事实清楚，但集团公司将处理决定未送达刘某本人，应该予以撤销。裁决全部支持了刘某的请求。集团公司不服，起诉到法院。一审法院作出与仲裁裁决相同的判决。二审法院维持了一审法院的判决。该公司的教训很值得我们深思：重实体、轻程序的传统一定要改变。程序的欠缺会导致实体上的不利后果，企业的利益也会因此受到严重损害。

许多企业因员工拒绝签字等原因，对员工作出处分决定时，往往采用在厂区内公告的方式，应该说，这种方式是不具法律效力的。劳动部《关于通过新闻媒体通知职工回单位并对逾期不归者按自动离职或旷工处理问题的复函》中规定：企业通知请假、放假、长期病休职工在规定时间回单位报到或办理有关手续，应遵循对职工负责的原则，以书面形式直接送达职工本人；本人不在的，交其同住成年亲属签收。直接送达有困难的可以邮寄送达，以挂号查询回执上注明的收件日期为送达日期。只有在受送达职工下落不明，或者用上述送达方式无法送达的情况下，方可公告送达，即张贴公告或通过新闻媒介通知。自发出公告之日起，经过 30 日，即视为送达。在此基础上，企业方可对旷工和违反规定的职工按上述法规作除名处理。能用直接送达或邮寄送达而未用，直接采用公告方式送达，视为无效。由此，我们可以得出这样的结论：正常的送达程序首先应将相关文书送达员工本人并获得签字；如果这样送达不成的，亦可将文书送达给员工本人同住的成年亲属；以上都不成，可以通过邮寄、快递等手段处理；如果仍不能送达的，企业可以通过登报公告的手段实现送达，但前提是保留通过其他手段无法正常送达的证据。

案例四　禁区吸烟丢"铁饭碗"　米其林"炒"员工有依据

【案情】

卫正东于 1984 年进入上海轮胎公司正泰橡胶厂工作。2001 年 4 月，正泰橡胶厂与外方合资成立了米其林公司。卫正东在公司内担任打浆工。2007 年 12 月 1 日，卫正东与米其林公司签订了期限自即日起的无固定期限劳动合同。2011 年 6 月 14 日，卫正东于工作期间在禁烟区内吸烟，被他人发现。第二天，被公司代表找去谈话。问："2011 年 6 月 14 日，你在硫化车间打浆间内被内审审核员们和陪同人员发现在现场吸烟。你是否知道在该禁烟区域内吸烟的后果是什么？"。卫答："我确认吸烟事实。我知道后果可能造成停产。"6 月 17 日，米其林公司向卫正东出具解除劳动合同通知书，内载："鉴于你在硫化车间打浆间工作现场有违禁吸烟的行为，根据《员工手册》和《中华人民共和国劳动合同法实施条例》有关规定，公司决定与你解除劳动合同关系。"

卫正东觉得抽了一支烟被解雇实在很冤，便于 2011 年 7 月 4 日申请仲裁，但未获支持。卫正东不服诉至法院，要求判令米其林公司撤销解除决定，继续履行劳动合同。卫正东诉称，那天下午 15：40 左右，恰逢下雨，考虑到至吸烟亭吸烟会被雨淋湿，故在硫化车间打浆间的小房间内吸了一支烟。想不到竟被开除。米其林公司认为，卫正东的行为严重违反了《员工手册》的规定，现解除与其的劳动关系，有依据，请求驳回诉请。

经查明，米其林公司员工手册规定，员工在禁烟区吸烟的，或把易燃物料带入公司，或在公司或工厂任何区域丢弃燃烧物，被视为严重违反公司规章制度，公司将依法解除与该员工之间的劳动合同。卫正东早已签收了此员工手册。

米其林公司认为，室外吸烟亭系公司唯一指定的吸烟场所，并告知了所有员工。现卫正东在其所在车间内吸烟，属于严重违反规章制度的行为。为此，米其林公司向法庭提供了"关闭室内吸烟室的通告"等证据。通告明确室外吸烟亭为唯一指定的吸烟场所，在吸烟亭以外场所吸烟的员工将按《员工手册》相关规定处理"。

[仲裁裁决]

卫正东主张撤销解除决定，继续履行劳动合同之诉请，法院不予支持。

[思考问题]

用人单位作出开除、除名、辞退、解除劳动合同等决定而发生劳动争议的，谁负举证责任？

[分析]

在劳动争议案件中，因用人单位作出开除、除名、辞退、解除劳动合同、减少劳动报酬、计算劳动者工作年限等决定而发生劳动争议的，由用人单位负举证责任。本案中，米其林公司以员工卫正东于 2011 年 6 月 14 日在硫化车间打浆间工作现场违禁吸烟，违反其员工手册的规定，与其解除劳动关系。卫正东虽否认看到过关闭室内吸烟室的通告，然从其有关米其林公司在南面的草地搭设吸烟亭、当日其因为下雨故未去亭子吸烟之陈述来看，他已知晓上述通告。室外吸烟亭为米其林公司唯一指定的吸烟场所。卫正东明知其所在的打浆间并非设立的吸烟点，其所在车间内的物料属于易燃易爆，在此吸烟将严重危及生产安全。同时，卫正东亦知晓在禁烟区内吸烟可能造成的严重后果。综上，米其林公司解除与卫正东的劳动关系，有合理依据。因此，卫正东主张撤销解除决定，继续履行劳动合同之诉请，法院不予支持。

我国《劳动合同法》第十四条规定：无固定期限劳动合同是指用人单位与劳动者约定无确定终止时间的劳动合同。

无固定期限劳动合同的优势，对于用人单位来说，有利于减少频繁更换关键岗位的关键人员而带来的损失；对于劳动者来说，也有利于实现长期稳定职业。但是，这里所说的无确定终止时间的劳动合同并不是没有终止时间的"铁饭碗"，只要符合法律规定的条件，劳动者与用人单位都可以依法解除劳动合同。

案例五 严重违反企业规章制度—有盗窃行为的员工为何不能被解雇

[案情]

孙先生系某公司操作工，双方签订了无固定期限劳动合同。2007 年 7 月，公司进了一批防暑降温用品存放在车间里。同年 7 月某日的一个夜晚，孙先生上夜班时，见四下无人，便从防暑降温用品中拿了两块毛巾，并准备放入自己随身携带的包中，这一幕恰巧被夜间巡查的公司经理看见。次日，公司经理找孙先生进行谈话，孙先生对自己偷拿仓库毛巾一事供认不讳，并写下了检讨书，请求公司从轻处理。公司认为，公司规章制度明确规定：员工在工作时间或工作场所有盗窃行为的，属于严重违反企业规章制度，一旦发现，立即解除劳动合同。孙先生在知晓企业规章制度内容的情形下仍然违反，就要严肃处理。于是，公司将决定解除与孙先生劳动合同事由告知工会后，便立即书面通知孙先生称：孙先生盗窃公司财产，严重违反公司规章制度中关于不得有盗窃行为的规定，故决定立即解除双方劳动合同。

孙先生不服提起劳动仲裁，劳动仲裁裁决孙先生败诉。孙先生不服又诉讼至法院，要求撤销解除劳动合同决定，恢复双方劳动合同，并支付解除劳动合同之日起至恢复劳动合同期间的工资。

2008 年 6 月，法院下达了判决书，判决支持孙先生的诉讼请求，理由为法律规定当劳动者严重违反用人单位规章制度时，用人单位可以解除劳动合同。本案中，孙先生虽有盗窃行为，但盗窃的仅是两块毛巾，尚不足以达到"严重"的程度，故公司不能解除劳动合同。

[思考问题]

有盗窃行为的员工为何不能被解雇？

[分析]

本案中，公司的规章制度合法有效，孙先生自己也承认盗窃了公司两块毛巾，因而本案在事实部分没有什么争议。本案关键点是，孙先生盗窃公司两块毛巾是否构成劳动法律中规定的"严重违反用人单位规章制度"的情形？

我国《劳动法》、《劳动合同法》均规定，劳动者严重违反用人单位规章制度的，用人单位可以解除劳动合同。因此，我们认为，"严重"违反用人单位规章制度，是指劳动者违纪行为的情节或者后果严重。如果劳动者的违纪行为轻微，即使用人单位将此类行为界定为"严重违反用人单位规章制度"，那么也可能会被相关司法实践部门认定为无效规定。本案中，孙先生虽有盗窃行为，但盗窃数额微小，仅是两块毛巾，且系初犯，故他的行为无论从情节还是从后果，均尚不足以达到"严重"之程度。因此，法院支持了孙先生的诉讼请求，判决撤销公司解除劳动合同的决定。

那么，何谓"严重"违反用人单位的规章制度，用人单位在制定相关规章制度时，具体尺度该如何把握呢？我们认为，一般应根据劳动法律法规规定的限度和公众一般认知标准作为具体界限标准。例如，工作时间聚众打架、无故旷工多次或连续旷工达 3 天以上、故意泄露公司商业秘密等，均可列属于"严重"违反用人单位规章制度的范畴。

可见，用人单位在设计制定违纪处罚规章制度时，除应当符合《劳动合同法》第四条规定的程序性条件即经过民主程序，还更应当注重规章制度本身的合法性、合理性及操作性。在此，给予如下建议。

1. 建立处罚体系

用人单位可以设计处罚体系，建立处罚累进升级制度。例如将初次盗窃且涉及数额微小的违纪行为，给予警告处分；将多次盗窃或盗窃数额较大的违纪行为，给予解除劳动合同处分，而不是由用人单位几位管理人员随心所欲地任意决定。

2. 明确处罚目的

用人单位对违纪员工进行处罚是为了规范企业用工管理，促进员工努力工作，而不是为了扣罚员工工资、剥夺员工权利。因此，在设计制定违纪处罚规章制度时，应尽量把握好处罚适当、奖惩相匹配的原则。

3. 区分违纪事实

用人单位可以根据违纪事实的情节、造成的后果、员工的主观状态（故意还是过失）等评判标准来区分违纪行为的严重程度。例如，对于故意损坏公司机器设备和因操作失误损坏公司机器设备的行为，单位应作不同程度的处罚。

4. 注重可操作性

用人单位设计制作员工违纪处罚的规章制度，是为了日后在用工管理中运用，因此需要注意操作性和实用性。例如，"给单位造成较大损失"，这样的规定就不具可操作性。

综上所述，用人单位以员工严重违反规章制度为由解除劳动合同，常常会导致劳动争议，况且此类劳动争议在司法实践中，用人单位的胜诉率一直不高，因此建议用人单位建立完善、合法、合理的违纪处罚规章制度。

延伸案例阅读一　高某某与东莞杰腾造船有限公司劳动争议纠纷

高某某于 1998 年 8 月 13 日入职杰腾公司，任木工组长一职。高某某主张其在职期间月平均工资标准为 3800 元。2008 年 1 月 1 日，杰腾公司实施 2008 版员工手册规定，并规定该员工手册视同为劳动合同的补充条款。2008 年 1 月 9 日，高某某在该员工手册签收栏处签收。该员工手册中关于旷工方面规定为：连续旷工超过 15 天或者一年内累计旷工时间超过 30 天的，公司有权予以辞退。关于病假方面规定为：超过 2 天的病假需出具指定医院或者三级以上医院开具的有效证明，按审批权限逐级批准后生效。杰腾公司的请假条上载明审批流程中关于干部的请假流程为：组长→课长→人事→经理→总经理。其中 10 天以内可由经理签字生效，10 天以上由总经理签字生效。关于兼职方面规定为：员工未经公司安排或批准，不得在外兼任获取报酬的工作。高某某主张其签收的 2008 版员工手册中并无上述规定，但并未对该主张进行举证。2013 年 1 月 27 日，高某某在非工作时间利用自行车兼职载客获取报酬时发生交通事故，造成两乘客死亡、自身重伤的后果。2013 年 1 月 28 日，高某某向杰腾公司请假，请假期限为 2013 年 1 月 28 日至 2013 年 1 月 31 日，该请假条已由课长及经理签字。除前述请假条外，高某某另提交 3 张请假条，请假期限分别为 2013 年 2 月 18 日至 5 月 18 日、2013 年 5 月 20 日至 6 月 21 日、2013 年 6 月 24 日至 7 月 26 日。该 3 张请假条与前述获批准的请假条的格式一致，但 2013 年 2 月 18 日至 5 月 18 日、2013 年 5 月 20 日至 6 月 21 日的请假条上没有任何主管签章同意，2013 年 6 月 24 日至 7 月 26 日的请假条上虽有课长及经理的签字，但无总经理的签字同意。2013 年 3 月 11 日，杰腾公司发出公告，解除与高某某之间的劳动关系。但杰腾公司一直为高某某购买社会保险（简称"社保"）至 2013 年 9 月。杰腾公司对此主张为因其公司相关负责人人事调动故操作失误，其保留对高某某的追索权利。高某某主张其对此并不知晓，医疗终结后回到方知被解除劳动关系，故提起劳动申诉，要求杰腾公司支付：①2013 年 1 月工资 3334 元；②2012 年 12 月工资 3901 元；③1998 年至 2013 年经济赔偿金 11.4 万元。劳动仲裁裁决：①确认双方之间的劳动关系已经解除；②在裁决生效之日起 5 天内由杰腾公司向高某某支付 2012 年 12 月工资 3901 元和 2013 年 1 月工资 3334 元，共计 7235 元；③驳回高某某在申诉中提出的其他申诉请求。杰腾公司在收到劳动仲裁裁决书后并未在法定期限内向法院提起诉讼。双方均确认杰腾公司已向高某某支付 2012 年 12 月工资 3901 元和 2013 年 1 月工资 3334 元。

法院认为，原、被告双方已形成劳动关系，应当遵守相关法律法规。双方均未对劳动仲裁裁决确认双方之间的劳动关系已经解除及裁决由杰腾公司向高某某支付 2012 年 12 月工资 3901 元和 2013 年 1 月工资 3334 元存在异议，且杰腾公司已支付了上述工资款项，法院对此均予以确认。本案的争议焦点为：杰腾公司解除与高某某之间的劳动关系是否于法有据。

首先，高某某提交的请假期限为 2013 年 6 月 24 日至 7 月 26 日的请假单上虽有课长及经理的签名，但由于请假期限超过 10 天，该请假单上并无总经理的签名，仍属无效请假单，并不能证明至 2013 年 6 月 24 日高某某仍与杰腾公司之间存在劳动关系，亦不能证明杰腾公司同意高某某的请假要求。杰腾公司虽为高某某购买社保至 2013 年 9 月，但是由于杰腾公司已经发出公告作出明确意思表示其解除与高某某之间的劳动关系，并且附以停发工资的实际行动，故在没有其他辅证的情况下，该购买社保行为并不能证明杰腾公司至 2013 年 9 月仍与高某某存在劳动关系，亦不能证明杰腾公司默认高某某请假不到岗的行为合法。

其次，杰腾公司提交员工手册，其上对旷工、请病假、兼职等方面作出了相关规定。高某某确认其看过员工手册，并主张其签收的2008版员工手册中并无上述规定，但并未对该主张进行举证，依法应当承担举证不能的不利后果，法院依法认定高某某清楚杰腾公司员工手册中关于旷工、请病假、兼职等方面的规定。

再次，高某某提交请假单4张，请假期限分别为2013年1月28日至1月31日、2013年2月18日至5月18日、2013年5月20日至6月21日、2013年6月24日至7月26日，其中请假期限为2013年1月28日至1月31日的请假单杰腾公司确认真实性。而2013年2月18日至5月18日、2013年5月20日至6月21日的请假条上没有任何主管签章同意，不能排除事后单方制作的可能性。请假期限为2013年6月24日至7月26日的请假单上虽有课长及经理的签名，但无总经理的签名，并不符合请假条上载明的请假超过10日需有总经理签名生效的要求。并且，从请假期限来看，各张请假条之间存在时间间隔，而在该时间间隔之中，高某某亦并未回到杰腾公司上班，故该请假时间间隔明显不符合一般生活常理，因此，法院对高某某提交的请假期限为2013年2月18日至5月18日、2013年5月20日至6月21日、2013年6月24日至7月26日的3张请假条均不予采纳。

最后，高某某主张其已向杰腾公司请假，杰腾公司不批准其病假。但高某某确认其住院原因是因其违反杰腾公司兼职规定，私自在非工作时间进行载客导致交通事故。高某某违反杰腾公司规章制度，却要求杰腾公司承担其违反规章制度后的缺勤后果，明显没有依据。杰腾公司据此拒绝批准高某某病假，并无任何不妥。高某某没有提交证据证明其在2013年2月1日后获得杰腾公司的批准而不到岗工作，应视为其自2013年2月1日起旷工。杰腾公司根据员工手册的规定解除与高某某之间的劳动关系，并不违反法律规定。

因此，高某某诉请杰腾公司支付违法解除劳动关系的经济补偿金的诉请没有事实和法律依据，法院不予支持。判决：①确认原告高某某与被告东莞杰腾造船有限公司之间的劳动关系已解除；②驳回原告高某某的诉讼请求。

延伸案例阅读二　员工严重违反规章制度，单位可以解除劳动关系

《劳动合同法》对劳动者权益保障予以了倾斜保护，但同时也明确要求劳动者必须遵守用人单位依法制定的规章制度。劳动者严重违反用人单位规章制度的，用人单位可以依法解除双方劳动关系。上述规定一方面对劳动者遵纪守法提出明确要求，同时也为企业一方加强人事管理、依法行使用工解除权提供了法律依据。

2010年11月，杨某入职慧通数码公司，双方签订为期3年的劳动合同，合同约定杨某担任公司副总经理，并明确规定杨某在职期间未经慧通数码公司书面同意，在具有竞争关系企业任职，担任经理、董事等，慧通数码公司可解除双方劳

动关系。2012 年 2 月，杨某开始受聘担任豪腾数字公司总经理，任期 3 年。2012 年 5 月，慧通数码公司向杨某送达了《解除劳动合同通知书》，以杨某在豪腾数字公司担任总经理一职，严重违反慧通数码公司关于禁止到竞争企业任职的规章制度，对其公司经营管理造成恶劣影响为由解除双方劳动关系。为证明豪腾数字公司与慧通数码公司存在竞争关系，慧通数码公司提交了公证书等证据予以佐证。公证书载明："2012 年某市三维建模采购项目中标候选人公示"中，"第一中标候选人"为豪腾数字公司，"第二中标候选人"为慧通数码公司。杨某以要求慧通数码公司支付违法解除劳动合同赔偿金等为由向劳动人事争议仲裁委员会提出申请，后不服仲裁裁决起诉至法院。法院经审理认为，杨某的行为已经构成了对慧通数码公司规章制度的严重违反，故慧通数码公司与其解除劳动合同的行为合法有效。

本案的焦点为，杨某的行为是否构成严重违反用人单位规章制度。首先，慧通数码公司的规章制度已经依法向杨某送达；其次，规章制度中关于禁止劳动者在竞争企业担任职务，合乎法律规定，并无不当；再次，慧通数码公司与豪腾数字公司共同竞标同一个采购项目，双方存在竞争关系。杨某同期担任豪腾数字公司总经理明显已经构成对慧通数码公司规章制度的严重违反，故慧通数码公司与杨某解除劳动合同合法有据，无需支付经济补偿金。依据相关规定，用人单位需就解除劳动关系的事实依据及程序合法性承担举证责任，即用人单位需要举证以下事项：劳动者存在违反用人单位规章制度的具体事实；用人单位向劳动者公示送达了依法制定的规章制度，规章制度中明确载有对劳动者违纪事实的相关规定，用人单位的解除处理决定依法向劳动者进行了送达。

案例六　不定时工作制度的合同，公司是否能随时解除

[案情]

吴女士入职已经 3 年，公司的业务很好，工作环境也不错，吴女士已经是公司的营销部部长，公司把她列为高级管理人员，并对她实行灵活的不定时工作制。但双方约定，一般情况吴女士可以自由安排工作时间，公司需要时随叫随到。

但后来，公司的副总经理对吴女士的工作方法及态度有异议，认为其不适合公司团队长期发展，对她提出了多次批评意见，但吴女士认为自己一直做得很好，副总经理的批评意见分明是找茬，所以她从来听不进去，只是按照自己的习惯管理，双方因为此事争执很大，并对公司内部造成不良影响。

不久，公司给她发出一份书面通知，要求她从下月起每天按时上下班，而且必须打卡，否则按旷工论处。吴女士觉得这完全是公司副总经理在整自己，况且

双方早有约定，便赌气不理会公司的通知，继续按照习惯上班。连续若干天之后，公司对她作出了解聘决定，理由是她连续旷工，严重违反了《员工手册》的规定。吴女士这时才意识到问题的严重性，感到非常委屈，但是公司确实有她旷工的考勤等记录，并且记录备案，公司《员工手册》也明确写了连续旷工者，公司有权利解聘员工，解除双方劳动合同。后吴女士多次找到公司，双方进行协商，无果后，吴女士诉至劳动仲裁委员会。并要求：①公司补发"旷工"而扣发的期间工资；②公司承担违法解除劳动合同的经济赔偿金；③公司对违法解除劳动合同而造成的损失承担经济赔偿责任。

[仲裁裁决]

首先，仲裁委员会审理认为，鉴于不定时工作制度的特殊性，不能等同于定时工作制度的员工，应当区别对待，吴女士与公司的劳动合同由不定时转为定时工作制是对原双方签订劳动合同的变更。应当经劳动者和公司双方协商一致才可变更。

其次，公司开除员工的依据是《员工手册》，但公司方面的《员工手册》并没有作为劳动合同附件，尽管公司称《员工手册》已经挂在公司办公司墙面上，但并不能举证证明挂的时间。因此，仲裁委员会认为公司没有证据证明向劳动者公示过，因此，公司不能以《员工手册》为证据作为处罚员工的依据。

最后，后仲裁委员会判定公司败诉，补发了吴女士的工资并承担相应的经济赔偿金。

[思考问题]

该公司败诉的最直接原因是什么？

[分析]

（1）用人单位所制定的规章制度没有证据证明已向劳动者公示，这是公司败诉的最直接原因。

单位的规章制度应该向劳动者公示并制作或保留已经公示的证据，比如将该规章制度作为劳动合同附件或要求全体劳动者在规章制度上签字确认已知悉制度内容。根据《劳动合同法》第四条规定："用人单位应当依法建立和完善劳动规章制度，保障劳动者享有劳动权利、履行劳动义务。用人单位在制定、修改或者决定有关劳动报酬、工作时间、休息休假、劳动安全卫生、保险福利、职工培训、劳动纪律以及劳动定额管理等直接涉及劳动者切身利益的规章制度或者重大事项时，应当经职工代表大会或者全体职工讨论，提出方案和意见，与工会或者职工代表平等协商确定。在规章制度和重大事项决定实施过程中，工会或者职工认为不适当的，有权向用人单位提出，通过协商予以修改完善。用人单位应当将直接涉及劳动者切身利益的规章制度和重大事项决定公示，或者告知劳动者。"所以，用人单位的规章制度生效，必须满足以下 3 个要件：①内容合法；②经民主程序制定；③向劳动者公示或者告知劳动者。另外，《最高人民法院关于审理劳动争议案件适用法律若干问题的解释》第十九条"用人单位根据《劳动法》第四条之规定，通过民主程序制定的规章制度，不违反国家法律、行政法规及政策规定，并已向劳动者公示的，可以作为人民法院审理劳动争议案件的依据。"所以，用人单位在不违反国家法律、行政法规及政策规定，并已向劳动者公示的情况下是可以作出对自己有利的规章内容，同时可以申请仲裁委以此作为定案依据。

（2）公司没有认识到签订不定时工作劳动合同的特殊性。

根据劳动部《关于企业实行不定时工作制和综合计算工时工作制的审批办法》的规定，不定时工作制度的员工如吴女士这种情况一般为公司管理人员，并且需要向劳动管理部门备案。对于由不定时工作制度转为定时工作制是对于原双方签订劳动合同性质上的改变，应视为变更劳动合同。按照《劳动合同法》的相关规定，变更劳动合同的需要经双方协商，公司擅自作出变更决定应当为此承担法律责任。

案例七　汪某某诉某有限公司劳动合同纠纷案

[案情]

原告汪某某诉称：我与某有限公司劳动关系存续期间，因怀有身孕，反应强烈，于 2001 年 10 月 5 日前往医院进行产前检查，后某有限公司以我产前检查没有履行请假手续为由，对我作出旷工处理，并根据公司的内部规章制度解除了与我的劳动合同；就此，我虽与某有限公司进行了多次协商和交涉，但某有限公司对我的正当要求始终置之不理。我认为根据国家有关规定，孕妇进行产前检查应视为出勤，而不是旷工，某有限公司以我旷工为由解除了与我的劳动合同，是违反法律规定的。

被告某有限公司辩称：汪某某所称的"根据国家有关规定，孕妇进行产前检查应视为出勤，而不是旷工"的理由所指不明，根据《某市〈女职工劳动保护规定〉的若干规定》第 5 条第 1 款的规定，孕妇进行产前检查视为出勤应具备 3 个前提条件，即怀孕的事实、依据医务部门要求的事实和进行产前检查的事实。而汪某某在公司作出与其解除劳动合同决定之前一直未提供上述任何一种事实证明，故汪某某引此规定起诉，没有事实依据。我公司解除与汪某某的劳动合同，并非其所说的产前检查，而是因为汪某某违反了公司《员工手册》第 35 条第 1 款"员工因病或因伤不能上班，必须事先递交由医务室或合同医院的病休（诊断）证明书，经部门或主管人员批准方可休假，否则按旷工处理"的规定；由于汪某某无论是事前还是事后，均未递交过上述证明，故不同意汪某某的诉讼请求。

某市中级人民法院经审理查明：1996 年 5 月，汪某某与某有限公司签订了书面劳动合同，该合同期限为 1996 年 5 月至 2001 年 6 月 30 日。2001 年 5 月，因汪某某感染伤寒，双方在劳动合同到期时又签订了医疗期合同，将原劳动合同的终止期延续至 2001 年 11 月 30 日。汪某经过一段治疗后，经所在地卫生防疫部门体检合格，某有限公司通知汪某某于 2001 年 9 月 30 日到公司办理上班手续，但汪某某未按公司要求上班。同年 10 月 7 日下午，某有限公司通知汪某某，公司依据本单位《员工手册》第 51 条第 1 款"员工旷工 2 天以上的，记严重过失，予以辞退"的规定，与其解除劳动合同。

[思考问题]

某有限公司应否解除与汪某某的劳动合同？法律依据是什么？

[分析]

我国《劳动法》第二十九条第 3 项规定：女职工在孕期、产期、哺乳期内，用人单位不得依据该法第二十六条、第二十七条的规定与其解除劳动合同；但第二十六条、第二十七条并未包括"严重违反劳动纪律或用人单位规章制度的"情形。本案某有限公司与汪某某解除劳动合同依据的是该公司《员工手册》中的考勤管理制度及奖惩条例，符合《劳动法》第二十五条第 2 项"用人单位可以与严重违反劳动纪律或者用人单位规章制度的劳动者解除合同"的规定，与女工"四期"保护问题无关。因此，用人单位的行为是合理、合法的。

另外，本案中，汪某某身怀有孕，享有法律规定的孕期保护权利，其中包括产前检查应当算作劳动时间。但这种产前检查，应当是定期的常规检查，而不包括孕期其他的检查和治疗。

第二节　自测案例

【案例一】

张某与某巴士公司签订了 2008 年 11 月 1 日至 2012 年 10 月 31 日劳动合同。2011 年 1 月 5 日，张某接手苏 A62×××公交车，1 月 7 日，张某以两前轮刹车时异响等事由将该车报修。1 月 10 日，该车又因同一事由报修。1 月 13 日 16 时 55 分，张某驾驶该车行至李府街与后标营路口时与前行的苏 A91×××车发生追尾事故，造成两车损失共计 1525 元。事故现场痕迹照片显示该车两前轮车胎地面无拖痕，后轮有较长拖痕。当晚，该车以"两前轮不拖"事由再次进厂修理。事故发生后，巴士公司对张某进行停班、停驾处理，并根据单位管理规定数次与张某谈话，要求其在事故中分析和查找原因。张某认为在该事故中自身没有过错。2 月 25 日，巴士公司以张某拒不接受安全教育及不写书面检查为由，作出了给予张某辞退警告（3 个月）的处理决定。2 月 28 日，巴士公司联系交警再次对张某进行安全教育，张某仍坚持自己没有错误。4 月 12 日，巴士公司以张某经多次教育仍推卸责任拒不认错、严重违反公司规章制度为由，作出了解除与张某劳动合同的决定。该决定事前经过了公司工会批准。张某经仲裁后诉至法院。要求法院撤销巴士公司辞退警告处理决定以及解除劳动合同的处理决定。

试分析：张某的请求能否得到法院支持？

【案例二】

柳某于 2011 年 7 月入职某公司，双方签订有书面劳动合同，劳动合同中约定柳某每月基本工资 6000 元，浮动工资 8000 元。柳某实际出勤至 2013 年 5 月 31 日。

柳某主张某公司单方自 2012 年 12 月起将其浮动工资标准下调为 5000 元，柳某提供的 2012 年 12 月及 2013 年 2 月份工资条、某公司提供的工资发放证明均可体现柳某所主张的浮动工资下调情况。

某公司对柳某的主张不予认可，主张根据其公司绩效考核制度及考核结果，将柳某的浮动工资下调为 5000 元。某公司就其主张提供了《考核表》、《考核打分表（2112-12）、《员工手册》及《员工绩效考核制度》等作为证据。《考核表》显示柳某 2012 年年终考核的最终得分为 67 分；《考核打分表》（2012-12）"评分说明"一栏中显示：本考核每年进行，作为员工绩效依据，并以此进行薪酬浮动；评分结果为五档：优秀≥95（给予浮动工资上浮）较差：60≤×<70（给予浮工资下浮或调岗），《员工手册》及《员工绩效考核制度》显示绩效考核的具体办法，其中显示绩效考核评分结果分为五档，较差为 60≤×<70（给予浮动工资下浮或调岗）。

柳某认可《考核表》、《考核打分表（2112-12）、《员工手册》及《员工绩效考核制度》的真实性。柳某主张某公司下调其浮动工资属于变更劳动合同，该变更行为未与其本人达成一致，应属无效。柳某未就其曾就某公司的绩效考核制度及某公司扣发其 2012 年 12 月至 2013 年 5 月浮动工资提出过异议提供相应证据。

试分析：本案中企业是否可以依据规章制度降低柳某的薪酬？

【案例三】

张某系某公司的销售人员，长期从事该公司的客户联系工作。某日，该公司收到一封业务单位客户的来信，反映张某在一项业务联系中向该客户索要好处，希望公司对张某加强教育，杜绝该类事件的再次发生。公司接到来信后相当重视，认为张某的行为将影响公司的正常业务发展，于是当即找张某谈话，要求张某改正错误。张某在谈话中矢口否认曾有向业务单位索要好处的行为。当公司向张某出示客户的投诉信时，张某仍然否认，并申辩称该客户单位与自己可能有误会。次日，该公司即以张某向业务单位索取好处违反企业规章制度以及拒不接受教育为由对其作出了辞退决定。张某不服公司对其作出的处理，即向劳动争议仲裁委员会申请仲裁，要求撤销公司的辞退决定。

张某称：公司根据客户的一封来信就决定辞退自己，说明公司对自己存有偏见。自己在客户联系岗位工作多年，在为公司发展作出贡献的同时，也有可能得罪了一些客户，现公司仅凭客户单位的一次来信就认为自己违反规章制度，在不听申辩也没有了解事实真相的情况下，草率作出辞退是不正确的。

公司则认为：公司收到客户的投诉后，并没有简单地下结论，而是亲自派人到客户处了解情况，掌握了张某向客户单位索要好处的证据。张某无论怎样申辩原因，而其行为已经违反了公司的规章制度，现张某非但对投诉事实予以否认，还拒不接受教育，属错上加错，因此公司依据规章制度辞退张某并无不当。

试分析：劳动者确有违纪行为的，用人单位是否可以依据单位规章制度对违纪的员工予以解除劳动合同处理？

【案例四】

李某于 2009 年 6 月 19 日入职某公司，双方签订劳动合同，约定李某在业务部担任工程师，合同期至 2010 年 6 月 18 日。2009 年 10 月 8 日该公司下发了《聘任书》，聘任李某为业务部经理，任期为 1 年。2009 年该公司制定《业务提成办法》，规定业务提成基数为合同总基价款，提成比例为 3%。并写进双方的合同。2010 年 1 月李某参加了该公司召开的例会，会议提出修改公司规章制度并在 2010 年实行新的业务提成办法。2010 年 3 月该公司贴出《通告》，变更业务提成标准：提成基数为工程净利润，提成比例为 5%~10%。

2010 年 5 月，某公司根据新的业务提成办法对李某经手的业务提成 3000 元。李某因不同意《通告》中的业务提成标准而未领取上述业务提成。2010 年 6 月 5 日，该公司书面通知李某：合同期满不再续约。李某于 6 月 18 日离职。李某的平均工资为 3500 元。2010 年 7 月 10 日李某向当地劳动争议仲裁委员会提出申诉要求：一是业务提成按合同总价款 3%的标准支付；二是该公司支付解除劳动合同的经济补偿金 3500 元。

试分析：假如你是该案的仲裁员，应如何处理此案，为什么？

第九章 社会保险法

第一节　案例分析

案例一　用人单位未缴纳社会保险应承担补偿责任——孟某诉中联国际文化发展公司劳动争议案

[案情]

　　孟某于 2008 年 6 月 16 日入职中联国际文化发展有限公司（以下简称"中联公司"），从事设备运行维护工作，月工资 2500 元。孟某在职期间，双方未签订书面劳动合同。2010 年 5 月 10 日，孟某递交了辞职报告。另，孟某为城镇户口。

　　因发生经济补偿金等争议，孟某于 2010 年 6 月 2 日向北京市朝阳区劳动争议仲裁调解委员会申请调解。该委员会于同月 20 日通知孟某，案件将于同月 22 日进行调解。同年 9 月 19 日，该委员会出具调解情况说明书，说明孟某与中联公司的劳动争议经调解，双方未达成协议。在该案调解期间，孟某于 2010 年 6 月 24 日向北京市劳动争议仲裁委员会申请仲裁。该仲裁委员会于同年 7 月 1 日立案，于同日通知中联公司进行举证，并定于 11 月 4 日开庭审理。朝阳区劳动争议仲裁委员会经审理，于 2011 年 7 月 28 日作出京朝劳仲字【2010】第 06933 号裁定书。该裁定书裁决：中联公司向孟某支付 2008 年 6 月 16 日至 2015 年 5 月 10 日休息日加班费 21 149.43 元及 25%的经济补偿金 5287.36 元；支付节假日加班费 4482.76 元。收到裁决后，中联公司、孟某均不服该裁决，起诉至北京市西城区人民法院。中联公司认为：孟某在职期间，公司没有安排加班工作，其所在的艺术家活动中心处于筹备状态，未曾开业，热力设备由厂家安装，未投入运行，没有任何维修工作，孟某没有证据证明其存在休息日及法定节假日加班的事实。而孟某认为仲裁裁决未能全面保护其合法权益，要求法院判决：中联公司支付 2008 年 6 月 16 日至 2015 年 5 月 10 日休息日加班费 25 172.21 元及 25%的经济补偿金 6293.1 元；支付 2008 年 6 月 16 日至 2010 年 5 月 10 日期间法定节假日加班工资 6896.55 元；支付解除劳动关系的经济补偿金 5000 元；支付 2008 年 7 月 16 日至 2009 年 6 月

15 日期间未签订劳动合同的二倍工资差额 27 500 元；支付未缴纳社会保险造成的损失 13 488 元。

[仲裁裁决]

在一审审理过程中，孟某提交社保个人缴费对账单、医保账户活期明细及参保职工四险缴费情况表，用以证明在职期间，中联公司没有给孟某缴纳社会保险，其中养老、失业和医疗保险为个人缴纳，而工伤和生育保险未计算。中联公司对上述证据真实性予以确认，并确认其公司未给个人缴纳社保和医保，但个人所需缴纳的各项保险费用已经通过工资发放，应由个人缴纳。

北京市西城区人民法院审理认为：用人单位自用工之日起超过一个月不满一年未与劳动者订立书面劳动合同的，应当向劳动者每月支付二倍的工资。孟某于 2008 年 6 月 16 日入职中联公司，双方最迟应当在 2009 年 6 月 15 日之前签订书面劳动合可，但一直未签订。孟某于 2010 年 6 月 2 日向北京市朝阳区劳动争议调解委员会申请调解，在孟某申请调解之日，为期一年的仲裁时效并未期满。该委员会于同月 20 日通知孟某，案件将于同月 22 日进行调解。故孟某主张权利的行为构成仲裁时效的中断，孟某要求中联公司支付 2008 年 7 月 16 日至 2009 年 6 月 15 日期间未签订劳动合同的二倍工资差额 27 500 元的诉讼请求，于法有据，本院予以支持。劳动者以用人单位未为其办理社会保险手续，且社会保险经办机构不能补办导致其无法享受社会保险待遇为由，要求用人单位赔偿损失而发生争议的，人民法院应予受理。本案中，通过孟某提交的社保个人缴费对账单、医保账户活期明细及参保职工四险缴费情况表可以看出，孟某有独立的社保及医保账户，故本案不属于劳动者与尚未参加社会保险统筹的用人单位发生的社会保险纠纷，且孟某未能证明社保经办机构存在不能补办的情形，因此孟某要求中联公司支付未缴纳社会保险造成损失 13 488 元的诉讼请求，不属于人民法院应当受理的劳动争议范畴，法院不予支持。另孟某未提供休息日以及法定节假日加班的证据。西城区人民法院判决如下。

一，自本判决书生效之日起 7 日内，中联国际文化发展有限公司向孟某支付 2008 年 7 月 16 日至 2009 年 6 月 15 日期间未签订劳动合同的双倍工资差额 27 500 元整。

二，驳回孟某的其他诉讼请求。

孟某不服一审判决，提起上诉。

北京市第一中级人民法院经审理查明：一审期间，孟某就其主张的保险损失表示为其缴纳的保险费用的总和；二审期间，经对该费用进行核算，数额为 10 401.19 元。

北京市第一中级人民法院审理认为：中联公司作为用人单位，为职工缴纳社会保险费用是其法定义务，其主张与孟某口头协议，将应缴纳的社会保险费纳入孟某的工资中，没有证据证实，法院不予采信。因中联公司未为孟某缴纳社会保险费用，致使孟某自行缴纳了养老保险、失业保险、医疗保险的费用，中联公司应对孟某予以补偿。现孟某自行缴纳的费用数额并未超出中联公司应当缴纳的费用数额，中联公司应向孟某支付该补偿费用 10 401.19 元。孟某就此费用的超额主张，依据不足，法院不予支持。综上所述，依据《中华人民共和国民事诉讼法》第一百五十三条第 1 款第（1）项之规定，判决如下。

一，维持北京市西城区人民法院（2011）西民初自第 20938 号民事判决第一项。

二，撤销北京市西城区人民人民法院（2011）西民初字第 20938 号民事判决第二项。

三，本判决生效后 7 日内，中联国际文化发展有限公司向孟某支付社会保险的补偿款 10 401.19 元。

[思考问题]

1. 用人单位未履行缴纳保险费义务应承担什么责任？
2. 职工自行缴纳社会保险费用后能否要求用人单位补偿？

[分析]

正确处理本案的一个核心问题就是劳动者在自行缴纳社会保险后，能否要求用人单位进行补偿。根据相关法律，为劳动者缴纳社会保险费是用人单位的法定义务，不能以任何理由推脱或变通。《劳动法》第七十二条规定："用人单位和劳动者必须依法参加社会保险，缴纳社会保险费。"用人单位缴纳社会保险费是其法定义务，应当按时足额缴纳。

本案中，中联公司确认其未给孟某缴纳社会保险，并主张单位所需缴纳的各项保险费用已经通过工资发放，应由个人去缴纳。对此，中联公司并未提交证据证明。孟某为城镇户口，在入职中联公司前以个人存档身份缴纳各项保险费用。入职中联公司后，公司依法应当主动到相关机构为孟某办理变更社保缴费的手续。显然中联公司没有履行该项义务，导致孟某一直以个人委托存档身份自行缴纳社会保险，本应由用人单位承担的义务转嫁到了劳动者身上。很显然，用人单位不能因其违法行为而获利，劳动者也不应负担其不应负担的义务，故中联公司应为其逃避法定义务的行为承担后果。本案由于孟某已自行缴纳了各项保险费用，用人单位不存在补缴的问题，故该项诉讼请求人民法院应予处理，一审法院对此判决有误，二审予以纠正。在二审审理过程中，主审法官计算出孟某自行缴纳的保险费用总和，并计算出正常情况下用人单位应缴纳的保险费用，两者相比较，前者低于后者，故支持了劳动者请求的此项数额。

案例二 用人单位与劳动者协议不参加社会保险的约定无效——张家港市新东旭纺织印染有限公司诉李某劳动争议案

[案情]

2010 年 4 月 30 日，李某进入张家港新东旭纺织印染有限公司（以下简称"新东旭公司"）工作；同日，双方签订全日制劳动合同，约定合同期限自 2010 年 4 月 30 日至 2011 年 4 月 29 日。李某等 10 余人同日向新东旭公司提交申请，主要内容为："公司已依法告知其参加社会保险的事宜，并敦促其本人提供相关资料，经本人慎重考虑，决定不参加社会保险。因此而产生约责任及后果均由我本人承担。请将公司应承担之社会保险费随工资发放给本人。"新东旭公司未为李某办理城镇职工社会保险参保手续。

同年 11 月 11 日，李某因脑出血、肋骨骨折、肺挫伤在张家港市第一人民医院住院治疗，同月 17 日转入苏州附属第二医院住院治疗。在整个治疗期间，李某共支付医疗费 69 753.32 元。因医疗费用的承担问题，李某向张家港市劳动争议仲裁委员会提起仲裁，张家港市劳动争议仲裁委员会经审理后裁决，新东旭公司应向李某支付医疗费 61 869.96 元、病假工资 2352 元。新东旭公司不服，向张家港市人民法院提起诉讼，认为李某申请不缴纳社会保险，公司同意其申请，并向李某支付了社保补贴，由此产生的责任应当由李某自行承担，其无需向李某支付其自身患病的医疗费。李某非因工负伤，既未提交病假证明，在医疗期满后也未到公司上班，其劳动关系自 2012 年 12 月 24 日最后一次出院后解除。

[仲裁裁决]

在一审法院审理过程中，原、被告双方一致认可被告李某用去的医疗费中，应当列入社保基金报销的金额是 61 869.96 元；李某患病期间，新东旭公司分两次向李某支付 11 000 元。经审理，一审法院认为：用人单位和劳动者必须依法参加社会保险，缴纳社会保险费。为职工参加社会保险是用人单位的法定义务，属于法律的强制性规定。根据法律规定，违反法律、行政法规强制性规定的劳动合同属于无效或部分无效。因此，李某与新东旭公司之间关于不参加社会保险的合意行为无效。基于双方对新东旭公司是否发放社保补贴存在争议，李某在新东旭公司工作期间患病，因未参加社会保金导致其医疗费无法由社保基金承担，由此产生的损失应由原告承担。从照顾相对于用人单位而言处于弱势的劳动者等实际情况出发，对李某产生的医疗费损失，新东旭公司承担 43 000 元，其余部分由被告自理。新东旭公司向李某支付 11 000 元，双方未书面约定该款的性质，但新东旭公司作为义务人，只要承担法定义务即可，其之前已支付的款项，应从总的赔偿款中扣除。据此，依照《中华人民共和国民事诉讼法》第六十四条、《中华人民共和国劳动法》第七十二条、《中华人民共和国劳动合同法》第二十六条第 1 款第（3）项的规定，判决：原告张家港新东旭纺织印染有限公司支付被告李某医疗费 43000 元、病假工资 2352 元，合计 45 352 元，扣除已支付的 11 000 元，余款 34 352 元限原告张家港新东旭纺织印染有限公司于判决生效后 10 日内履行。

李某不服一审判决，提起上诉。

二审法院认为：社会保险制度作为一项经济、社会制度，牵涉整个国家改革、发展、稳定的大局，更牵涉广大人民群众的根本利益。为职工参加社会保险是用人单位的法定义务，用人单位为劳动者缴纳社会保险具有强制性，无需与劳动者协商，任何单位、任何个人不得以任何形式、任何理由进行减免。故用人单位未为劳动者缴纳社会保险而产生的损失均应由用人单位承担。本案中，新东旭公司是于 2004 年成立的企业法人，为职工参加社会保险是其成立之时就应承担的法定之务。《社会保险费征缴暂行条例》规定缴费个人应当缴纳的社会保险费，由所在单位从其本人工资中代扣代缴，社会保险费不得减免。这也表明用人单位帮助劳动者代扣代缴不存在现实障碍。即使用人单位与劳动者之间有不参加社会保险之约定，就算是出于劳动者自愿，但该约定明显违反法律、行政法规强制性规定，与社会保险的保障功能不符，当属无效。本案中，由于新东旭公司未依法为李某参加社会保险，导致李某的医疗费无法由社保基金承担，由此产生的损失应由新东旭公司全部承担。虽然新东旭公司认为李某申请不参加社会保险，公司还每月发放补贴 280 元，但这不构成新东旭公司免除责任的任何理由。首先，所谓的申请从形式上看是格式化的，关键条款均为事先打印，上面除李某外还有其他数十名员工的签名；其次，即使李某自愿申请不参加社会保险，新东旭公司也不能同意，新东旭公司作为用人单位应该比李某更清楚不参加社会保险可能导致的后果，以用人单位的强势地位完全可以避免不参加社会保险情况的发生，因此新东旭公司应当承担李某的医疗费无法由社保基金报销而产生的全部损失。李某享受权利的同时也应承担相应的义务，每月 280 元的社保补贴应予抵扣。虽然李某否认公司发放社保补贴，但在申请上有保险费随工资发放本人的表述，原审法院向新东旭公司有关人员的调查笔录和新东旭公司原始财务凭证中的工资单能够证明有 280 元社保补贴的项目，故对新东旭公司每月发放社保补贴予以确认，理应从新东旭公司所承担未依法为李某参加社会保险产生的医疗费损失中抵扣。

关于新东旭公司支付李某 11 000 元性质问题。李某主张该款属于新东旭公司自公司关爱基金中发放的困难补助，不应从新东旭公司承担的医疗费中扣除。结合本案有关事实和证据，该 11 000 元款项应当从公司承担的医疗费中扣除。理由如下：一是双方未书面约定该款项的性质；二是该款的来源名为关爱基金，实际并非来源于工会组织或职工捐款，依然是公司拨款；三是新东旭公司支付李某 11 000 元时，考虑到未为李某缴纳社会保险的因素，故新东旭公司已支付的该款项，应从总赔偿款中扣除。

综上所述，上诉人李某的部分上诉请求有理有据，本院予以支持，原审判决部分不当。据此，依照《中华人民共和国民事诉讼法》第一百五十三条第 1 款第（3）项、《中华人民共和国劳动合同法》第二十六条第一款第（3）项之规定，判决如下：

一，撤销江苏省张家港市人民法院（2011）张民初字第 1461 号民事判决；

二，张家港新东旭纺织印染有限公司支付李某医疗费 61 869.96 元、病假工资 2352 元，合计 64 221.96 元，扣除已支付的 11 000 元，扣除返还社保补贴 1680 元，余款 51 541.96 元限张家港新东旭纺织印染有限公司于本判决生效后 10 日内履行。

[思考问题]

用人单位与职工之间以协议的方式约定不参加社会保险、将应当缴纳的社会保险费以社保补贴形式发放的行为是否有效？

[分析]

《劳动法》第七十二条规定："社会保险基金按照保险类型确定资金来源逐步现社会统筹。用人单位和劳动者必须依法参加社会保险，缴纳社会保险费。"社会保险作为一项政治经济制度，与商业保险不同，具有强制性、普惠性、保障性、非营利性等特点，这些特点决定了为劳动者参加社会保险是用人单位的社会责任，也是用人单位的法定义务，用人单位不能以任何形式、采取任何手段免除为劳动者参加社会保险、缴纳社会保险费用的义务，违反这项义务，用人单位应当承担责任。实践中，用人单位通过各种手段规避为劳动者参加社会保险义务的情形随处可见，一些方式甚至披上了貌似"合法"的外衣，严重扰乱了劳动秩序，侵害了劳动者的权益。

本案涉及的用人单位与员工协议不参加社会保险、将应缴社会保险费以现金方式直接发放的情形，其产生背景是，现实中还存在社会保险异地转移难的困境，加之有些员工缺少法律意识、风险意识，重视眼前利益，不少外来打工的劳动者乐于接受用人单位的此种行为，而这种貌似"合法"、充分尊重劳动者本人意愿的行为不仅不应提倡，而且应当予以禁止并严厉打击。该案的一审和二审均认为作为用人单位的新东旭公司与劳动者协议不参加社会保险违反了法律的强制性规定，但是在判决过程中围绕劳动者本人是否需要就同意用人单位不为自己参加社会保险承担一定的责任时发生分歧。一审法院认为劳动者在明知用人单位的行为可能侵害到自身权益时，仍然同意用人单位的意见，存在一定过错，需要自行承担一部分责任；而二审法院则从社保险制度设置的意义出发，认为在任何情况下，用人单位都必须为不给劳动者参加社会保险的行为所造成的后果承担全部责任。应该说，二审法院判决充分考虑了劳动者作为弱势一方在签订劳动合同中的无奈选择，更加有力地保护了劳动者的合法权益。

案例三　二次受伤的职工应以新认定的伤残等级享受工伤待遇，用人单位不因第一次给付待遇而减轻第二次给付责任——常山县狮子口塘底清荣采石场诉童某工伤保待遇纠纷案

[案情]

2007年3月1日，童某进入常山县狮子口塘底清荣采石场从事爆破员工作，未签订劳动合同。2007年6月7日下午4时许，童某在爆破作业时，炸药爆炸导致左眼被一块飞溅的小石头击伤，经医院诊断为视网膜脱落。此后，童某前往江山和杭州等地区医院多次治疗。2008年1月31日，童某的伤被常山县人事劳动社会保障局认定为工伤，并经浙江省劳动能力鉴定委员会重新鉴定为五级伤残。双方因工伤保险待遇协商未果。童某申请仲裁，要求采石场支付相应工伤保险待遇。2009年2月16日，常山县劳动争议仲裁委员会作出常劳仲案字（2009）第25号仲裁裁决书，裁决：常山县狮子口塘底清荣采石场给付童某医疗费用、停工医疗期待遇、住院伙食补助费、一次性伤残补助金、医疗补助金、就业补助金、鉴定费、住宿费，交通费等工伤保险待遇共计人民币114 068.58元，并终止双方劳动关系和工伤保险关系。另查明：童某于2003年4月11日在浙江省衢县大洲镇济源水库从事爆破作业时双眼被炸伤。2003年7月17日，童某双眼被炸伤经衢州市衢江区劳动能力鉴定委员会鉴定为七级伤残。2009年3月10日，常山县狮子口塘底清荣采石场因不服该裁决起诉至常山县人民法院，请求依法撤销仲裁裁决。诉讼过程中，采石场认为童某在本案受伤之前，有过一次工伤，申请要求对童某陈旧性左眼残疾进行司法鉴定。2009年8月17日，金华正路司法鉴定所鉴定意见为：童某于2003年4月11日左眼被炸伤的伤残程度为工伤六级伤残。

【判决】

一审浙江省常山县人民法院审理认为，被告童某在作业中不慎受伤，已经常山县劳动行政部门认定为工伤，并被浙江省劳动能力鉴定委员会重新鉴定为伤残五级，因此应当享受国家规定的因工负伤相关待遇，该纠纷已经劳动仲裁。对原告常山县狮子口塘底清荣采石场提出劳动仲裁违反程序，要求撤销常劳仲案字（2009）第 25 号仲裁裁决书的请求与法不符，不予支持。但由于被告童某 2003 年 4 月 11 日在浙江省衢县大洲镇济源水库双眼被炸伤、经鉴定为七级残疾，可予减轻原告的赔偿责任。据此，常山县人民法院判决：一，驳回原告常山县狮子口塘底清荣采石场的诉讼请求；二，原告常山县狮子口塘底清荣采石场给付被告童某医疗费、停工医疗期待遇、住院伙食补助费、一次性伤残补助金、医疗补助金、就业补助金、鉴定费、住宿费、交通费，合计 70 788.58 元，扣除已支付的 20 474 元，尚应给付 50 316.58 元，限于判决生效后 10 日内履行完毕；三，双方劳动关系和工伤关系终止。

宣判后，童某不服一审判决，提起上诉。

二审衢州市中级人民法院审理后认为，原判以童某原有工伤为由减轻采石场的赔偿责任，无法律依据，同时认定童某医疗费用总额为 4281.58 元亦与事实不符，予以纠正。童某在一审中未变更一次性工伤医疗补助金和伤残就业补助金的计算标准，对其在二审中要求增加的上诉请求，不予受理。

2010 年 12 月 22 日，衢州市中级人民法院终审判决：一，维持浙江省常山县人民法院（2009）衢常民初字第 170 号民事判决第一、第三项；二，变更浙江省常山县人民法院（2009）衢常民初字第 170 号民事判决第二项为：被上诉人常山县狮子口塘底清荣采石场给付上诉人童某医疗费用 21 625.83 元、停工医疗期待遇 2890 元、住院伙食补助费 377 元、一次性伤残补助金 19 840 元、医疗补助金 42 600 元、就业补助金 42 600 元、鉴定费 300 元、住宿费 180 元、交通费 1000 元，合计人民币 131 412.83 元，扣除已付的 20 474 元，余款 110 938.83 元，限于本判决生效之日起 10 日内履行完毕。一审案件受理费 10 元，鉴定费 1200 元；二审案件受理费 10 元，均由被上诉人常山县狮子口塘底清荣采石场负担。

[思考问题]

劳动者在生产过程中遭受工伤后又再次遭受工伤时，用人单位能否因为第一次工伤已经赔偿而减轻第二次工伤的赔偿责任？

[分析]

正确处理本案的难点在于：①劳动能力等级应以哪级机关出具的鉴定结论为

准；②劳动者受到第一次工伤后再次发生工伤时，能否因第一次工伤而减轻用人单位因第二次工伤所承担的赔偿责任。在本案中，童某受伤后，经行政部门认定为工伤。衢州市劳动能力鉴定委员会对童某的工伤作出伤残等级为六级的鉴定结论。采石场不服向浙江省劳动能力鉴定委员会申请重新鉴定，经省劳动能力鉴定委员会鉴定为五级。根据《工伤保险条例》第二十六条"省、自治区、直辖市劳动能力鉴定委员会作出的劳动能力鉴定结论为最终结论"的规定，本案应以江省劳动能力鉴定委员会出具鉴定结论为准。童某虽在此之前受伤，但根据《工伤保险条例》第四十三条"职工再次发生工伤，根据规定应当享受伤残津贴的，按照新认定的伤残等级享受伤残津贴待遇"之规定，童某应按五级伤残享受工伤待遇，同时不因第一次工伤而减轻用人单位的赔偿责任。

案例四 交通事故损害赔偿请求权与工伤保险赔偿请求权可并存
——陈某等诉湖北精亚麻业有限公司工伤保险待遇纠纷案

[案情]

徐某于 2002 年到湖北精亚麻业有限公司（以下简称精亚公司）工作。2006 年 5 月 20 日，徐某从精亚公司下班后骑自行车回家，途经咸宁市双溪桥镇陈祠村六组时，被吴希汉驾驶的农用车撞倒，徐某当场死亡。咸宁市公安局交警支队一大队对此次事故作出的交通事故认定书认定，吴希汉负事故的全部责任，徐某无责任。6 月 5 日，经交警部门调解，徐某之夫陈某与吴希汉达成调解协议，由吴某承担徐某的丧葬费、死亡赔偿金、被扶养人生活费、交通事故处理人员误工费等 9 万元。协议签订后，吴某当即支付陈某 9 万元。9 月 8 日，根据陈某的申请，咸宁市咸安区劳动和社会保障局作出咸安劳社工（2006）034 号《工伤认定决定书》，认定徐某为因工死亡。同年 11 月 21 日，咸宁市咸安区人民政府根据精亚公司的申请，作出行政复议决定书，维持咸安劳社工（2006）034 号《工伤认定决定书》。陈某与精亚公司因徐某工伤死亡待遇发生争议，向咸安区劳动争议仲裁委员会申请仲裁，咸安区劳动争议仲裁委员会裁决由精亚公司支付陈某因徐某工亡而产生的工亡待遇 10 593 元。

2006 年 12 月 25 日，陈某、徐某之父徐次河、之母艾菊花、长女陈文、次子陈绍明等不服咸安区劳动争议仲裁委员会的仲裁裁决，向法院起诉，要求精亚公司支付工亡待遇 125 006 元。

2007 年 6 月 21 日，咸宁市咸安区人民法院作出（2007）咸民初字第 16 号民事判决书认定：徐某生前系精亚公司职工，其在下班途中受到交通事故伤害，根据《工伤保险条例》第 14 条的规定，徐某的死亡应确定因工死亡，且该事故经咸安区劳动和社会保障局、咸安区人民政府分别作出工伤认定决定书和行政复议决定书，均认定徐某为因工死亡。五原告作为工亡职工徐某的直系亲属，有权要求工亡待遇。因精亚公司未参加工伤保险统筹，根据《工伤保险条例》第 60 条规定，应由精亚公司按照规定的工伤保险待遇项目和标准支付费用。精亚公司辩称原告的损失已依法得到赔偿，应驳回原告诉讼请求的意见。本院认为，徐某因交通事故导致工亡后，其亲属享有交通事故损害赔偿请求权和工伤保险赔偿请求权，两种请求权的基础不同，承担赔偿责任的主体不同、法律性质不同；不能相互替代，享有工伤待遇是法律赋予劳动者的权利，也是用人单位的法定义务，实行双重赔偿符合《工伤保险条例》第 1 条的立法意图，也并不会增加企业负担。且根据最高人民法院《关于审理人身损害赔偿案件适用法律若干问题的解释》第 12 条的规定及参照湖北省高级人民法院《关于审理劳动争议案件若干问题的意见（试行）》第十九条的规定，劳动者的工伤系第三人侵权所致，用人单位以劳动者已获侵权损害赔偿为由拒绝承担工伤保险赔付的，人民法院不予支持，故对精亚公司的辩解意见不予支持。

综上，对原告要求赔偿丧葬补助金的请求，本院认为其计算标准不当，本院依法认定为 4590 元（统筹地区上年度职工月平均工资 765 元／月×6 个月=4590 元）。对原告要求赔偿供养亲属抚恤金的请求，本院认为陈某未满 60 周岁，也没有证据证明其完全丧失劳动能力。根据《因工死亡职工供养亲属范围规定》（劳动和社会保障部令第 18 号）的规定，陈某不属于供养亲属，故徐某的供养亲属为陈文、陈绍明、徐次河、艾菊花 4 人，又因依法各供养亲属的抚恤金之和不应高于死亡职工生前的工资，因此上述 4 原告的抚恤金为 63 432. 67 元。根据《咸宁市工伤保险实施细则》的规定，一次性工亡补助金应为 36 720 元（统筹地区上年度职工平均工资，765 元／月×48 个月=36 720 元）。对原告主张的交通费、其他费用因不属于法定赔付范围，不予支持。依照《中华人民共和国劳动法》第 73 条，《工伤保险条例》第 37 条、第 60 条，《中华人民共和国民事诉讼法》第 128 条之规定，判决被告精亚公司应赔偿原告陈某、陈文、陈绍明、徐次河、艾菊花 104 742. 67 元。

精亚公司不服，提起上诉。2007 年 11 月 26 日，咸宁市中级人民法院作出（2007）成民二终字第 215 号民事判决书认为：徐某作为精亚公司职工，在下班途中因道路交通事故死亡，根据《工伤保险条例》第 14 条第（6）项的规定，徐某应认定为工伤死亡。因精亚公司未依《工伤保险条例》的规定参加工伤保险，依据《工伤保险条例》第 60 条的规定，精亚公司应当向被上诉人支付丧葬补助金、供养亲属抚恤金和一次性工亡补助金。但徐某系因交通事故死亡，且已获得肇事者 9 万元赔偿，《湖北省工伤保险实施办法》第 39 条明确规定，由于道路、航运、航空、铁路等交通事故引起的工伤，或者职工派遣出境工作时所发生的工伤，或者职工工伤涉及其他民事伤害赔偿的，应按照有关规定索取伤害赔偿。获得的伤害赔偿低于工伤保险待遇的，根据用人单位是否参加工伤保险，由经办机构或用人单位补足差额部分。根据上述规定；对于徐某按工伤保险待遇的差额部分 14 742. 67 元，应由精亚公司补足。原审认定可适用双重赔偿错误，本院予以纠正。变更原判决为：由精亚公司补足陈某、陈文、陈绍明、徐次河、艾菊花 14 742. 67 元。

陈某等 5 人均不服二审判决，向湖北省人民检察院申诉。湖北省人民检察院审查认定二审判决认定事实和适用法律存在以下错误，应予撤销：①从我国相关法律规定来看，应适用双重赔偿；②本案工伤保险赔偿和第三人侵权赔偿虽然是基于同一损害事实，但却是两种不同的法律关系，不能相互替代。据此，湖北省人民检察院依法向湖北省高级人民法院提起抗诉。

经湖北省高级人民法院再审，判决撤销二审判决，维持一审判决。

[思考问题]

劳动者因第三原因造成伤害而又同时构成工伤的，在接受第三人赔偿后，还能否要求其所在的用人单位给予工伤赔偿。

[分析]

国务院 2004 年《工伤保险条例》第十四条第 6 项规定，在上下班途中，受到机动车事故伤害的，应当认定为工伤。本案中，徐某系精亚公司的职工，其走在下班途中受到交通事故伤害，属于《工伤保险条例》规定的工伤情形，因而徐某构成工伤。虽然肇事者已经承担了赔偿责任，但是由于交通事故损害赔偿请求权和工伤保险赔偿请求权的基础不同，而且承担赔偿责任的主体等也不相同，因而陈某、陈文等在获得肇事者的损害赔偿后，仍然有权请求精亚公司承担工伤死亡的赔偿责在。劳动者因交通事故导致死亡，其亲属同时享有交通事故损害赔偿请求仪和工伤保险赔偿请求权。鉴于两种赔偿请求权的基础不同，承担赔偿责任的主体不同、法律性质不同，因此交通事故损害赔偿请求权和工伤保险赔偿请求权应当并存，不能相互替代。

案例五　用人单位未依法为劳动者交纳失业保险费应承担赔偿责任——郑州中油恒燃石油燃气有限公司诉肖某失业保险待遇纠纷案

[案情]

2006 年 10 月 28 日，肖某到郑州中油恒燃石油燃气有限公司（以下简称"中油恒燃公司"）工作，双方签订合同的期限至 2008 年 10 月 27 日止。2010 年 6 月

30 日，双方签订合同的期限至 2011 年 6 月 30 日止。2011 年 6 月 19 日，肖某在工作时，其工作区域发生爆炸事件，中油恒燃公司对此事件的相关当事人进行调查。肖某在双方合同到期后留单位配合调查。同年 8 月初，肖某在调查结束后离开中油恒燃公司。

之后，肖某以中油恒燃公司解除双方劳动关系违法为由，向劳动争议仲裁委员会申请仲裁，要求中油恒燃公司为其补缴 2005 年 7 月至 2006 年 10 月期间的养老保险和医疗保险，支付其一次性生活补助金 6048 元，支付其 2011 年 8、9 两月的基本工资 3400 元，返还其特种行业压力器操作证、上岗证，返还其工作期间非法罚款 600 元，支付其 2010 年 11 月至 2011 年 10 月未签订书面劳动合同二倍工资 18 700 元。劳动争议仲裁委员会审理后，作出裁决如下：中油恒燃公司为肖某补缴 2005 年 7 月至 2006 年 9 月期间的养老保险费、医疗保险费，个人缴纳部分由申请人承担；支付肖某一次性生活补助金 6048 元；支付肖某 2011 年 8、9 两月的生活费 1728 元，支付肖某赔偿金 21 567.96 元；返还肖某的特种行业压力容器操作证、上岗证；驳回肖某的其他仲裁请求。

另查明，中油恒燃公司自 2006 年 10 月起为肖某缴纳养老保险、医疗保险，并于 2011 年 9 月停止为肖某补缴社会保险。中油恒燃公司未为肖某参加失业保险。

中油恒燃公司不服劳动争议仲裁委员会作出的仲裁裁决，遂提起诉讼，请求判令其不为肖某补缴养老保险费、医疗保险费，不向肖某支付一次性生活补助金 6048 元、生活费 1728 元、赔偿金 21 567.96 元，不向肖某返还特种行业压力容器操作证、上岗证。

[判决]

一审法院判决：中油恒燃公司应赔偿肖某一次性生活补助金 4104 元；驳回中油恒燃公司的其他诉讼请求。

肖某不服一审判决，提出上诉称：中油恒燃公司于 2006 年 10 月 1 日起为本人缴纳社会养老保险，证明本人与中油恒燃公司在 2006 年 10 月 28 日签订劳动合同前已经建立劳动关系，本人是在 2005 年 7 月 10 日同中油恒燃公司建立劳动关系的，原判决认定事实错误；中油恒燃公司未依法向本人送达解除劳动关系通知书，即停止缴纳社会养老保险金，属于违法解除劳动关系。故请求撤销一审判决，判令中油恒燃公司支付本人一次性生活补助金 6048 元，2011 年 8 月、9 月生活费 1728 元、赔偿金 21 567.96 元，并返还本人的特种行业压力容器操作证、上岗证。

中油恒燃公司辩称：肖某主张双方存在劳动关系的时间没有依据，应当以双方签订的劳动合同及本公司为肖某办理社会保险统筹手续显示的时间为准；双方签订最后一份劳动合同的到期时间为 2011 年 6 月 30 日，肖某 2011 年 7 月配合事故调查，本公司给肖某发放了 7 月份的工资。肖某的上诉理由不能成立，故请求驳回上诉，维持原判。

二审法院判决:驳回上诉，维持原判。

[思考问题]

用人单位未给劳动者办理失业保险需要承担哪些法律责任？劳动者能否要求用人单位给予赔偿？

[分析]

根据《社会保险费征缴暂行条例》第四条的规定，缴费单位应当按时足额缴纳社会保险费。本案中，中油恒燃公司从其与肖某签订劳动合同当月起为肖某缴纳社会养老保险并于双方劳动合同因期满终止后停止为肖某缴纳养老保险，完全符合法律、法规的规定。故肖某要求中油恒燃公司为其补缴 2006 年 10 月之前的社会保险，没有事实和法律依据，依法应不予支持。根据《失业保险条例》第二十一条的规定，用人单位负有为劳动者缴纳失业保险费的法定义务。中油恒燃公司在其与肖某之间的劳动关系存续期间，并未为肖某缴纳失业保险费，因其未履行该法定义务导致肖某不能享受政策的失业保险待遇，故中油恒燃公司应当对此承担赔偿责任。根据《河南省失业保险条例》第二十八条规定，用人单位招用的农民合同制工人连续工作满 1 年，所在单位已缴纳失业保险费，劳动合同期满未签订或者提前解除劳动合同的，可以向其单位所在地的失业保险经办机构申领一次性生活补助费。补助金按其工作时间每满 1 年发给 1 个月、最多不超过 12 个月的失业保险金标准计发。该条例第二十三条规定，失业保险金按照当地最低工资标准的 80% 确定。肖某自 2006 年 10 月 28 日与中油恒燃公司建立劳动关系，并于 2011 年 8 月 1 日离职，工作期间共计 4 年零 9 个月。按照新郑市 1080 元的最低工资标准，应以 1080 元/月×80%×4.75 计算中油恒燃公司应向肖某支付的一次性生活补助金为 4104.70 元，故中油恒燃公司应当按此数额赔偿肖某。

另外，因双方的劳动合同自 2011 年 6 月 30 日终止，肖某又不能举证证明其在 2011 年 8、9 两月为中油恒燃公司提供了劳动，故其要求中油恒燃公司支付其 2011 年 8、9 两月工资的请求，没有事实依据。同时，肖某亦未举证证明在 2011 年 6 月 30 日之后其与中油恒燃公司建立了劳动关系，故肖某要求中油恒燃公司支付未签订书面劳动合同二倍工资的请求没有事实依据。同理，对肖某的其他诉讼请求，应不予支持。

第二节 自测案例

【案例一】

某外商独资公司高薪聘用了一位博士毕业生赵某担任副总经理。当时，在谈到工资待遇时，公司说："董事会给你定的工资为每月1.2万元。不过，我们是一家外资公司，之所以工资定得这么高，是因为除了工资以外，再没有其他福利待遇了。像什么医药费报销、养老等问题都得自己解决，公司概不负责。"听了这话，赵某心里认为："这个公司给我的工资的确是够多的，可就是将来万一得了什么大病，或者老了怎么办呢？"但他转念又一想："我刚30多岁，一般也不会有什么大病，至于养老问题，现在考虑还为时过早。倒不如趁年轻多挣些钱，实惠。"工作以后，赵某为了解除自己的后顾之忧，每月从工资中拿出1000元，向保险公司投了一份商业养老保险。这样一来，他在这家公司工作，也觉得很踏实多了。几个月后，由于赵某与公司领导在公司的经营管理等重大问题上，产生了分歧，被董事长炒了"鱿鱼"。后赵某就劳动保险等事宜向当地劳动争议仲裁委员会提起了劳动争议仲裁。

试分析：

1. 用人单位以高薪方式代替为劳动者办理养老保险的义务是否合法？
2. 用人单位未为劳动者缴纳养老保险需承担什么法律责任？

【案例二】

2000年9月，外来农民工谢某到某公司工作。2007年11月27日，公司向在职职工发了书面通知，内容为"根据劳动社会保障局的通知，要求职工办理养老保险，请各位职工把照片（一寸，两张）交到公司财务室，由公司统一办理养老保险业务。"谢某在此通知上签注"我不愿意交"，后单位未为其办理养老保险手续。2009年3月27日，谢某向公司申请辞职，随后以公司未为其办理社会保险为由向劳动争议仲裁委员会申请仲裁，要求与公司解除劳动关系，公司一次性支付经济补偿金12 600元，并继续为其缴纳双方劳动关系存续期间社会保险。劳动争议仲裁委员会作出仲裁裁决：一，双方终止劳动关系；二，公司向谢某支付经济补偿金12 321.72元；三，公司依法为谢某办理社会保险。公司对此仲裁裁决不服诉至法院。

试分析：

1. 劳动者自愿放弃单位为其办理养老保险的权利是否有效？
2. 在劳动者放弃单位为其办理劳动保险权利情况下，是否还有承担未办理社会保险的责任?

【案例三】

南通六建公司系国基电子(上海)有限公司 A7 厂房工程的承包人,其以《油漆承揽合同》的形式将油漆工程分包给自然人李某,约定李某所雇人员应当接受南通六建公司管理。李某又将部分油漆工程转包给自然人王某,王某招用张某进行油漆施工。李某和王某均无用工主体资格,也无承揽油漆工程的相应资质。2008年 3 月 10 日,张某在进行油漆施工中不慎受伤。11 月 10 日,松江区劳动仲裁委员会裁决确定张某与南通六建公司之间存在劳动关系,但该裁决书未送达南通六建公司。12 月 29 日,张某提出工伤认定申请,并提交了劳动仲裁裁决书。上海市松江区人力资源和社会保障局立案审查后,认为张某受伤符合工伤认定条件,且南通六建公司经告知,未就张某所受伤害是否应被认定为工伤进行举证。上海市松江区人力资源和社会保障局遂于 2009 年 2 月 19 日认定张某受伤为工伤。南通六建公司不服,经复议未果,遂起诉请求撤销上海市松江区人力资源和社会保障局作出的工伤认定。

试分析:

1. 用工单位违反法律、法规规定将承包业务转包或者发包给不具备用工主体资格的组织或者自然人,该组织或者自然人聘用的职工因工伤亡时,应如何确定劳动关系的各方当事人?

2. 本案中应如何确定工伤保险责任主体?

【案例四】

宏达豪纺织公司系经依法核准登记设立的企业法人,其住所位于广东省佛山市禅城区劳动和社会保障局辖区内。邓某与宏达豪纺织公司存在事实劳动关系。2006 年 4 月 24 日邓某在宏达豪纺织公司擅自增设的经营场所内,操作机器时左手中指被机器压伤,经医院诊断为"左中指中节闭合性骨折、软组织挫伤、筋腱断裂"。 7 月 28 日邓某在不知情的情况下向广东省佛山市禅城区劳动和社会保障局申请工伤认定时,列"宏达豪纺织厂"为用人单位。广东省佛山市禅城区劳动和社会保障局以"宏达豪纺织厂"不具有用工主体资格、不能与劳动者形成劳动关系为由不予受理其工伤认定申请。邓某后通过民事诉讼途径最终确认与其存在事实劳动关系的用人单位是宏达豪纺织公司。2008 年 1 月 16 日,邓某以宏达豪纺织公司为用人单位向广东省佛山市禅城区劳动和社会保障局申请工伤认定,广东省佛山市禅城区劳动和社会保障局于 1 月 28 日作出《工伤认定决定书》,认定邓某于 2006 年 4 月 24 日所受到的伤害为工伤。2008 年 3 月 24 日,宏达豪纺织公司经工商行政管理部门核准注销。邹政贤作为原宏达豪纺织公司的法定代表人于 2009 年 3 月 10 日收到该《工伤认定决定书》后不服，以邓尚艳申请工伤鉴定已经超过了法定期限为由向佛山市劳动和社会保障局申请行政复议，复议机关维持该工伤认定决定。邹政贤仍不服，向佛山市禅城区人民法院提起行政诉讼。

试分析：由于不属于职工自身原因超过工伤认定申请期限的，被耽误的时间应否计算在工伤认定申请期限内？

【案例五】

某公司于 2013 年 5 月招用了几十名农民合同制工人，2014 年 8 月，其中 5 名农民合同制工人合同到期后没有能与该企业续订劳动合同，处于失业状态。当他们发现与他们一起失业的城镇职工能每月从社会保险经办机构领取失业保险金后，也到社会保险经办机构申请领取失业保险待遇。社会保险经办机构告诉他们，他们原来所在的企业在他们就业时没有为他们缴纳失业保险费，也就是没有将支付给他们的工资计入缴纳失业保险费的基数，因此，他们无资格申请领取失业保险待遇。于是，这 5 人向劳动争议仲裁委员会申请仲裁，要求他们原来所在的企业为他们补缴失业保险费，以便他们也能按规定享受失业保险待遇。劳动仲裁委员会根据该市有关失业保险的规定裁定，农民合同制工人不在失业保险制度的覆盖范围之内，企业不应为他们缴纳失业保险费。这 5 人不服仲裁，向人民法院起诉，要求撤销劳动争议仲裁委员会的裁决，并要求企业为他们补缴失业保险费。

试分析：农民合同制工人能否享受失业保险？法律依据是什么？

【案例六】

李某是某公司职工。2014 年 8 月，公司为减员增效，号召职工与企业解除劳动合同（有偿解除劳动合同），李某与企业的劳动合同即将到期，就响应公司号召，与公司解除了劳动合同（还有一部分职工也与企业解除了劳动合同）。李某在与公司解除劳动合同后，要求失业保险部门发放失业保险金。但当地失业保险部门在李某公司已按规定向失业保险部门缴纳了失业保险金的情况下拒绝向李某发放，理由是：企业有偿解除劳动合同，已经支付了生活费，失业保险部门不再发放失业保险金了。

试分析：

1. 失业保险部门的拒绝发放失业保险金的行为是否符合法律规定？
2. 李某可通过何种途径维护自己的合法权益？

第十章 劳动权利救济法

第一节 案例分析

案例一 申请劳动仲裁的时效期间为一年

[案情]

王某于 2004 年入职江苏省徐州市淮海消防器材有限公司（以下简淮海公司）从事喷涂喷漆工作，每月平均工资为 920 元。2009 年 5 月 23 日，王某不再去淮海公司上班。2010 年 4 月 15 日，王某向徐州市劳动争议仲裁委员会申请劳动仲裁，请求与被告淮海公司签订无固定期限的劳动合同并支付二倍工资差额 3.12 万元。徐州市劳动争议仲裁委员会于当日作出徐劳仲不字（2010）第 174-1 号不予受理案件通知书。王某不服该仲裁决定，提起诉讼，请求撤销劳动仲裁。

[判决]

一审江苏省徐州市鼓楼区人民法院经审理认为，用人单位与劳动者虽然没有签订书面劳动合同，但是劳动者向用人单位提供劳动并接受其管理、指挥与监督，用人单位向劳动者支付劳动报酬的，应当认定双方成立事实劳动关系。王某的出生年月为 1955 年 11 月 30 日，已经达到法定退休年龄，已不具备签订无固定期限劳动合同的条件。故对于该项诉讼请求不予支持。原告王某与被告自 2004 年建立劳动关系，在劳动关系存续期间一直未签订书面劳动合同，用人单位应自劳动合同法施行之日起一个月内订立劳动合同，若未订立劳动合同，则用人单位应从 2008 年 2 月至 2008 年 12 月支付劳动者二倍工资。王某向徐州市劳动仲裁委员会申请仲裁的时间为 2010 年 4 月 15 日，此项诉求已经超过一年仲裁时效。判决驳回原告王某的诉讼请求。

王某不服一审判决，提起上诉。

江苏省徐州市中级人民法院经审理认为，根据双方当事人的陈述，王某与淮海公司之间存在事实劳动关系，应予以确认。王某主张未签订劳动合同二倍工资差额，依法律规定应给予 11 个月的二倍工资，但因在应给付二倍工资期间淮海公司已支付王某工资，王某也应知道权利受到侵害，且王某主张的二倍工资差额亦不属劳动报酬的范畴，王某于 2010 年 4 月 15 日向劳动部门申请仲裁，就此已超过法律规定的期间，故王某的该主张不予支持。2011 年 5 月 18 日，法院判决：驳回上诉，维持原判。

[分析]

本案的难点一是二倍工资是否属于劳动报酬（工资）；二是应自何时计算时效。

在两级法院的审理过程中，均认定二倍工资不属于劳动报酬，属于对用人单位的惩罚性赔偿。双方争议的时效适用劳动争议调解仲裁法之规定，仲裁时效期间从当事人知道或者应当知道其权利被侵害之日起计算一年。其理由如下。

第一，按照劳动部《工资支付暂行规定》第 3 条之规定，工资是指用人单位依据劳动合同的规定，以各种形式支付给劳动者的工资报酬。在政治经济学中，工资的本质是劳动者提供的劳动这种商品价值的货币表现形式。用人单位已经发放的工资就是这种价值的体现，而另外一倍工资（二倍工资差额），并不是劳动者提供劳动的价值体现，因此不属于工资，属于因用人单位违反法律的规定而承担的惩罚性赔偿。再者，如果属于工资，那么对于其他已经签订劳动合同的劳动者不公平，违反了同工同酬的原则。综上分析，二倍工资差额应不属于工资范畴。

第二，关于时效起算点，《中华人民共和国劳动争议调解仲裁法》（简称《劳动争议调解仲裁法》）第二十七条规定，劳动争议申请仲裁的时效期间为一年。仲裁时效期间从当事人知道或者应当知道其权利被侵害之日起计算。既然二倍工资差额不属于劳动报酬，那么就应该适用这一规定。

前款规定的仲裁时效，因当事任一方向对方当事人主张权利，或者向有关部门请求权利救济，或者对方当事人同意履行义务而中断。从中断时起，仲裁时效期间重新计算。

因不可抗力或者有其他正当理由，当事人不能在本条第 1 款规定的仲裁时效期间申请仲裁的，仲裁时效中止。从中止时效的原因消除之日起，仲裁时效期间继续计算。

劳动关系存续期间因拖欠劳动报酬发生争议的，劳动者申请仲裁不受本条第一款规定的仲裁时效期间的限制；但是劳动关系终止的，应当自劳动关系终止之日起一年内提出。

案例二　用人单位主张劳动关系已经解除的应承担举证责任——吴某诉安阳市永安机械制造有限责任公司劳动合同纠纷案

[案情]

吴某的丈夫左某于 1964 年 10 月参加工作，1970 年 5 月到河南省安阳市中原石油机械总厂工作，为该厂全民固定工。后安阳市石油机械总厂改制为安阳市永安机械制造有限责任公司（下称永安公司），左某仍为该单位职工。2002 年 11 月 21 日，吴某丈夫左某因病去世，永安公司付给吴某 700 元办理后事，后吴某多次找永安公司协商丧葬费、抚恤金等事宜未果，于 2004 年 10 月 25 日申请内黄县劳动争议仲裁委员会进行仲裁。该仲裁委员会经审查后认为，吴某的申诉已超过法定的申诉时效，决定不予受理。吴某诉至法院。要求：一，请求被告依法给付丧葬费 2040 元；二，给付死亡补偿金 6800 元，依法给付遗属补助金（每月 70 元，自 2002 年 11 月起给付）。诉讼中，永安公司提交了与左某解除劳动合同的解除（终止）劳动合同登记表、解除或终止劳动合同内部联系表、2000 年 7 月至 2001 年 11 月的工资表等证据，以此证明永安公司与吴某的丈夫左某已于 2001 年 6 月 30 日解除了劳动关系，对于解除劳动合同以后的事宜，永安公司不应再承担任何责任。

[判决]

内黄县法院经审理认为，本案被告的行为损害了吴某的合法权益，依法应承担民事责任。判决：一，判决生效后 5 日内被告给付吴某丧葬费、抚恤金共计 7540 元（已扣除被告付给吴某的 700 元）；二，从 2002 年 12 月 1 日起被告每月支付给吴某生活补助金 70 元。三，驳回吴某的其他诉讼请求。

宣判后，永安公司不服，向安阳市中级人民法院提起上诉。

安阳中级人民法院经审理驳回上诉，维持原判。

[分析]

根据最高人民法院《关于审理劳动争议案件适用法律若干问题的解释》第 13 条规定，"因用人单位作出的开除、除名、辞退、解除劳动合同、减少劳动报酬、计算劳动者工作年限等决定而发生的劳动争议，用人单位负举证责任。"最高人民法院《关于民事诉讼证据的若干规定》第六条也作出相同的规定。因永安公司并未举出与吴某丈夫左某签订的劳动合同，无法证明该合同已期满，劳动部门虽已审批备案，但也无永安公司与左某签订的劳动合同。在解除终止劳动合同内部联系表中，虽然有解除合同的时间为 2001 年 6 月 30 日及人数 14 人，但这 14 人中是否有左某永安公司未能举出证据。另永安公司提交的左某的 2000 年 7 月至 2001

年 11 月工资表，其辩称该款为经济补偿，但因该表中明确写有退养两字，应认定为左某的退养工资，亦证明双方并未解除劳动合同。故永安公司的辩称理由不成立。根据《中华人民共和国劳动法》第二十条规定，劳动合同的期限分为固定期限、无固定期限和以完成一定的工作为期限。劳动者在用人单位工作满 10 年以上，当事人双方同意续延劳动合同的，如果劳动者提出订立无固定期限的劳动合同，应当订立无固定期限的劳动合同。最高人民法院《关于审理劳动争议案件适用法律若干问题的解释》第二十条规定："根据《劳动法》第二十条之规定，用人单位应当与劳动者签订无固定期限劳动合同而未签订的，人民法院可以视为双方之间存在无固定期限劳动合同关系，并以原劳动合同确定双方的权利义务关系。"从此案中可以看出吴某的丈夫在被告处已工作 30 多年，且永安公司未举出与左某所签订的劳动合同，应视为永安公司与左某存在有无固定期限的劳动合同关系。因此左某病故后，吴某要求被告给付丧葬费、抚恤金及遗属补助金的理由合法正当。永安公司上诉主张与吴某的丈夫左某解除了劳动合同关系，针对该主张永安机械公司虽提供了相关证据，但不足以充分证明双方的劳动关系已解除，上诉理由不能成立，原审法院认定事实清楚，适用法律正确，判决并无不当。

案例三　国森公司逾期举证被罚　法律对"不诚信"说不

[案情]

2013 年 1 月 1 日，新修正的《中华人民共和国民事诉讼法》（以下称《新民诉法》）实施。2013 年 6 月 20 日，北京市一中院首次依据《新民诉法》，对在一起普通劳动争议案件中违背诉讼诚信原则的北京国森科技发展有限责任公司（以下简称国森公司），处 5 万元罚款，此案为《新民诉法》实施后北京不诚信单位被罚第一案。

法院查明，2012 年，徐丹、艾来英两人向北京市西城区劳动争议仲裁委员会申请劳动仲裁，要求国森公司支付所拖欠的工资、未签订劳动合同二倍工资差额及相应的经济补偿金。仲裁委员会裁决支持了徐丹、艾来英两人的请求。国森公司不服，向北京市西城区人民法院提起诉讼，请求法院认定公司与徐丹、艾来英两人不存在劳动关系。在一审中，徐丹、艾来英两人提交了银行卡对账单等证据证明与国森公司之间存在事实劳动关系，西城区法院一审判决驳回了国森公司的诉讼请求。一审宣判后，国森公司向北京市第一中级人民法院提起上诉，并在二审过程中提交了与上述两人签订的劳动合同。

[判决]

北京市一中院审理后认为，国森公司在一审中主张与劳动者不存在劳动关系，在未获得人民法院支持的情况下，在二审诉讼程序中提交了与劳动者签订的劳动合同，这种逾期提交证据的行为没有正当理由，且严重违背了诚实信用原则，妨害了诉讼程序的正常进行，必须予以处罚。依照《中华人民共和国民事诉讼法》(简称《民事诉讼法》)第十三条、第六十五条、第一百一十五条、第一百一十六条的规定，法院作出对国森公司罚款 5 万元的决定。

由于国森公司在二审中新提交了徐丹、艾来英的劳动合同原件，徐丹、艾来英在工作期间是否与国森公司签订劳动合同以及劳动合同的真假应当重新进行审查核实。鉴于提交新证据导致该案基本事实不清，依据《民事诉讼法》的有关规定，北京一中院撤销了原审法院的判决并发回重审。

[分析]

当前劳动争议案件中当事人不诚信现象较多。在劳动争议案件中，某些当事人为了达到胜诉目的，在诉讼中不惜违背案件事实真相，通过提交虚假证据、故意迟延举证、陈述虚假事实等方式，实施各种虚假的应诉行为。例如，用人单位明明持有与劳动者的劳动合同，但是一审中为了逃避劳动合同中的义务，不承认与劳动者之间有劳动关系，当劳动者在一审中通过其他证据证明与用人单位有劳动关系，并且一审判决用人单位支付未签订书面劳动合同二倍工资差额，用人单位才在二审诉讼中拿出劳动合同文本。还有些用人单位编造虚假考勤记录、工资发放记录，企图逃避法律责任。这些违背诉讼诚信原则的行为，不仅侵害了对方当事人的合法权益，再次制造新矛盾，而且干扰了正常的审判秩序，浪费了诉讼资源，亵渎了司法的权威，理应受到惩罚。

案例四 10 年加班工资索赔案

[案情]

1998 年 9 月孙先生进入北京某物业公司工作，一直在公司做电梯维修工，其工作为综合计算工时制，按月综合计算工时，法定节假日和双休日赶上轮班也不能休息。据孙先生称，按照公司的规章制度以及电梯维修工的职责，其从事的工作全年无休，24 小时不间断在岗。但是进入公司工作 11 年来，公司却没支付过他任何加班费和经济补偿。2008 年《劳动合同法》实施后，孙先生依据该法起诉，要求公司支付其 1998 年 9 月 1 日至 2008 年 2 月 29 日的加班费及经济补偿金共计 17 万余元。北京市西城区法院判决某物业管理公司支付该公司员工孙先生 11 年的加班费和 25% 的经济补偿金共计 6 万余元。物业公司不服，上诉至北京市一中院。

[判决]

在审理中，孙先生向法院提供了相关证据，向企业讨要 11 年内法定节假日和双休日的加班工资。该物业公司提出孙先生的起诉已经过了诉讼时效，请求驳回孙先生的诉讼请求。北京市一中院于 2009 年 4 月作出终审判决，维持原判，支持了孙先生索要 11 年加班费的诉讼请求。

[思考问题]

劳动报酬的诉讼时效如何计算？

[分析]

有关劳动报酬的诉讼时效问题，2008 年 5 月 1 日实施的《劳动争议调解仲裁法》第二十七条明确规定劳动争议申请仲裁的时效期间为 1 年，劳动关系存续期间因拖欠劳动报酬发生争议的，劳动者申请仲裁不受 1 年时效的限制，但是，劳动关系终止的，应当自劳动关系终止之日起 1 年内提出。根据该法的规定，我们认为本案中孙某提起加班费的诉求未过诉讼时效，但是从举证责任的角度出发，根据（原）劳动部《工资支付暂行规定》的规定，用人单位对工资支付凭证、考勤凭证负有 2 年的保管义务，也就是说对于 2 年内的工资支付凭证由用人单位承担举证责任，2 年之外的用人单位并不承担举证责任。再回到本案：孙某有权要求公司支付其所有年限的加班工资，但对于两年之外的加班工资，若孙某不能提供相关的加班证据，则其诉求将得不到法院的支持。本案中最终员工的胜诉也是基于其提交了相关的加班证据。

《劳动争议调解仲裁法》规定了劳动报酬类争议的时效起算时间，但未规定往前追溯保护多长时间。有些地方考虑到追溯保护时间过长可能造成案件证据认定困难、用人单位压力过大等问题，从追溯保护时间、举证责任等方面作了一些实验性规定。比如，2002 年的上海高院《关于审理劳动争议案件若干问题的解答》明确指出，鉴于（原）劳动部《工资支付暂行规定》明确规定，用人单位必须书面记录支付劳动者工资的数额、时间、领取者的姓名以及签字，并保存 2 年以上备查，其实体追索劳动报酬的保护时间以 2 年为限。又如 2009 年 7 月北京高院《关于劳动争议案件法律适用问题研讨会会议纪要》亦明确指出劳动者与用人单位因劳动报酬问题产生争议时，在 2 年保存期间内，由用人单位承担举证责任。超出这一期间的则应适用"谁主张，谁举证"的证明责任分配规则。

案例五　公司实行不定时工作制是否支付加班工资

[案情]

张小姐是某公司财务人员。由于工作任务较多，尤其是月末、年末更为繁忙，公司经常安排其加班，但从未向其支付过加班工资。张小姐多次向公司申请加班工资，但公司答复张小姐，按照公司的规章制度所有员工实行不定时工作制，根据法律规定实行不定时工作制的员工，公司无需支付加班工资。张小姐认为自身的合法权益受到侵害，于 2008 年 6 月与公司解除了劳动合同，并于 2008 年 6 月向劳动仲裁委员会申请仲裁，要求公司支付工作期间（一年零三个月）的加班工资。

公司认为：公司的所有员工实行不定时工作制，因而不需向张小姐支付加班工资。此外，张小姐的申诉请求已经超过了申诉时效，劳动争议仲裁委员会应当驳回张小姐的申诉请求。

[仲裁裁决]

劳动争议仲裁委员会认为，公司实行不定时工作制必须符合法律规定的条件并且报劳动保障行政部门审批后方可实施，张小姐所担任的财务岗位不属于实行不定时工作制的范围，而且未经劳动保障行政部门的审批，因而公司单方实行不定时工作制无法律效力。按照《劳动争议调解仲裁法》的规定，张小姐的申诉请求并未超过申诉时效，公司应当向张小姐支付工作期间的加班工资。

[思考问题]

公司实行不定时工作制是否支付加班工资？

[分析]

不定时工作制是指因企业生产特点、工作特殊需要或职责范围的关系，无法按标准工作时间安排工作或因工作时间不固定，需要机动作业的职工所采用的弹性工时制度。按照劳动部《关于企业实行不定时工作制和综合计算工时工作制的审批办法》（劳部发〔1994〕503 号）文件第四条的规定，企业对符合下列条件之一的职工，可以实行不定时工作制：（一）企业中的高级管理人员、外勤人员、推销人员、部分值班人员和其他因工作无法按标准工作时间衡量的职工；（二）企业中的长途运输人员、出租汽车司机和铁路、港口、仓库的部分装卸人员以及因工作性质特殊，需机动作业的职工；（三）其他因生产特点、工作特殊需要或职责范围的关系，适合实行不定时工作制的职工。从以上关于不定时工作制的定义来看，对张小姐从事的财务工作，并非无法按照标准时间安排工作或工作时间不固定，财务人员的工作时间均为固定的时间，而且自己不能灵活安排工作时间；从以上文件规定的企业可以实行不定时工作制岗位范围来看，也不包括财务岗位。因此公司不能安排张小姐实行不定时工作制。

国家对企业实行不定时工作制问题制定了严格的审批程序，关于不定时工作制的审批属于国家劳动保障行政部门的行政许可项目。如按照《北京市企业实行综合计算工时工作制和不定时工作制办法》（京劳社资发〔2003〕157号），企业实行不定时工作制，首先应当与工会、职工代表大会或职工协商，并应当向职工公示；其次应向企业营业执照注册地的区、县劳动和社会保障局申报。只有劳动保障行政部门审批同意后，企业方可在批准的岗位范围和人数内安排劳动者实行不定时工作制。张小姐所在的公司未履行不定时工作制的审批程序，其在规章制度中单方面规定实行不定时工作制是没有法律效力的。

对于不定时工作制的加班工资，《北京市工资支付规定》第十七条规定，"用人单位经批准实行不定时工作制度的，不适用本规定第十四条的规定（第十四条是有关加班工资的规定）"，因此实行不定时工作制的员工不适用于加班工资的规定。另外，并不是说实行不定时工作制后，用人单位就可以随意地要求员工加班加点工作而不需支付加班工资，根据《北京市企业实行综合计算工时工作制和不定时工作制办法》的规定，对于实行不定时工作制的职工，企业仍应当根据标准工时制度合理确定职工的劳动定额或其他考核标准，保障职工休息权利。

从以上分析可以看出，公司以实行不定时工作制为由不支付张小姐的加班工资是不符合法律规定的。另外应当注意：2008年5月1日正式生效的《劳动争议调解仲裁法》第二十七条第一款规定，"劳动争议申请仲裁的时效期间为一年。仲裁时效期间从当事人知道或者应当知道其权利被侵害之日起计算"；第4款规定，"劳动关系存续期间因拖欠劳动报酬发生争议的，劳动者申请仲裁不受本条第一款规定的仲裁时效期间的限制；但是，劳动关系终止的，应当自劳动关系终止之日起一年内提出"。拖欠加班工资属于拖欠劳动报酬争议，张小姐可以在劳动关系存续期内的任何时间提起仲裁，也可以在劳动关系终止之日起一年内提出。因此张小姐的申诉请求并未超过法律规定的申诉时效，劳动仲裁委员会的裁决是完全正确的。

案例六 二倍工资的计算

[案情]

王小姐于2006年4月入职某公司从事出纳工作，公司一直未与王小姐签订劳动合同，王小姐因担心自己提出签订合同会让公司不快，可能影响与公司的关系，因此也保持沉默。王小姐月薪约 4000 元。王小姐在公司的工作量比较大，且与公司经理之间因为工作原因产生了一些矛盾，公司经理有时候也在工作上刁难王小姐，王小姐也逐渐萌生退意。2010 年 1 月 4 日，王小姐以不能胜任公司工作为由向公司书面提出辞职，同时以公司未与自己签订劳动合同，要求公司支付 2008 年 1 月 1 日至离职之日止的二倍工资差额，公司予以拒绝，双方发生纠纷，王小姐向劳动争议仲裁委员会申请劳动仲裁。

[思考问题]

本案中王小姐 2008 年 1 月 1 日至离职之日止的二倍工资差额是否能够得到支持？

[分析]

一、《劳动合同法》关于用人单位未订立劳动合同应当支付二倍工资的规定

《劳动合同法》第十条规定，已建立劳动关系，未同时订立书面劳动合同的，应当自用工之日起 1 个月内订立书面劳动合同。

《劳动合同法》第八十二条第 1 款规定，用人单位自用工之日起超过 1 个月不满 1 年未与劳动者订立书面劳动合同的，应当向劳动者每月支付二倍的工资。

《劳动合同法实施条例》第七条规定，用人单位自用工之日起满 1 年未与劳动者订立书面劳动合同的，自用工之日起满一个月的次日至满 1 年的前一日应当依照《劳动合同法》第八十二条的规定向劳动者每月支付 2 倍的工资，并视为自用工之日起满 1 年的当日已经与劳动者订立无固定期限劳动合同，应当立即与劳动者补订书面劳动合同。

从上述规定看，本案中用人单位需支付二倍工资的期间为"用工之日起满 1 个月的次日至满 1 年的前一日"，但由于《劳动合同法》自 2008 年 1 月 1 日才正式实施，对既往无溯及力，因此，《劳动合同法》第九十七条规定，本法施行前已建立劳动关系，尚未订立书面劳动合同的，应当自本法施行之日起 1 个月内订立。

所以，本案中用人单位应当支付 2008 年 2 月 1 日至 2008 年 12 月 31 日期间的二倍工资。2009 年 1 月 1 日开始视为用人单位已经与劳动者订立了无固定期限劳动合同，司法实践中认为不再适用二倍工资的规定，因此王小姐主张 2009 年 1 月 1 日至离职之日的二倍工资不会得到支持。

二、王小姐主张 2008 年 2 月 1 日至 2008 年 12 月 31 日期间的二倍工资已经超过仲裁时效

《劳动争议调解仲裁法》第二十七条规定，劳动争议申请仲裁的时效期间为 1 年。仲裁时效期间从当事人知道或者应当知道其权利被侵害之日起计算。

《劳动争议调解仲裁法》自 2008 年 5 月 1 日正式实施，根据法不溯及既往原则，2008 年 5 月 1 日前发生的劳动争议适用劳动法规定的 60 日的仲裁时效，2008 年 5 月 1 日后发生的劳动争议适用 1 年的仲裁时效。

本案中 2008 年 2 月 1 日至 2008 年 5 月 1 日间的二倍工资显然早已超过 60 日的仲裁时效，就算是适用《劳动争议调解仲裁法》1 年的仲裁时效，王小姐提出仲裁申请时也已逾期。2008 年 5 月 1 日后的二倍工资的仲裁时效为 1 年，即 2008 年 5 月份的二倍工资最迟应当在 2009 年 5 月底前主张，依此类推，2008 年 12 月份的二倍工资最迟应当在 2009 年 12 月底前申请仲裁，王小姐于 2010 年 1 月份提出申请，因此，2008 年 5 月 1 日至 2008 年 12 月之间的二倍工资也已经超过仲裁时效，王小姐的请求已丧失胜诉权。

案例七

[案情]

黄某大学毕业后到一家台资企业工作，公司与她签订的劳动合同约定，每月工资 2000 元，视工作成效另发奖金。公司实行的是结构工资制度，黄某的 2000 元工资中，包括基础工资 800 元、岗位工资 800 元、等级工资 400 元。虽然黄某对工资收入比较满意，但是对公司不与职工协商而每天安排 2～3 小时的加班却很不满；尤其让她不能接受的是，公司在发放加班加点工资时，是按照月基础工资 800 元折算每小时的工资，并按 100% 予以发放。黄某在与公司交涉无果的情况下，向劳动保障监察机构举报，要求依法维护自己的权益。劳动保障监察机构经调查，责令该公司按劳动合同中约定的月工资 2000 元折算每小时工资，并且按每小时工资的 150% 向黄某支付加班加点工资，同时责令该公司改正随意延长工作时间的行为。

[分析]

黄某所在企业在两个方面违反了劳动法规的规定。

首先，企业违反了国家有关延长工作时间的规定。《劳动法》第 41 条规定，用人单位由于生产经营需要，经与工会和劳动者协商后可以延长工作时间，一般每日不得超过 1 小时；因特殊原因需要延长工作时间的，在保障劳动者身体健康的条件下延长工作时间每日不得超过 3 小时，但是每月不得超过 36 小时。

企业确因生产经营需要，必须延长工作时间，应出工会和劳动者协商。对企业强迫劳动者延长工作时间的，劳动者有权拒绝。本案例中，黄某所在企业不与工会和劳动者协商就单方面决定加班加点，在程序上违法；而且每天加班 2～3 小时，违反了每月延长工作时间不得超过 36 小时的规定。

其次，企业违反了国家有关支付加班加点工资标准的规定。按照《劳动法》相关规定，用人单位依法安排劳动者在每日法定标准工作时间以外延长工作时间的，按照不低于劳动合同约定的劳动者本人小时工资标准的 150%支付劳动者工资。本案例中，企业与黄某签订的劳动合同中明确其每月工资为 2000 元，企业却按基础工资 800 元折算小时工资并计算加班工资，违反有关按照劳动合同约定的劳动者本人小时工资标准支付加班加点工资的规定。在计算加班工资的倍数问题上，企业用黄某本人小时工资的 100%作为加班工资标准，也违反了有关加班工资标准应该为本人小时工资的 150%的规定。

据此，劳动保障监察机构要求用人单位依据法律规定向劳动者支付加班费维护劳动者合法权益的行为是符合法律规定的。

案例八

[案情]

朱某是某图片社的职工，2011 年 9 月生育一女。产假期满后，由于要哺乳小孩，经图片社经理批准，朱某由冲卷员改做收银员，直到"五一"节前，朱某都能每日只工作 7 小时。但"五一"节后突然大幅增加的业务量让经理有些不知所措，由于图片社人少，经理不得不要求所有职工都要加班，图片社的其他职工看到生意如此好，也乐意通过加班增加收入。但是，朱某因需要有更多时间照顾小孩，不同意经理的安排，坚持每天只上 7 个小时的班，拒绝加班和上夜班。经理对朱某不服从工作安排非常恼火，两人为此争辩起来。经理表示要处理朱某，而朱某则表示，如果敢处理她，她就要去有关部门讨个"说法"。经理见无法安排朱某加班，就对其作出了扣发工资的处理。朱某于是向区劳动保障行政部门投诉，请求依法处理图片社的违法行为。区劳动保障行政部门经过调查后，依据《劳动保障监察条例》第 23 条的规定，对图片社安排女职工在哺乳未满 1 周岁的婴儿期间延长其工作时间的行为，作出了责令改正并处罚款的决定。

[分析]

《劳动保障监察条例》第二十三条有明确规定，即：安排女职工在哺乳未满 1 周岁的婴儿期间延长工作时间的，由劳动保障行政部门责令改正，按照受侵害的劳动者每人 1000 元以上 5000 元以下的标准计算，处以罚款。为保护女职工哺乳期间的合法权益，除《劳动保障监察条例》外，其他的一些法律法规也作出了明确规定。如《劳动法》第 63 条规定："不得安排女职工在哺乳未满 1 周岁的婴儿期间从事国家规定的第三级体力劳动强度的劳动和哺乳期禁忌从事的其他劳动，不得安排其延长工作时间和夜班劳动"。《女职工劳动保护规定》(国务院令第 9 号)第 10 条规定："女职工在哺乳期内，所在单位不得安排其从事国家规定的第三级体力劳动强度的劳动和哺乳期禁忌从事的劳动，不得延长其劳动时间，一般不得安排其从事夜班劳动"。用人单位在安排女职工延长工作时间或夜班劳动时，应考虑女职工是否存在国家规定不得延长工作时间或夜班劳动的情形，否则就要承担相应的法律责任。而劳动保障行政部门也应该依法保护女职工哺乳期间的合法权益不受侵害。

案例九

[案情]

某公司因其加工的一批出口产品出现了 3000 多件的不合格产品而影响了生产，为了赶时间完成订单，公司要求所有员工连日加班，每天加班 3 小时以上，并拒绝支付加班费。有员工不服，向某劳动保障监察机构举报。经调查核实，某劳动保障监察机构对公司作出了停止加班、支付职工加班工资和经济补偿金，并处以罚款的决定。但公司认为，这批订单按正常的工作进度应该按时完成，是由于员工生产出了大量的不合格产品而耽误了完成订单的时间，并造成了经济损失，所以员工应该加班，且加班费是不应支付的。于是公司向当地人民政府申请行政复议，请求撤销某劳动保障监察机构作出的行政处罚决定。复议机关经审理，依法维持了某劳动保障监察机构作出的行政处罚决定等具体行政行为。

[分析]

这是一起关于加班的劳动纠纷。本案有两个争议焦点：一是员工到底该不该加班；二是公司应不应该给员工支付加班费。

对于这两个问题，公司认为，由于员工的工作失误导致公司订单无法按期完成，并造成了经济损失，应由员工对此负责，因此员工应该加班，且公司有权不支付加班费。这种认识是没有法律根据的。

按照我国现行《劳动法》的规定，用人单位一般应实行每日工作 8 小时、每周工作 40 小时的标准工时制度。同时，用人单位由于生产经营需要，可以延长工作时间，但必须经与工会和劳动者协商，并且一般每日不得超过 1 小时，因特殊原因需要延长工作时间的，在保障劳动者身体健康的条件下延长工作时间每日不得超过 3 小时，同时每月不得超过 36 小时。

本案中公司的加班行为未经与劳动者协商，员工加班的行为是被迫的，且每日加班 3 小时以上，违反了《劳动法》关于加班程序和加班时间标准的规定。

根据《劳动法》第 44 条的规定，安排劳动者延长工作时间的，支付不低于工资的 150%的工资报酬；休息日安排劳动者工作又不能安排补休的，支付不低于工资的 200%的工资报酬；法定休假日安排劳动者工作的，支付不低于工资的 300%的工资报酬。本案中公司加班时间工资报酬的支付应执行上述规定。

本案中公司用加班和不付加班工资的方式来惩罚员工，以加班来弥补公司的经济损失更是一种曲解法律的违法行为。员工加班时间工资报酬的支付应该严格执行上述法律的规定，且应根据拖欠工资额的 25%支付经济赔偿金。

第二节　自测案例

【案例一】

葛某与宁波爱斯姆汽车饰品制造有限公司（以下简称"爱斯姆公司"）签订劳动合同，约定葛某进入爱斯姆公司任操作工，月岗位工资为 960 元，合同期限为 3 年。葛某在职期间双休日加班 179 小时，平时延时加班 171 小时。期间，爱斯姆公司前后 3 次分别以葛某旷工、散布不良言论和扰乱公司正常生产为由向其出具数份处罚通知，并于同年书面通知葛某解除劳动关系。后葛某向劳动争议仲裁委员会申请仲裁，该委裁决爱斯姆公司向葛某支付加班工资及 25%的经济补偿金;爱斯姆公司向葛某支付违法解除劳动合同的赔偿金。

爱斯姆公司不服仲裁裁决，向人民法院提起民事诉讼。

试分析：用人单位与劳动者之间解除劳动合同的证明责任由谁承担？应如何举证？

【案例二】

张某离职一年后才申请劳动仲裁被驳回后起诉至法院。原告张某诉称，其于 2009 年 3 月 23 日到某中学工作，任保安员，其每天夜里上班，时间为晚上 6 点到次日早晨 6 点，每天工作 12 小时。周末、法定节假日也没有休息。曾要求被告签订劳动合同，但被告拒绝。被告也没有为原告缴纳任何保险。现张某要求被告给付原告二倍工资 3200 元，被告支付公休日及法定节假日加班工资 1117.2 元，被告支付日超时加班费 1369.9 元，被告补缴社会保险费 800 元，诉讼费用由被告负担。

被告某中学辩称，原告在我校的工作时间为 2009 年 7 月 10 日至 2009 年 8 月 10 日。试用期结束后，我校没有聘用原告。原告的工作时间是从每日晚上 10 点到次日早晨 6 点。原告没有加班，不存在加班费。社会保险不属于本案审理的范围。

2010 年 9 月，张某申请劳动仲裁，通州区仲裁委裁决：因超过仲裁时效，不予受理。张某不服该裁决，遂提起诉讼，要求被告某中学给付二倍工资 3200 元，支付公休日及法定节假日加班工资 1117.2 元，支付日超时加班费 1369.9 元，要求补缴社会保险费 800 元。

试分析：该案法院应如何判决？

【案例三】

朱某于 2009 年 2 月进入一家服务公司，其工作性质特殊，每当国家法定假日必须上班，单位按每天 50 元标准支付加班工资。2011 年 2 月，因双方发生纠纷，朱某被公司辞退。后朱某向劳动监察机构反映，要求对该服务公司未足额向其支付加班公司的行为进行处理。经查，朱某正常情况下的月工资标准为 1500 元。朱某所在服务公司薪资制度规定员工法定假日的日加班工资为 50 元，且朱某《工资表》均有朱某签字。

试分析：

1. 用人单位规定的加班工资标准低于法律规定的标准，且劳动者在职时对用人单位加班工资予以认可的情况下，劳动者能否要求其补足？

2. 劳动监察机构能否对用人单位未足额支付加班公司的行为进行处理和处罚？

【案例四】

孙某生病首次书面向单位请病假一个月，单位准假。一个月期满后，孙某仍在住院就电话向部门领导请假，单位以其未履行书面请假手续不准假，按旷工处理。10 日后单位解除与孙某的劳动关系。孙某认为单位单方面解除劳动关系违法，要求劳动监察机构对用人单位的违法行为进行处理。经查孙某仍处医疗期内，虽未按单位规定履行书面请假手续，但根据医院病历证明其确在医院住院治疗。

试分析：

1. 用人单位单方面解除劳动关系的行为是否合法？

2. 孙某要求恢复劳动关系的请求能否得到支持？

参考文献

[1] 阳光下成长. 企业与个人签订产品销售合作协议的不构成劳动关系[N/OL].2011-05-13 [2015-03-28]. http://blog.sina.com.cn/s/blog_62ceb17c0100rqbx.html.

[2] 北京鲁博鹏律师.2014 北京海淀区法院发布《海淀区劳动争议审判情况白皮书》 [N/OL].2014-07-25[2014-09-25]. http://blog.sina.com.cn/s/blog_6828e0630102uxjp.html.

[3] 张浩. 浅析劳动关系和劳务关系的区别及司法实践应用[N/OL].中国法院网，2014-01-17 [2015-06-19]. http://www.chinacourt.org/article/detail/2014/01/id/1194961.shtml.

[4] 韦莉芬. 从本案看保险代理合同与事实劳动关系的区别[N/OL].中国法院网，2007-08-27 [2011-01-15]. http://www.chinacourt.org/article/detail/2007/08/id/262770.shtml.

[5] 孟晓娟. 证券公司营业部与证券经纪人之间构成委托代理关系而非劳动关系[N/OL].华 律网，2014-05-21[2014-09-24]. http://www.66law.cn/goodcase/27491.aspx.

[6] 熊海华. 浅议劳动关系与委托代理关系 [N/OL].光明网，2013-01-17[2011-07-19]. http://court.gmw.cn/html/article/201301/17/117250.shtml

[7] 孙维旺. 加工协议能否掩盖事实劳动关系？ [N/OL].中国劳动保障新闻网，2014-10-15 [2015-06-22]. http://www.clssn.com/html1/report/10/7195-1.htm.

[8] 事业单位劳动关系如何认定[N/OL]. 劳动法律网，2014-07-13[2014-12-21]. http://www. laodong66.com/ldzy/htzy/85546.html.

[9] 韩景玮，刘婷婷. 河南临时工十年未同工同酬 起诉单位获赔 38 万[N]. 大河报， 2013-07-02[2015-6-19]. http://finance.cjn.cn/syfb/201307/t2295878.htm.

[10] 周缘求. 再论沃尔玛常德分店是否有权因停止营业与员工终止劳动合同？[N/OL]. 2014-04-14[2014-10-19]. http://blog.sina.com.cn/s/blog_4bd433f60101t18y.html

[11] 周斌. 2014 十大广受关注的劳动争议事件[N/OL].劳动报，2014-12-26[2015-09-16]. http://www.labour-daily.cn/ldb/node41/node2151/20141227/n42068/n42078/u1ai217273.html.

[12] 2013 年十大劳动维权案例点评[N/OL]. 中工网，2014-01-02[2015-06-15]. http://right. workercn.cn/147/201401/02/140102073756062_4.shtml.

[13] 杨清惠. 大宝创始人因档案被丢无法办退休 终审获赔 6 万[N/OL]. 中国法院网， 2012-11-01 [2014-03-16]. http://www.chinacourt.org/article/detail/2012/11/id/672608.shtml.

[14] 张留兵, 高黎琴. 未办就业许可证, 被裁美国执行董事起诉被驳回[N/OL]. 中国法院网, 2009-04-08 [2015-06-18]. http://www.chinacourt.org/article/detail/2009/04/id/352897.shtml

[15] 李鸿光. 法国大厨身兼二职遭解聘 索赔偿未获支持[N/OL]. 中国法院网, 2012-04-10 [2015-05-04]. http://www.chinacourt.org/article/detail/2012/04/id/477888.shtml

[16] 丁民. 论外国企业在华代表处用人单位主体资格——高某诉某外国公司江苏某市代表处劳动纠纷案[N/OL]. 中国劳动法律援助网, 2012-11-1[2015-4-28]. http://www.labourlaw. org. n/detail_show_c_fydt_180.aspx

[17] 张瑾. 女孩告海淀人社局不作为 曾因性别歧视告巨人教育[N/OL]. 人民网, 2013-05-14 [2015-02-05]. http://www.chinanews.com/fz/2013/05-14/4816215.shtml.

[18] 彭小菲. 就业性别歧视第一案和解 校方道歉并给予女孩补偿[N/OL]. 人民网, 2013-12-19[2015-04-17]. http://legal.people.com.cn/n/2013/1219/c188502-23882839.html.

[19] 周卫法, 赵新政等. 1 号店被诉派遣工同工同酬依然很难[N/OL].中工网, 2014-01-02 [2015-02-08]. http://media.workercn.cn/116/201401/02/140102124138227.shtml.

[20] 刘军涛. 人社部劳动关系司负责同志就<劳务派遣暂行规定>有关问题答记者问[N/OL]. 人民网, 2014-01-26[2015-02-16]. http://legal.people.com.cn/n/2014/0126/c188502-24235719.html.

[21] 刘海峰. 河南一临时工十年同工不同酬 起诉公司获 38 万[N]. 大河报. 2013-07-03（6）.

[22] 赵新政. 试用期被无故解除合同 员工维权要求履行合同比直接索赔多得 8 万[N/OL]. 中工网, 2013-12-16[2015-03-04]. http://right.workercn.cn/147/201312/16/131216074305391_2.shtml.

[23] 陈艳. 如何判定试用期内的劳动者不符合录用条件？[J]. 中国人力资源社会保障, 2014, 04.

[24] 陈倩和. 爱国者数码公司员工微博大骂武汉被开除[N]. 楚天都市报, 2012-01-29(6).

[25] 罗天兴. 张恩源对爱国者的开除可以说"不"[N]. 劳动报, 2012-02-02（4）.

[26] 江苏省苏州昆山市中荣金属制品有限公司"8·2"特别重大爆炸事故调查报告[R]. 国家安全生产监督管理总局网站, 2014-12-30[2015-3-20]. http://www.chinasafety.gov.cn/ newpage/Contents/Channel_21356/2014/1230/244871/content_244871.htm.

[27] 匡海燕, 王凤龙. 单位对职工所作除名决定程序违法被判无效[M]. 中国法院网. 2013-12-24[2015-3-28]. http://www.chinacourt.org/article/detail/2013/12/id/1167180.shtml.

[28] 李一然. 海淀法院发布十大典型劳动争议案例 职场失信违约成败诉主因[N/OL]. 中工网.2014-07-24[2015-05-07]. http://job.workercn.cn/310/201407/24/140724114043678_3.shtml.